长期护理保险
试点跟踪研究

基于2016—2022年的调查数据

吴海波　李　斐　时洪洋 ◎ 著

江西人民出版社
全国百佳出版社

图书在版编目（CIP）数据

长期护理保险试点跟踪研究：基于2016—2022年的调查数据/吴海波，李斐，时洪洋著．－－南昌：江西人民出版社，2023.8
ISBN 978-7-210-14887-6

Ⅰ.①长… Ⅱ.①吴… ②李… ③时… Ⅲ.①护理—保险制度—研究—中国 Ⅳ.①F842.625

中国国家版本馆 CIP 数据核字（2023）第 186897 号

长期护理保险试点跟踪研究
——基于2016—2022年的调查数据
CHANGQI HULI BAOXIAN SHIDIAN GENZONG YANJIU
——JIYU 2016—2022 NIAN DE DIAOCHA SHUJU

吴海波　李　斐　时洪洋　著

责 任 编 辑：王珊珊
装 帧 设 计：回归线视觉传达

 江西人民出版社 出版发行
Jiangxi People's Publishing House
全国百佳出版社

地　　　址：江西省南昌市三经路47号附1号（330006）
网　　　址：www.jxpph.com
电 子 信 箱：jxpph@tom.com
编辑部电话：0791-86898316
发行部电话：0791-86898801
承　印　厂：北京虎彩文化传播有限公司
经　　　销：各地新华书店

开　　　本：787毫米×1092毫米　1/16
印　　　张：21.375
字　　　数：305千字
版　　　次：2023年8月第1版
印　　　次：2023年8月第1次印刷
书　　　号：ISBN 978-7-210-14887-6
定　　　价：65.00元
赣版权登字 -01-2023-448

版权所有　　侵权必究
赣人版图书凡属印刷、装订错误，请随时与江西人民出版社联系调换。
服务电话：0791-86898820

目 录

- 绪论 ·· 1
  - 一、研究背景 ·· 1
  - 二、研究目的 ·· 4
  - 三、研究内容 ·· 5
  - 四、研究方法 ·· 7
  - 五、资料来源 ·· 8
  - 六、技术路线 ··· 10
  - 七、研究综述 ··· 11
- 第一章 概念界定与理论基础 ··· 29
  - 一、概念界定 ··· 29
  - 二、理论基础 ··· 36
- 第二章 开展长期护理保险试点的必要性与紧迫性 ··········· 40
  - 一、必要性分析 ·· 40
  - 二、紧迫性分析 ·· 48
- 第三章 长期护理保险试点的相关政策与外部环境 ·········· 59
  - 一、相关政策 ··· 59
  - 二、外部环境 ··· 65

第四章　长期护理保险发展历程与试点现状 ········ 120
一、发展历程 ································· 120
二、试点现状 ································· 142

第五章　长期护理保险试点存在的主要问题及原因 ········ 189
一、存在的主要问题 ····························· 190
二、导致问题的原因 ····························· 219

第六章　国际长期护理保险发展经验及启示 ········ 231
一、美国的经验及启示 ··························· 231
二、德国的经验及启示 ··························· 237
三、日本的经验及启示 ··························· 242
四、新加坡的经验及启示 ························· 250
五、总结 ··································· 253

第七章　促进长期护理保险高质量发展的对策建议 ········ 254
一、提高民众认知 ······························ 254
二、完善评估标准 ······························ 257
三、改革筹资机制 ······························ 276
四、提高护理水平 ······························ 280
五、开展监督评价 ······························ 301

参考文献 ···································· 312

绪论

近年来，在各级政府部门的高度重视下，我国构建了比较完备的社会保障体系，从医疗、养老到失业、工伤和生育，都建立了基本的社会保障制度。尤其是医疗和养老保险，覆盖人群均已超过总人口的80%，医疗保险更是多年稳定在95%以上。[①] 尽管如此，我国社会保障制度离全民保障目标依然还有不小的差距，生产、生活中还有不少风险并未纳入保障范围，失能风险就是其中之一。可以肯定的是，随着老龄化的逐步深化，未来我国失能风险还将进一步加剧。面对难以回避的失能风险，破解因该风险带来的各种失能问题可谓刻不容缓。正是在此背景下，长期护理保险制度试点工作于2016年正式提上政府议事日程。总结6年多来的试点经验与教训，既是明确制度目标、考核制度绩效的需要，同时对于深化制度改革、完善制度条款也具有十分重要的意义。

一、研究背景

构建长期护理保险制度是我国应对人口老龄化、促进社会经济发展的重大战略举措之一。该制度的实施和推广，对于完善我国健康保险制

---

① 人力资源和社会保障部.2021年度人力资源和社会保障事业发展统计公报［EB/OL］. 2022-06-07.http：//www.mohrss.gov.cn/SYrlzyhshbzb/zwgk/szrs/tjgb/202206/t20220607452104.html.

度、健全我国多层次社会保障体系、解决失能人员的长期护理保障问题、有效减轻失能家庭经济负担、提高失能人员健康水平和生活质量、提升医保基金使用效率、带动相关产业健康快速发展等，均具有十分重要的意义。该制度自2016年7月开展试点以来，取得了一定的成效，但同时也存在不少亟待解决的问题。这些成效和问题到底体现在哪些方面？下一步应该如何完善并推广该制度？等等，对于此类问题，学界与业界均开展了深入探讨。但总体而言，零散性研究较多，全面性、系统性研究则相对欠缺。开展"长期护理保险试点跟踪研究"的目的，就是希望尽可能地弥补这一缺陷，为及时破解众多亟待解决的问题寻找科学合理的答案。

受计划生育及其他各种因素的影响，近20年来，我国人口及家庭结构出现了两个较为明显的特征。一是人口老龄化日益加剧。数据显示，早在长期护理保险试点制度正式颁发的2016年，我国60岁及以上老年人口就已超过了2.31亿人，占我国人口总量的16.7%[1]；2021年，进一步增加到了2.64亿，占全国人口的18.7%[2]。美国、德国、日本等国家的历史经验表明，老年人口的增加，预示着失能风险也必然上升。二是家庭结构小型化日趋明显。2015年5月，国家卫生和计划生育委员会发布的"中国家庭发展追踪调查"结果显示，我国居民家庭户均人口平均规模为3.35人，2至3人的小型家庭已经成为家庭规模的主流。[3]2015年，全面两孩政策实施以来，家庭规模出现了不增反减的尴尬局面。《2018年中国住户调查年鉴》显示，2015—2017年，我国居民家庭户均常住人口仅为3.0人，其中，城镇家庭户均常住人口2.9人、农村家庭户均常住人

---

[1] 张伟楠. 保险业助推养老保障体系建设[N]. 中国保险报，2017-08-07（007）.
[2] 国家统计局. 第七次全国人口普查公报（第五号）[EB/OL].2021-05-11.http：//www.stats.gov.cn/tjsj/tjgb/rkpcgb/qgrkpcgb/202106/t20210628_1818824.html.
[3] 中国家庭追踪调查（China Family Panel Studies，CFPS）旨在通过跟踪收集个体、家庭、社区三个层次的数据，反映中国社会、经济、人口、教育和健康的变迁，为学术研究和公共政策分析提供数据基础。该调查由北京大学中国社会科学调查中心（ISSS）实施。项目采用计算机辅助调查技术开展访问，以满足多样化的设计需求，提高访问效率。

口3.3人（2017年下降至3.2人）。[1]老龄化和家庭规模小型化的叠加发展，使得老年人口规模不断扩大与小型家庭护理负担日益加重之间的矛盾日益突出，一对夫妻需同时赡养四位老人的现象促使护理问题日趋严峻。2016年10月，全国老龄办、民政部、财政部共同发布的《第四次中国城乡老年人生活状况抽样调查成果》显示，截至2015年底，我国失能、半失能老年人高达4063万人，占60岁以上老年人口的18.3%。[2]专家估算，其中重度失能老人将近1000万。[3]如此多的失能老人必然会给家庭和社会带来难以预估的风险，尤其是失能照护风险不可避免。对外经贸大学荆涛的研究显示，80岁以上的高龄老人是护理和照料需求最高的人群，平均每年需要护理189.2天。老年人护理需求的日益增长，促使我国在现有社会保障基础上开拓新的保障领域。

失能服务关系民生、连着民心。党的十八大、十八届四中全会等会议精神都提到要加强社会保障制度建设、健全社会保障体系、提高社会保障水平。习近平总书记也多次表示，他最担心和牵挂的还是千千万万的困难群众。失能人员作为社会中的困难群众和弱势群体，关心其基本生活条件、关注其基本生活需求、保障其基本生活权利、维护其基本生活尊严，是党和各级政府的职责所在。在此背景下，党的十八届五中全会提出要"探索建立长期护理保险制度"。

为了解决失能人员的长期护理保障困难，减轻因年老、失智、疾病、伤残等原因而导致的失能人员及其家庭在长期护理方面面临的事务性压力及经济负担，提高失能人员的健康水平和生活质量，进一步健全更加公平、更加合理、更加科学、更可持续的社会保障体系，不断增加人民群众在共建共享发展中的获得感、幸福感和满足感，2016年6月27日，

---

[1] 国家统计局住户调查办公室.2018年中国住户调查年鉴[M].北京：中国统计出版社，2018：9-27.

[2] 佚名.三部门发布第四次中国城乡老年人生活状况抽样调查成果[EB/OL].2016-10-09. http：//www.mca.gov.cn/article/zwgk/mzyw/201610/20161000001974.shtml.

[3] 荆涛.长期护理保险理论与实践研究[M].北京：对外经济贸易大学出版社，2015：7.

人力资源和社会保障部下发《关于开展长期护理保险制度试点的指导意见》(以下简称《指导意见》),决定在河北省承德市、吉林省长春市、上海市等15个地区开展长期护理保险制度试点。①《指导意见》的颁发,标志着我国长期护理保险试点正式提上日程。

国家医疗保障局的统计数据显示,试点工作开展6年多来,取得了不错的成效。据不完全统计,截至2022年3月,全国共有172万中、重度失能人员获得了相应的政策保障,获赔金额超过千万元,一定程度上减轻了失能家庭的事务性压力及经济负担。但制度的实施并非十全十美,在试点过程中产生了诸多问题。这些问题的存在,不仅影响了制度的健康发展,同时对于制度的扩面推广也带来了一定的影响。在此背景下,开展相关研究、寻求破解问题的关键点可谓迫在眉睫。

二、研究目的

大致而言,本书主要有以下三个研究目的:

(1) 了解长期护理保险实施现状及其存在的问题

自2016年在全国15个地区开展长期护理保险制度试点以来,无论是政策制度、护理模式、参保人群、保障范围,还是资金筹集、失能鉴定、待遇支付、经办管理等,均取得了一定的成效,对于应对人口老龄化、促进社会经济发展以及保障失能人员基本生活权益、提升失能人员生活质量、促进社会公平正义、维护社会稳定等,发挥了十分重要的作用。然而,6年多的试点同时也表明,该制度还存在诸多亟待解决的问题。本书研究的目的之一,就是要充分了解长期护理保险制度的实施现状及其存在的问题,以便为下一步实施制度的扩面奠定基础。

---

① 首批15个试点地区分别为:河北承德、吉林长春、黑龙江齐齐哈尔、上海、江苏南通和苏州、浙江宁波、安徽安庆、江西上饶、山东青岛、湖北荆门、广东广州、重庆、四川成都、新疆石河子。

（2）为进一步完善长期护理保险制度提供理论参考

正如《指导意见》所言，探索建立长期护理保险制度，是实现共享发展改革成果的重大民生工程，是健全社会保障体系的重要制度安排。也就是说，开展制度试点的最终目的，是要在全国范围内推广实施长期护理保险制度，让改革开放的红利惠及全体国民。然而，长期护理保险毕竟是一个新生事物，不可能一蹴而就。我国有十多年的商业长期护理保险发展经验，但并不能为社会长期护理保险的实施与推广提供全部借鉴，而必须结合社会长期护理保险的特定属性进行自我革新和探索，需要在实践中不断摸索、总结和提炼，将实践上升为理论，再由理论来指导实践，促进制度日趋完善。

（3）为推动长期护理保险制度实现高质量发展建言献策

6年多来，长期护理保险制度的试点工作虽然取得了不错的成效，让很多失能人员得到了实惠，但长期护理保险的试点目标是要实现全覆盖，这就意味着未来制度的发展还有很长的路要走。随着覆盖人口的不断增加、老龄化的不断深化、外部条件的不断变化，可以肯定的是，未来长期护理保险的实施必然会面临更多的问题和挑战。因此，我们必须未雨绸缪，通过试点及时发现问题，为长期护理保险的高质量发展建言献策，提供决策依据。

三、研究内容

本书基于总结试点成效、探讨试点问题、推广试点制度的目的，首先，就开展长期护理保险制度试点的理论基础、现实需求、必要性、紧迫性、相关政策与外部环境等做深度分析；在此基础上，重点探讨长期护理保险的发展历程与试点现状、存在的主要问题及原因等；然后，考察国外长期护理保险发展经验及对我国的启示；最后，在充分汲取国外成功经验的基础上，结合我国实际，提出进一步完善我国长期护理保险的对策建议，以期为下一步推动长期护理保险在全国范围内的扩面推广奠定基础。具体而言，将分八个章节加以研究与阐述。

绪论。重点就研究背景、研究目的与意义、研究内容与方法、资料来源、技术路线及文献综述等方面的问题开展深入阐述。

第一章，概念界定与理论基础。详细介绍与研究各专业术语的含义，并深刻阐述信息不对称、护理经济学和老年护理等三大理论的含义、创设过程、运用环境及其与本书研究的关联性。

第二章，开展长期护理保险试点的必要性与紧迫性。分析开展长期护理保险试点的必要性与紧迫性。首先，从完善失能护理保障体系、有效减轻失能家庭经济负担、有效缓解失能家庭事务性压力、有效改善失能人员生活质量等四个层面全面分析开展长期护理保险试点的必要性；其次，从应对人口老龄化、破解传统失能护理难题两个层面深入探讨开展长期护理保险试点的紧迫性。

第三章，开展长期护理保险试点的相关政策与外部环境。探讨影响长期护理保险试点的相关政策与各种外部环境。6年多的试点成效表明，长期护理保险制度的实施与推广，一方面，离不开各级政府的政策支持，为了推动长期护理保险的试点与发展，从中央到地方、从监管部门到职能部门、从政府到机构，出台了大量相关政策文件。这些政策文件对于助力和推动长期护理保险的健康运行和平稳发展起到了很好的促进作用；另一方面，长期护理保险健康运行与高质量发展，也需要一个良好的外部环境。本书认为，人口社会、保险保障、经济金融、医疗卫生、护理资源、科技创新等六个方面的外部环境将对我国长期护理保险的试点与发展产生重大影响。

第四章，长期护理保险的发展历程与试点现状。从商业保险与社会保险两个层面深入分析长期护理保险的发展历程与试点现状。首先梳理长期护理保险的发展历程，其次从试点地区、参保对象、承办主体、筹资机制、保障情况、运行现状、护理模式、监管体系等八个方面分析长期护理保险试点的现状。

第五章，长期护理保险制度试点存在的主要问题及原因。针对试点现状，全面分析当前我国长期护理保险制度存在的主要问题，并探讨导致问题的深层原因。试点表明，当前长期护理保险在实施和推广过程中还存在多方面的问题，如民众对长期护理保险的认知程度不高、失能等级评估标准和护理服务等级评估标准还有待优化、多元化筹资机制尚未形成、保障方面的问题亟待破局、护理方面的问题较为突出、非公平性问题值得重视等。导致这些问题的原因是多方面的，既有体制机制方面的原因，也有认知、执行和政策方面的因素。

第六章，国际长期护理保险发展经验及启示。本章介绍了美国、德国、日本、新加坡等四个国家的长期护理保险发展经验及对我国完善长期护理保险制度、推广长期护理保险实践的启示。

第七章，促进长期护理保险高质量发展的对策建议。针对存在的问题及原因，在借鉴国外成功经验的基础上，从制度改革、标准制定、资金筹集、服务创新、人才培养等五个方面，提出促进我国长期护理保险可持续、高质量发展的对策建议。

四、研究方法

本书采取文献研究、问卷调查、专家咨询等方法，了解当前我国长期护理保险试点的状况、取得的成效及其存在的主要问题；通过问卷调查法、现场访谈法、实地观察法等，了解城乡失能人员数量及其分布情况、失能人员的护理服务需求以及城乡护理资源与护理服务人员的配置情况、护理机构的护理设施配置情况等。

文献研究法：以"长期护理保险""长护险""照护保险""护理服务""失能"等为关键词，大量查阅国内外相关文献材料，对所掌握的材料进行梳理、归类、分析和研究，为开展本书研究提供理论依据，确定本书的研究方向、研究重点与难点。

问卷调查法：通过问卷调查、网络调查、实地调查、现场座谈的方式，选择长期护理保险试点地区之一——上饶进行深度调查，通过"解剖麻雀"的方式，获取相关数据与信息。

专家咨询法：邀请省内相关专家、职能部门相关领导以及相关保险机构管理人员，对失能人员服务等级评定依据及质量标准进行论证，对存在的问题及进一步修改计划提出意见与建议。

德尔菲（Delphi）和层次分析法（AHP）：通过德尔菲法、关键绩效指标法筛选（KPI）、拟定评价指标并构建失能等级评价指标体系；通过层次分析法确定失能等级绩效考评指标权重。

单因素分析法：以民政量表各条目为自变量，养护机构失能老人24小时护理总工时为因变量，将每个量表条目分别纳入标准差或变异系数分析，并且对每个量表条目进行假设检验，根据结果从中选出超出某一概率标准的显著量表条目作为评价因子，选出相关性较高的量表条目作为评价因子，以此测试量表条目的敏感性。

Logistic回归分析法：这是目前使用较多的一类统计预测模型，能更好地反映自变量与因变量的关系，其预测精度较高。本书以单因素方差分析中具有统计学意义的量表条目作为自变量X，以失能人员24小时护理总工时作为因变量Y，应用Logistic回归进行分析，去除影响较小的条目，筛选出影响性较大的量表条目，以此筛选机构护理服务包项目。

工时测量法：指对完成某项护理服务工作全过程的每一环节必须进行的程序和动作所消耗时间进行测定的方法。其基本步骤包括界定护理工作项目、制订待测项目的工作规范、随机抽取被测对象、测定每项操作所需时间。它能够准确测量机构护理人员的工作时间，了解护理工作总量，为科学配置护理人力资源提供依据。本书结合项目组前期研究基础形成的护理服务项目工时测量表，用于根据实际测算每项护理服务消耗的时间并记录。机构护理服务项目包含日常生活照料、医疗护理等5个一级指标，共122个服务项目。项目表的Cronbach's α 系数为0.871，内容效度S-CVI/UA为0.923，S-CVI/Ave为0.986。

五、资料来源

本书所涉及数据主要来源于官方统计资料、学术机构调研报告、民间调查报告、现场和网络调查等。官方统计资料包括历年《中国卫生统计年鉴》《中国民政统计年鉴》《中国保险年鉴》《中国住户调查年鉴》《2020年中国住户调查主要数据》《2017年社会服务发展统计公报》《2018年国民经济和社会发展统计公报》《世界阿尔茨海默病2018年报告》《2020年民政事业发展统计公报》《2020年度国家老龄事业发展公报》《第七次全国人口普查公报》《2021年全国医疗保障事业发展统计公报》《2021年我国卫生健康事业发展统计公报》《中国卫生统计年鉴》等；学术机构调查报告包括《2016中国长期护理调研报告》《2017中国长期护理调研报告》《2018—2019中国长期护理调研报告》《中国城乡老年人生活状况调查报告（2018）》《新时代积极应对人口老龄化发展报告——中国老龄化社会20年：成就、挑战与展望》《中国乡村振兴综合调查研究报告2021》《积极应对人口老龄化战略研究报告2021》《2021年中国养老照护研究报告》《中国健康与营养调查》《中国健康与养老追踪调查》《中国老年人健康长寿影响因素调查》《中国人口老龄化发展趋势预测研究报告》等；社会调查报告为2018年8月泰康保险集团发布的《我国典型地区养老服务机构从业人员服务能力调研报告》《中国商业护理保险发展机遇——中国城镇地区长期护理服务保障研究》。

现场调查对象为我国长期护理保险试点地区之一的江西省上饶市。上饶市作为我国长期护理保险49个试点地区之一，2017年正式开展相关工作。为了做好护理服务工作，5年内上饶市先后引入或筹建了十多家中高端养护机构，加上原有相关机构，全市辖区范围内共有专业养护机构30余家。2019年，本书采取随机抽样的方式，选取了其中的11家民办中高端养护机构和4家乡镇养老院作为调查对象。调查共发放问卷717份，回收684份，回收率95.39%。具体调查问题围绕护理员的工作强度、福利薪酬待遇、工作环境、职业发展与晋升空间等展开。同时，以上述同样的问题开展网络调查,通过"问卷星"的方式向特定人群（主要为养护机构管理人员、护理员、部分失能人员及其家属等）开展调查，回收问卷647份。在与上饶市医保局先后沟通和共同商讨的基础上，我们采取随机抽样与非随机抽样相结合的方式，选取上饶市余干县及信州区所属3个乡镇及街道办的3个行政村的10745位城乡居民作为调查对象。首先，通过三个行政村的扶贫干部获取建档立卡贫困户共计291户、1171人；再根据失能标准（指翻身、吃饭、行走、如厕四个指标）从建档立卡贫困户中筛选出符合长期护理保险保障对象的重度失能人员共计41人，重度失能率约为3.82‰（41/10745×100%）。通过问卷调查、入户调查、现场观察与访谈相结合的方式，对失能人员护理服务需求及上述地区护理资源的配置情况开展深入细致的调查，获取机构护理市场需求与市场供应方面的有效数据。

六、技术路线

本书将遵循以下技术路线开展相关研究：

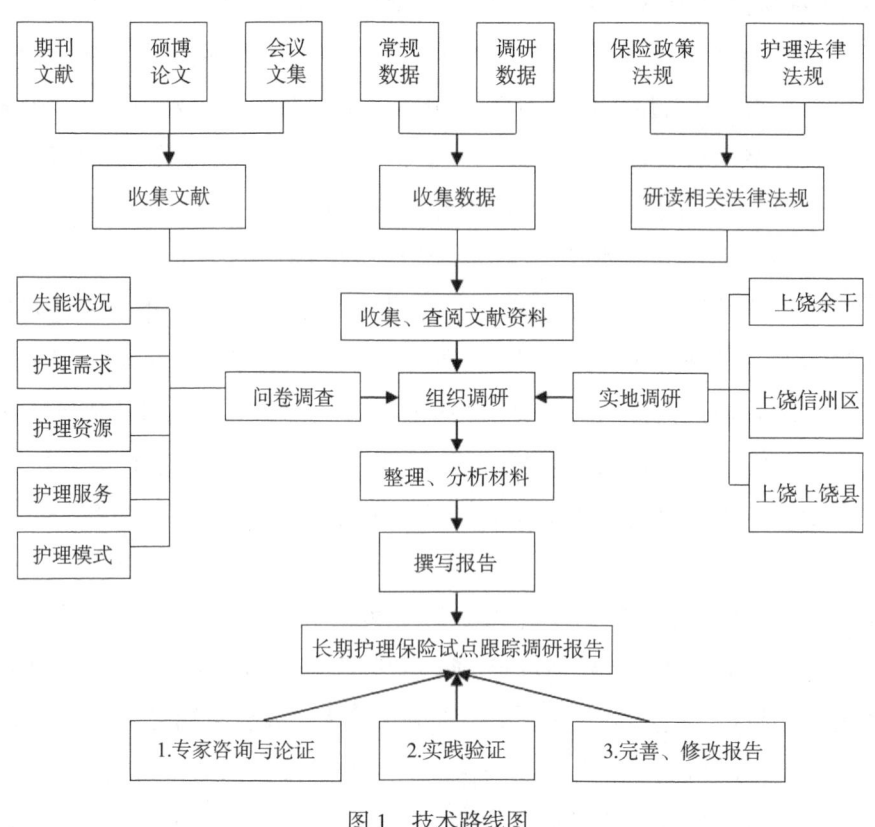

图1 技术路线图

七、研究综述

国外有关长期护理保险的研究起源较早，20世纪五六十年就有相关探讨。国内对该问题的研究则大致开始于20世纪90年代中后期。[①]研究主要围绕商业长期护理保险问题而展开，具体包括商业长期护理保险的国际比较与经验借鉴、国外制度引入中国的可行性分析[②]、护理需求及预测[③]、筹资机制与给付机制设计[④]等。但发文量并不多，每年均未破百，相关研究还算不上系统深入。2012年，青岛开始试点社会长期护理保险，自此，针对试点地区社会长期护理保险制度模式的探讨与经验总结等相关文献日益增多。2016年6月，国家发布《关于开展长期护理保险制度试点的指导意见》，我国社会长期护理保险试点工作在全国范围内正式提上日程。试点工作的扩面同时也引起了学术界的高度关注，因此，自2016年起，相关研究成果呈明显增长态势，不仅发文量较以往更多，研究主题也更广。以"长期护理保险""长期护理保险制度""长期照护保险""长期护理"等为关键词，对中国知网（CNKI）进行检索发现，截至2022年5月30日，短短6年多时间，共发表相关学术文献1800余篇，出版学术专著上百部。这些成果围绕长期护理保险的方方面面开展了深入细致的探讨，取得了可喜的成就。

（一）有关长期护理保险需求问题的研究

相关文献重点围绕两大问题开展了深入探讨，即失能人员需要哪些护理服务？影响人们购买长期护理保险的因素又是什么？

---

① 张继元，王建云，周富玲.社商协作的多层次长期护理保险体系研究——学界探讨、业界探索与国际经验[J].华东理工大学学报（社会科学版），2018（04）：93-98+107.

② 安平平，陈宁，熊波.中国长期护理保险：制度实践、经验启示与发展走向——基于青岛和南通模式的比较分析[J].中国卫生政策研究，2017，10（08）：1-6.

③ 张慧芳，雷咸胜.我国探索长期护理保险的地方实践、经验总结和问题研究[J].当代经济管理，2016，38（09）：91-97.

④ 戴卫东.长期护理保险的"中国方案"[J].湖南师范大学社会科学学报，2017，46（03）：107-114.

1. 有关护理需求的研究

较早关注该问题的陈昫（2011）结合全国第二次残疾人抽样调查北京市调查数据发现，残疾人对长期护理保险的照护需求主要为基本生活支持、日常生活照料、心理支持、初级保健服务等几个方面。[①]而郭飏等（2014）对某社区失能老人的调研则发现，失能人员对健康体检、健康教育、慢性病自我管理指导、用药等保健指导及家庭病床等具有较高的需求。[②]董丛等（2021）也以社区为调查对象，从居家护理模式的视角来看，老年人主要对日常生活照料、医疗护理保健、精神文化等三个方面的需求较为强烈。[③]刘慧敏等（2018）则从机构护理角度梳理出了长期护理保险背景下的护理项目主要包括日常生活活动能力、功能性日常活动能力、医疗照护等。[④]

2. 有关影响人们购买长期护理保险相关因素的研究

到底哪些因素可能会影响人们购买长期护理保险的意愿？国外学者首先对此进行了深入探讨。Liu K.（2001）认为，自理能力越差的失能人员，越希望接受家庭和社会的护理。[⑤]Lakdawalla & Philipson（2002）的看法是，配偶提供的非正式护理会降低对长期护理保险的需求。[⑥]Tennyson & Yang（2014）也持类似的看法，其研究发现，早期拥有护理工作经验的

---

① 陈昫. 我国老年残疾人的家庭长期照护体系研究——以北京市老年残疾人为例[J]. 理论月刊，2011（09）：100-102.
② 郭飏，王丽娟，付雪连，等. 社区失能老人健康管理现状调查[J]. 护理学杂志，2014，29（07）：73-75.
③ 董丛，石红伟，单潇潇，等. 泰安市老年人社区居家养老护理服务需求研究[J]. 中国集体经济，2021（36）：166-168.
④ 刘慧敏，刘跃，李艾春，等. 医养结合背景下失能老人机构照护服务需求指标体系构建[J]. 护理管理杂志，2018，18（04）：244-248.
⑤ Liu K, Manton K G, Aragon C. Changes in Home Care Use by Disabled Elderly Person：1982~1994[J]. Journals of Gerontology. Series B: Psychological Sciences & Social Sciences, 2001（04）：S245-253.
⑥ Lakdawalla D, Philipson T. The Rise in Old-Age Longevity and the Market for Long-Term Care[J]. American Economic Review, 2002, 92（01）：295-306.

群体具有强烈的投保意愿，而且健康轨迹和家庭关系也影响着长期护理保险的需求。Jeffrey et al.（2011）认为，保费与购买意愿呈负相关，即保费越高，人们越不愿意购买；收入与购买意愿呈正相关，即收入越高的群体越倾向于购买长期护理保险。[①]Mark et al.（2016）则认为，消费者信息、风险认识和成本较低的替代品同样影响着消费者对长期护理保险的购买需求。[②]Cummings G.（2018）则认为，除生活自理能力外，影响老年人长期护理需求的因素还包括老年人伤残程度、预期寿命和家庭护理资源等。[③]Boyer et al.（2019）认为，民众对长期护理保险的认知也会在一定程度上影响其购买意向。因此要纠正人们对长期护理保险的看法，从而提高该保险的接受率。[④]

有关该问题的研究，国内学者也提出了各自不同的看法。荆涛等（2011）通过建立对数线性模型，发现社会保险基金支出的增加会促进商业长期护理保险需求的增加，而居民收入水平、利率水平和通货膨胀程度对需求的影响并不显著[⑤]。曹信邦和陈强（2014）的研究表明，对个人购买商业长期护理保险具有显著影响的因素主要包括个人特征、家庭结构、经济状况和意识观念。[⑥]赵娜和陈凯（2015）通过建立 Probit 模型，

---

① Jeffrey R B, Amy F. Insuring Long-Term Care in the United States [J]. *Journal of Economic Perspectives*, 2011（04）: 119-142.
② Mark A U, David G S, Richard G F, et al..Demand-Side Factors Associated with the Purchase of Long-Term Care Insurance [J]. *Forum for Health Economics and Policy*, 2016, 19（01）: 23-43.
③ Cummings G, Macgregor T, Davey M, et al.. Leadership Styles and Outcome Patterns for the Nursing Workforce and Work Environment: A Systematic Review [J]. *International Journal of Nursing Studies*, 2018（09）: 19-60.
④ Boyer M, Donder P, Fluet C, et al.. Long-term Care Risk Misperceptions [J]. *Geneva Pap Risk Insur Issues Pract*, 2019（44）: 183-215.
⑤ 荆涛,王靖韬,李莎.影响我国长期护理保险需求的实证分析[J].北京工商大学学报（社会科学版）,2011,26（06）:90-96.
⑥ 曹信邦,陈强.中国长期护理保险需求影响因素分析[J].中国人口科学,2014（04）:102-109+128.

研究发现长期护理月平均费用、教育水平和收入水平与长期护理保险的购买意愿之间存在正相关关系。[1]

此外,还有一部分学者对未来长期护理保险的需求开展了相关测算研究。朱大伟等(2019)利用宏观仿真需求模型和蒙特卡洛模拟对我国长期护理保险需求进行测算,得出我国失能老人长期照护需求增长迅速的结论,而针对居家护理模式的需求更为强烈。[2] 王新军(2020)运用CHARLS 专项数据,经过对 2020—2050 年我国老龄失能人口规模的测算,得出未来长期护理保险需求的特点是规模大、增速快、比重平稳的结论。[3] 由此可以推断,长期护理保险将成为满足失能人员生活需求的首要选择,其未来发展前景较为广阔。

（二）有关长期护理保险供给问题的研究

有关长期护理保险的供给问题,学界主要从两个方面展开了深入探讨,一是分析了供给现状,二是深入研究了供给不足的原因。

首先,就供给现状而言。目前,我国长期护理保险试点城市主要有三种服务供给模式,分别为高医疗低护理型、医护均衡型、低医疗高护理型。[4] 各模式主要根据参保对象的需求提供必要且适度的照护服务。然而,大量研究表明,虽然长期护理保险的需求前景较为可观,但是服务供给却未能做出有效回应。[5] 张琳(2017)在对我国长期护理保险供需关系进行分析之后指出,由于长期护理保险给付方式单一,导致老年人照

---

[1] 赵娜,陈凯.风险认知对长期护理保险购买意愿影响分析[J].保险研究,2015(10):84-95.

[2] 朱大伟,于保荣.基于蒙特卡洛模拟的我国老年人长期照护需求测算[J].山东大学学报(医学版),2019,57(08):82-88.

[3] 王新军,李雪岩.长期护理保险需求预测与保险机制研究[J].东岳论丛,2020,41(01):144-156.

[4] 何兰萍,刘竹颖.资源配置视角下长期护理险15个城市服务供给模式分析[J].卫生软科学,2021,35(01):78-82.

[5] 赵怀娟.老年人长期照护服务供给——国内学者相关研究综述[J].福建江夏学院学报,2012,2(05):62-67+94.

护、康复供给等严重缺失。[1]蒋曼等（2019）通过对上海市长期护理保险的研究发现，医疗护理是当前长期护理保险供给的"软肋"，医疗护理的供给不足使长期护理保险未充分发挥衔接医疗与养老服务的功能，有违长期护理保险制度设计的初衷。[2]杨松等（2020）在对成都市长期护理保险深入分析之后得出，成都市的长期护理服务存在定点机构和长期护理床位不足、护工人员专业性不够、失能等级评估人员缺乏选拔和监督机制等诸多问题。[3]

其次，就导致供给不足问题的原因而言。针对上述供给不足的问题，众多学者对其产生的原因展开了探讨。郝勇等（2018）通过对四个试点城市居家照护供给结构的分析发现，长期护理保险梯度服务序列分割导致了服务供给中定位不明确，服务资源缺乏多重耦合，从而造成了供给问题的出现。[4]朱凤梅（2019）指出，长期护理保险存在"成本病"的经济学特性[5]，这也许是长期护理保险出现供给不足现象的重要因素之一。吴海波等（2020）认为，护理人员的社会地位偏低是长期护理保险供需失衡的关键因素。[6]此外，政策工具不完善[7]、法律体系不健全[8]等，也是重要原因。

---

[1] 张琳.我国长期护理保险的供需现状研究[J].卫生经济研究，2017（06）：30-34.
[2] 蒋曼，罗力，戴瑞明，等.上海市长期护理保险中医疗护理供给现状分析[J].医学与社会，2019，32（02）：5-8.
[3] 杨松，王守富，黄桃，等.成都长期护理保险服务的供需现状与思考[J].卫生经济研究，2020，37（10）：34-36.
[4] 郝勇，陈谦谦.长期护理保险的居家照护供给结构研究[J].华东理工大学学报（社会科学版），2018，33（04）：108-116.
[5] 朱凤梅.长期照护服务供给研究[J].卫生经济研究，2019，36（02）：28-31+34.
[6] 吴海波，朱文芝，沈玉玲，等.机构护理服务供需矛盾研究——基于上饶市长期护理保险试点扩面的调查[J].卫生经济研究，2020，37（09）：43-46.
[7] 徐美玲，李贺平.供需均衡视角下老年人长期照护问题[J].河北大学学报（哲学社会科学版），2018，43（03）：123-129.
[8] 王丽荣，田珍都.我国长期护理保险制度存在的问题与完善建议[J].社会治理，2021（04）：59-65.

（三）有关长期护理保险筹资问题的研究

有关筹资问题的研究，学界的关注点主要集中于筹资模式、资金来源、筹资渠道及筹资水平等四个方面。

1. 筹资模式

长期护理保险试点工作的开展，首先要面对的难题是如何确立科学合理的筹资模式。刘金涛等（2011）根据我国国情，提出构建"个人缴费＋企业缴费＋政府财政补贴"三方共同承担的多元化筹资模式，他们借助 ILO 模型，从人口统计与经济模型、收入估计模型、成本估计模型和结果模型四个维度计算出我国长期护理保险的筹资比例为 3.3%。① 彭荣等（2012）在总结国外实践经验后认为，我国应该采用浮动比例与收入相关的"联合支付制"作为筹资模式，以减轻参保人员的经济负担。② 林宝（2016）认为，我国可通过调整社会保障制度的结构、划拨财政资金等方式推动长期护理保险制度的建立。③ 李长远等（2018）在借鉴发达国家长期护理保险典型筹资模式的基础上，提出建立以长期护理社会保险为主、护理津贴制和商业保险为辅的筹资模式。④ 汤薇等（2021）则认为，从长远来看，统账结合的部分累积制更适宜我国长期护理保险的筹资模式。⑤

2. 资金来源

明确资金来源是资金筹集的重要基础。一般来说，长期护理保险基

---

① 刘金涛，陈树文.我国老年长期护理保险筹资机制探析［J］.大连理工大学学报（社会科学版），2011（03）：44–48.

② 彭荣，凌莉.国外老年人口长期护理筹资模式潜在的问题与启示［J］.中国老年学杂志，2012，32（11）：2444–2447.

③ 林宝.中国长期护理保险筹资水平的初步估计［J］.财经问题研究，2016（10）：66–70.

④ 李长远，张会萍.发达国家长期护理保险典型筹资模式比较及经验借鉴［J］.求实，2018（03）：69–78+111.

⑤ 汤薇，粟芳.中国长期护理保险不同筹资模式研究［J］.财经研究，2021，47（11）：34–48.

金的资金来源主要由政府、企业和个人三方构成。[1]但针对此问题，不同学者的看法略有差异。一部分学者认为，长期护理保险筹资应该是个人和政府两方共同承担，排除企业的缴费义务。[2]另一部分学者则主张采取政府、企业和个人共同承担的筹资模式。如曹信邦（2015）提出，企业和个人应该承担主要责任，政府承担补充性的兜底责任。[3]李长远（2015）的看法是，参加城镇职工医保的被保险人，相关护理费由雇主和雇员共同承担，国家承担相关管理费；参加新农保或城镇居民医保的被保险人，护理费则由各级政府和个人共同承担；有需求但无力支付的困难群体，由公共财政建立保费资助制度。[4]于建华（2021）也赞成"三方担责"模式，指出城镇职工的长期护理保险筹资责任由个人、单位和地方政府承担，而城乡居民则由个人、地方政府和中央政府分担。[5]钟仁耀（2017）则强调政府的筹资责任，认为我国财政至少应该承担30%的长期护理保险筹资责任。[6]张再云（2021）同样强调政府的筹资责任，但同时也指出单位和个人缴付的必要性，并认为在此基础上要厘清政府、单位和个人的责任划分。[7]郭淑婷（2017）则精确测算出了长期护理保险的筹资比例，并指出在政府财政补贴的基础上，单位和个人应以1∶1的比例共同承担

---

[1] 齐传钧.建立长期护理保险制度需要厘清的几个问题［J］.残疾人研究，2019（03）：10-15.
[2] 荆涛，杨舒.建立政策性长期护理保险制度的探讨［J］.中国保险，2016（05）：20-23.
[3] 曹信邦.中国失能老人公共长期护理保险制度的构建［J］.中国行政管理，2015（07）：66-69.
[4] 李长远.制度变迁视角下我国长期护理保险制度发展瓶颈及破解之道［J］.生产力研究，2015（03）：18-21.
[5] 于建华.长期护理保险筹资机制的省级层面实证分析［J］.卫生经济研究，2021，38（02）：30-34.
[6] 钟仁耀.提升长期护理服务质量的主体责任研究［J］.社会保障评论，2017，1（03）：79-95.
[7] 张再云，栾正伟，张和峰.我国长护险筹资机制建设与国际经验借鉴［J］.科学发展，2021（08）：97-106.

相关费用。①

不过值得注意的是，目前诸多试点地区的筹资责任未落实到位。一方面，筹资责任不明确。目前较为普遍的问题是，除上海外，用人单位在筹资体系中的缺位现象较为严重，而个人缴费责任在部分试点地区被直接豁免或从个人账户中直接划拨，也使得个人参与筹资的概率极低。②王莲君等（2021）同样发现大部分试点城市对于政府、单位、个人的筹资责任分担没有统一标准，而筹资责任不明晰将直接影响长期护理保险制度建设的可持续性。③另一方面，过分依赖医保基金。文太林等（2020）通过比较15个试点城市的财政补贴政策后发现，大部分试点地市将长期护理保险的筹资责任转嫁到医保基金上，尤其是广州、齐齐哈尔、宁波三个地区的基金完全由医保基金划拨，这都是相关政策文件不明确带来的后果。④崔秀雅等（2019）则明确提出，长期护理保险的筹资责任不应该由医保基金承担。⑤

3. 筹资渠道

筹资渠道的多元化是资金筹集的重要保证。雷晓康等（2016）在分析国内外试点的基础上，提出筹资渠道应包括政府补贴、医疗保险基金、住房公积金、社会支持和个人缴费等方面。⑥谭睿（2017）认为，长期护理保险的筹资渠道应该主要包括医疗保险基金、政府财政补助、个人缴

---

① 郭淑婷.基于ILO模型的长期护理保险筹资机制研究[J].老龄科学研究，2017,5（11）：12-22.

② 海龙，尹海燕，张晓囡.中国长期护理保险政策评析与优化[J].宏观经济研究，2018（12）：114-122.

③ 王莲君，韩秀杰，贾秀萍，等.多层次长期护理保险体系构建的思考和建议[J].卫生软科学，2021，35（08）：71-74.

④ 文太林，张晓亮.长期护理保险财政补贴研究——基于15个试点城市的比较分析[J].地方财政研究，2020（01）：93-100.

⑤ 崔秀雅，高传胜.长期护理保险制度建设再思考[J].南京工程学院学报（社会科学版），2019，19（04）：34-38.

⑥ 雷晓康，冯雅茹.社会长期护理保险筹资渠道：经验借鉴、面临困境及未来选择[J].西北大学学报（哲学社会科学版），2016，46（05）：108-115.

费、企业缴费、福彩公益金等五个方面。[①]夏雅睿等（2018）在调研时发现，长期护理保险的筹资渠道主要包含医保基金、财政、个人、企业、社会捐赠等路径，其中"医保基金划转＋个人缴费＋财政补助"的形式最多，但有些城市竟完全依靠医保基金划拨。[②]陈玫等（2020）则着眼于农村，认为农村的筹资渠道应包括新农保基金、农村医疗保险基金、个人缴费、政府财政、家庭缴费、社会这几个方面。[③]此外，Courbage Christophe et al.（2020）指出，私人长期照料保险对公共长期照料保险融资制度的补充作用也是不容忽视的。[④]综上，不难发现，长期护理保险的筹资渠道应以多元化为基本准则，这是过度依赖现有社保资金积累的重大突破[⑤]，是出于尽快建立科学合理的筹资机制的长远考虑。

4. 筹资水平

所谓筹资水平，换句话说就是保费或定价如何确立。主要涉及两方面的问题，一是定价模型如何确立，二是测算结果。

首先，就定价模型的确定而言，周海珍等（2014）在比较国外常用定价模型之后指出，离散时间的马尔科夫链（Markov）模型可作为我国长期护理保险定价的基础模型。[⑥]但李玉水等（2018）却不这么认为，他

[①] 谭睿.长期护理保险筹资:德日韩经验与中国实践[J].中国卫生政策研究,2017,10(08):7–12.

[②] 夏雅睿,常峰,路云,等.长期护理保险筹资机制的国际经验与中国实践[J].卫生经济研究，2018(12):69–71+75.

[③] 陈玫,孟彦辰.我国农村长期护理保险制度的构建研究[J].中国全科医学,2020,23(21):2615–2620.

[④] Courbage Christophe, Montoliu–Montes Guillem, Wagner Joël.The effect of long-term care public benefits and insurance on informal care from outside the household: empirical evidence from Italy and Spain[J].*The European journal of health economics: HEPAC: health economics in prevention and care*，2020，21：1–17.

[⑤] 米红.医疗改革的成功探索:青岛长期医疗护理保险制度创新与评估[J].财政监督,2016(06):31–33.

[⑥] 周海珍,杨馥忆.长期护理保险定价模型比较与分析[J].财经论丛,2014(08):44–50.

们主张选择曼联模型进行长护险模型的定价。[1] 不过从后续研究来看，Markov 模型的应用较为普遍，各学者运用该模型并结合相关专项调查数据进行了具体的费率测算。其次，就测算结果而言，胡晓宁等（2016）[2]、王新军等（2018）[3]、仇春涓等（2020）[4] 采用 CHARLS 数据测算出的费率或成本分别为：投保年龄为 80 岁的 60 岁失能男性费率为 5.2062%，女性为 5.7105%；投保年龄为 60 岁的健康并与配偶同住的被保险人趸交保费为 21653.73 元；60 岁的男性费率为 44.28 元、女性为 50.04 元。毛婷（2019）[5]、张琳等（2020）[6]、张良文等（2021）[7] 选择 CLHLS 数据测算的结果分别为：2015 年个人缴费率为 0.7%，2025 年将逼近 1%；投保年龄为 70 岁的健康男性趸交纯保费为 17044.48 元，女性为 18634.45 元；2020 年照护总费用为 5880 亿元，2050 年将增至 85308 亿元。上述测算结果可谓大相径庭。这与数据来源、测算口径或研究方法不同有关。

值得注意的是，除了全国性测算外，地区性测算成果同样也非常丰富。荆涛等（2016）以北京市作为研究对象，将其普查数据作为资料来源，计算出 40 岁投保人的政策性机构护理需趸交 76922.31 元、50 岁为

---

[1] 李玉水，叶小丹.长期护理保险定价模型分析［J］.武汉商学院学报，2018，32（04）：59-62.

[2] 胡晓宁，陈秉正，祝伟.基于家庭微观数据的长期护理保险定价［J］.保险研究，2016（04）：57-67.

[3] 王新军，王佳宇.基于 Markov 模型的长期护理保险定价［J］.保险研究，2018（10）：87-99.

[4] 仇春涓，关惠琳，钱林义，等.长期护理保险的定价研究——基于 XGboost 算法及 BP 组合神经网络模型［J］.保险研究，2020（12）：38-53.

[5] 毛婷.基于现收现付制的我国长期护理保险费率测算［J］.新疆农垦经济，2019（05）：67-76.

[6] 张琳，汤薇.基于非齐次 Markov 模型的长期护理保险定价研究［J］.保险研究，2020（07）：108-121.

[7] 张良文，方亚.2020—2050 年我国城乡老年人失能规模及其照护成本的预测研究［J］.中国卫生统计，2021，38（01）：39-42.

83842.57元、60岁为91385.4元。[①]李新平等(2019)以天津市为研究对象，利用2010年"六普"数据测算出2016—2050年的缴费水平处于2.51%—21.82%。[②]张宁等（2020）以长沙市为研究对象，通过Markov模型测算出2017年长沙市的缴费率为0.51%，缴费金额为210.87元；预测2032年的缴费率为0.91%，缴费金额为1135.13元。[③]将各地区的缴费水平与全国进行对比，可以发现两者存在着较大的差异，但是从因地制宜的角度来看，也在合理范围之内。

可以预见的是，长期护理保险费用会像医疗卫生总费用那样逐年上涨[④]，那么，该采取哪些方式来控费呢？陈诚诚等（2020）指出，根据医院功能设置支付标准，并按照个体差异状态建立长期护理的病例组合系统是控制费用的有效途径。[⑤]李云龙等（2021）结合多元寿险模型认为，夫妻联合长期护理保险的保障成本更低，对控制费用较为有益。[⑥]陈奕男（2022）则强调独立缴费的重要性，回归保险属性并建立依托评估机构的供需双方的控费机制是实现长期护理保险费用控制的关键。[⑦]因此，通过合理的定价并配合相应的控费机制来确定长期护理保险筹资水平，不仅保障了参保对象的个人利益，同时也在一定程度上成为其长期照护的最佳选择。

[①] 荆涛，杨舒，谢桃方.政策性长期护理保险定价研究——以北京市为例[J].保险研究，2016（09）：74-88.
[②] 李新平，朱铭来.基于转移概率矩阵模型的失能老年人长期照护保险缴费率分析——以天津市为研究对象[J].人口与发展，2019，25（02）：11-19.
[③] 张宁，王佳，李旷奇.基于供需平衡的社会型长期护理保险缴费水平研究——以长沙市为例[J].财经理论与实践，2020，41（05）：28-35.
[④] 李涛.山西省老年长期护理保险筹资水平研究[D].太原：山西财经大学，2022.
[⑤] 陈诚诚，郭佳琪.长期护理费用控制与支付方式研究——以S市长期医疗护理保险试点为例[J].卫生经济研究，2020，37（02）：49-53.
[⑥] 李云龙，王晓军.夫妻联合长期护理保险的定价模型与应用[J].保险研究，2021（02）：52-63.
[⑦] 陈奕男.长期护理保险费用控制的机理、类型与策略[J].卫生经济研究，2022，39（02）：45-49.

（四）有关长期护理保险待遇给付问题的研究

有关长期护理保险的待遇给付问题，学界的关注点主要集中于三个方面，分别为给付方式、给付内容和给付水平。

首先，就给付方式而言。冼青华（2010）将长期护理保险的给付方式分为现金给付与实物给付。通过分析给付方式的实施条件与制约因素发现，实施实物给付比现金给付更符合被保险人的需求，但同时需要防范相关道德风险的发生。[1] 张文娟等（2020）在比较现金、服务和混合三种给付模式的基础上，提出在长期护理保险制度建立实施初期，可采用单一给付模式，其中现金给付更为便捷；之后，随着社会照料服务可及性的提高，可将服务给付逐渐取代现金给付方式；再后来，随着多样化的照护需求日益强烈，逐步实现单一给付向混合给付的过渡。[2]

其次，就给付内容而言。长期护理保险制度的给付内容包括生活照顾服务与医疗护理服务两大部分，两者是不可分割的。[3] 但韩丽等（2020）认为，生活护理和医疗护理服务界定模糊，给实际操作带来了较大阻碍。[4] 杨茹侠等（2021）通过调查后发现，给付的服务项目与保障对象的日常生活能力相关性小。[5] 这显然与长期护理保险制度实施的初衷相背，亟须提升服务提供的精准度。因此，长期护理保险的给付内容应该以参保人员的需求为依据，这是提高给付质量以及靶向性的有效途径。

最后，就给付水平而言。给付水平受经济水平的影响，从产出角

---

[1] 冼青华.我国长期护理保险实施实物给付方式探讨［J］.金融教学与研究，2010（03）：75-79.

[2] 张文娟，李念.现金或服务：长期照护保险的给付制度分析［J］.中国卫生政策研究，2020，13（02）：1-9.

[3] 刘晓雪，钟仁耀.长期护理保险的国际比较及对我国的启示［J］.华东师范大学学报（哲学社会科学版），2017，49（04）：93-101+163.

[4] 韩丽，胡玲.长期护理保险待遇给付的现实困境及优化路径研究［J］.卫生经济研究，2020，37（07）：49-52.

[5] 杨茹侠，黄春芳，谢红.某试点地区长期照护保险保障对象服务项目选择的现况研究［J］.中国护理管理，2021，21（01）：19-25.

度来看,长期护理保险的给付水平较低[1],且与现实需求契合度不高[2]。因此,为了平衡长期护理保险基金、增强其可持续性,提高制度的给付水平可谓迫在眉睫。姜苏娟（2012）[3]以上海市为例,验证了提高给付水平的可行性。研究发现,当缴费率达到1.95%时,40岁的起征给付水平为9079元/年,不但可以缓解长期护理的经济负担,有效避免护理资源浪费,而且还符合经济发展需要。[4]

综上,选择合适的给付方式、明确给付内容、提高给付水平、厘定分级护理等级标准[5]以及建立灵活、经济、水平适度的待遇支付机制等,始终是完善长期护理保险待遇给付不可小觑的一部分[6]。

（五）有关长期护理保险管理问题的研究

管理方面的问题主要涵盖基金管理、服务管理和经办管理等三个方面。

1. 基金管理

当前,相关研究主要集中于两个方面,即基金的规范性与安全性。

首先,就基金规范性而言。基金使用的规范性是促进长期护理保险可持续发展的重要因素。目前,我国长期护理保险基金实行的是单独建账、核算且专款专用的原则,但不少学者认为,该管理模式最大的问题是"碎片化"严重[7]。同时还有学者认为,长期护理保险基金的使用参照

---

[1] 刘文,王若颖.我国试点城市长期护理保险筹资效率研究——基于14个试点城市的实证分析[J].西北人口,2020,41（05）:29-45.
[2] 孟佳娃,胡静波.长期护理保险待遇给付问题研究[J].人民论坛,2022（07）:71-73.
[3] 姜苏娟.上海市长期护理保险给付水平研究[D].上海:上海工程技术大学,2012.
[4] 姜苏娟.上海市长期护理保险给付水平研究[D].上海:上海工程技术大学,2012.
[5] 李小青,周云,韩丽.长期护理保险服务给付研究[J].卫生经济研究,2019,36（11）:49-52.
[6] Mayhew Les,Rickayzen Ben,Smith David.Flexible and Affordable Methods of Paying for Long-Term Care Insurance[J].North American Actuarial Journal,2019:1-19.
[7] 戴卫东,余洋.中国长期护理保险试点政策"碎片化"与整合路径[J].江西财经大学学报,2021（02）:55-65.

社保管理制度，容易造成混乱，并影响原医保基金的可持续性。[①]为此，郑伟等（2020）认为，要加强信息系统的建设，提高基金的使用和管理效率。[②]

其次，基金安全性方面。我国基本医保中存在的欺诈骗保、套取医保基金的现象在长期护理保险试点过程中同样存在，基金的安全性受到严重挑战。[③]为此，诸多学者提出要建立信度保障机制、强化监管机制、发挥政府作为仲裁者的职能等[④]，以此破解基金的安全性问题。

2. 服务管理

服务标准以及服务质量是服务管理重点关注的两个话题。服务的高标准化和高质量化是长期护理保险提供照护服务的目标或要求，是提高参保率的关键影响因素，也是学界关注的焦点。

（1）服务标准

服务标准的确立与失能等级标准密切相关。因此，有关服务标准的研究，往往与失能等级评定标准的研究同步推进。有关失能等级评定标准的研究，大多数学者主要借助相关评定量表来确定失能等级。如Katz指数、Barthel指数、PULSES、修订的Kenny自理评定等[⑤]。基于此，陈

---

① 荆涛，邢慧霞，万里虹，等.扩大长期护理保险试点对我国城镇职工医保基金可持续性的影响[J].保险研究，2020（11）：47-62.
② 郑伟，姚奕，刘子宁，等.长期护理保险制度的评估框架及应用：基于三个案例的分析[J].保险研究，2020（10）：65-78.
③ 付思佳，张良文，阙霜，等.长期护理保险经办管理模式及风险防控研究[J].卫生经济研究，2022，39（01）：23-26.
④ 马晶，杨天红.长期护理需求评估体系建设研究——基于地方试点与德国实践[J].重庆大学学报（社会科学版），2021，27（02）：176-187.
⑤ 刘诗麟，王旭.护理依赖鉴定标准在长期护理保险制度中的应用与借鉴——基于ADL的分析[J].中国司法鉴定，2021（05）：95-102.

鹤等（2021）[①]、丁华等（2018）[②]利用 Katz 指数量表，确定 1—2 项无法自理为轻度失能；3—4 项无法自理为中度失能；5—6 项无法自理为重度失能。谭英平等（2022）运用 Barthel 指数评定量表，确定 61—99 分为轻度依赖、41—60 分为中度依赖、40 分及以下为重度依赖。[③]张文娟等（2015）[④]、景跃军等（2017）[⑤]、王金营等（2020）[⑥]基于 ADL 量表，确定 1—2 项 ADLs 失能为轻度、3—4 项 ADLs 失能为中度，5 项及以上 ADLs 失能为重度。此外，还有学者结合相关专项调查数据开展失能等级判定标准研究。如汪连杰（2021）借鉴国际通用的测量方法，即 ADL 和 IADL，根据 CHARLS 中的 ADL 与 IADL 指标，界定了老年人不同程度的失能状态标准，具体为 1 项及以上工具性活动失能，无 ADL 失能为轻度、1—3 项 ADL 失能为中度、4 项及以上 ADL 失能为重度。[⑦]另外，杨玲等（2020）基于 2002—2014 年 5 期的 CLHLS 问题设置，结合 ADL 与 MMSE 量表确定 ADL1—2 项失能、MMSE 为 18—23 分为轻度损伤；ADL3—4 项失能、MMSE10—17 分为中度损伤；ADL5—6 项失能、MMSE 0—9 分为重度损伤。[⑧]失能等级评估标准的研究为护理服务标准的确立奠定了基础。

---

① 陈鹤，刘艳，伍小兰，等.中国老年人失能水平的比较研究——基于四项全国性调查数据[J].南方人口，2021，36（05）：1-12.
② 丁华，严洁.中国老年人失能率测算及变化趋势研究[J].中国人口科学，2018（03）：97-108+128.
③ 谭英平，牛津.长期护理保险视角下我国老年人口失能率测算——基于广义线性模型与高龄人口死亡率估计模型的比较[J].价格理论与实践，2022（01）：123-129+174.
④ 张文娟，魏蒙.中国老年人的失能水平到底有多高？——多个数据来源的比较[J].人口研究，2015，39（03）：34-47.
⑤ 景跃军，李涵，李元.我国失能老人数量及其结构的定量预测分析[J].人口学刊，2017，39（06）：81-89.
⑥ 王金营，李天然.中国老年失能年龄模式及未来失能人口预测[J].人口学刊，2020，42（05）：57-72.
⑦ 汪连杰.失能老年人长期护理的需求规模评估、费用测算与经济效应预测[J].残疾人研究，2021（01）：39-50.
⑧ 杨玲，宋靓珺.基于多维健康指标的老年人口健康状况变动研究——来自 2002~2014 CLHLS 纵向数据的证据[J].西北人口，2020，41（04）：72-89.

（2）服务质量

长期护理保险达成目标的关键是能否提供优质高效的护理服务，而优质高效的护理服务有赖于专业人才的供给。但目前较为普遍的问题是，专业人才匮乏正在成为制约长期护理保险可持续健康发展的一大障碍[1]，尤其在广大的农村地区[2]，专业人才不足直接制约着长期护理保险工作试点的进一步发展[3]。为此，吴阅莹等（2020）指出，只有壮大护理人才队伍，才能为长期护理保险试点工作的开展提供相关人才与技术支撑。[4]邓昊辉等（2021）也认为，长期护理保险制度建设必须与促进护理人才队伍建设相联动，只有这样，才能促进该保险制度的高质量发展。[5]为此，不少学者提出，应尽快建立人才培养机制、引入"互联网+"等方案，以补齐人才短板[6]；完善长护险制度体系，促进高质量发展[7]。

3. 经办管理

我国试点城市的长期护理保险经办管理模式主要有两种，分别为：社保机构负责经办，如长春、上海等地；政府购买委托商业保险公司经办，如南通、青岛、上饶等地。两种模式各有其优缺点。针对社保机构经办模式，于保荣等（2019）认为，该经办模式缺乏效率，经办机构缺乏市

---

[1] 王起国，扈锋.我国商业长期护理保险的困境与出路[J].浙江金融，2017（10）：59-65+72.

[2] 赵昕.农村老年人长期护理保险服务:可及性、问题与对策[J].内蒙古农业大学学报（社会科学版），2021，23（04）：16-21.

[3] 马丹妮.补齐老龄服务业人才短板迫在眉睫[J].老龄科学研究，2018，6（02）：36-45.

[4] 吴阅莹，罗刚.我国长期护理保险试点中的问题及对策思考——以四川某市试点工作为例[J].医学与法学，2020，12（05）：101-106.

[5] 邓昊辉，李立亚，汪小庭.上海松江区长护险定点护理站发展情况研究[J].中国医疗保险，2021（12）：38-42.

[6] 宋全成，孙敬华.我国建立老年人长期照护制度可行吗？[J].经济与管理评论，2020，36（05）：65-75.

[7] 戴卫东.长期护理保险的"中国方案"[J].湖南师范大学社会科学学报，2017，46（03）：107-114.

场竞争。[1]而对于委托经办而言，赵琨等（2021）通过厘清商保公司经办主体间的关系后发现，该模式中商保公司面临政府角色越位、经办服务链中消费者缺席等困境，需要进一步破解，以完成经办资源在服务链中的优质递送。[2]刘颂等（2022）也认为，目前商业保险公司参与长期护理保险的经办存在市场机制弱化、经办服务有限等问题。[3]钟玉英等（2018）则比较了北京海淀区与青岛市的委托模式，对其应用前景提出了一些看法，为了规避商保经办长期护理保险的劣势，海淀模式适合在人口多、经济发达、管理水平高的大城市推广，青岛模式则更适合在人口规模较小、商业保险机构独立承办风险较大、监管能力较弱的城市实行。[4]刘颂等（2022）则指出了商保参与长期护理保险经办的发力点，即获取经办服务资格、提升经办服务能力、积极发展商业型长期护理保险等，以发挥商业保险的补充作用。[5]

综上所述，长期护理保险相关研究不仅内容丰富、全面系统，而且关注面广、涉及问题多，为我们全面认识和了解长期护理保险试点存在的问题并探索可能的破解策略提供了借鉴和参考。但对现有文献分析整理后不难发现，学界关于长期护理保险的探讨，基本都是对该保险制度各组成部分的宏观分析，包括保险需求、保险供给、资金筹集、待遇给付、监督管理等。而对于保障对象的范围、参保标准的制定、参保对象等级划分、参保费用的测算、护理服务的供给、护理成本与价格的认定等微

---

[1] 于保荣，张子薇. 长期照护保险的服务体系建设与经办管理研究［J］. 卫生经济研究，2019，36（10）：15-17.

[2] 赵琨，王子苏，苏昕. 商业保险公司经办长期护理保险主体间关系与困境研究——基于公共服务链理论［J］. 中国农村卫生事业管理，2021，41（11）：782-788.

[3] 刘颂，吴轲. 商业保险公司参与长期护理保险服务经办问题研究［J］. 保险理论与实践，2022（03）：143-157.

[4] 钟玉英，程静. 商业保险机构参与长期护理保险经办模式比较——基于北京市海淀区、青岛市的分析［J］. 中国卫生政策研究，2018，11（04）：24-28.

[5] 刘颂，吴轲. 经办长护险 保险公司如何发力？［J］. 金融博览（财富），2022（03）：64-67.

观深层次问题还有待做进一步的探索与考察。总体来说，现有研究大多都是纯文本分析或比较分析，发表个人的见解，主观性比较强，计量分析为少数。此外，值得一提的是，许多学者是站在国家的角度来探讨长期护理保险面临问题，但是，失能人员作为参保主体，也应该多站在参保对象的角度并结合我国当前的社会环境来思考长期护理保险存在的问题。总而言之，有关长期护理保险的众多微观问题还需做进一步探讨与挖掘，结合定性定量的分析方法，增强长期护理保险相关问题研究的科学性与丰富性。

第一章 概念界定与理论基础

为了让读者充分了解本书的主题及其理论来源，在开展本书研究之前，首先必须做好两件工作：一是界定清楚与主题相关的所有概念，尤其是一些专业术语或特定说法，以便尽可能地减少读者的阅读障碍；二是阐明相关理论基础，以此说明我们的研究思路、研究方法、研究结论等，并非凭空想象或者空穴来风，而是建立在一定理论基础上，是有理有据的。

一、概念界定

本书探讨的"长期护理保险"是一个较为专业的问题，它所涉及的内容较为广泛，与之相关的概念很多，既有护理方面的专业术语，也有保险方面的特定名词，同时还有医疗卫生方面的专门说法。为了区分这些概念与本书的强弱关系，我们将概念分两类进行阐述，一是核心概念，二是相关概念。所谓核心概念是指那些与研究主题密切相关且直接影响读者阅读的概念；而所谓相关概念则是指那些与研究主题的有一定的关联性，但又不至于对读者的阅读产生障碍的特定专业术语。

（一）核心概念

1. 长期护理（Long-term Care，LTC）：是指在一个相对比较长的时间内（通常为半年以上，甚至终身），各种类型的护理机构或家庭成员持续为失能人员（如重度伤残人员、因慢性病而丧失基本生活自理能力、因早老性痴呆而导致认知障碍等功能性损伤人群）提供的护理服务。①

2.长期护理保险（Commercial Long-Term Care Insurance，CLTCI）：有关长期护理保险的定义，不同国家、组织或个人对此有不同的界定，提出了不同的看法。代表性看法有：美国健康保险协会（HIAA）（1997）认为，长期护理保险是为了满足老年人群、受意外伤害及患病群体的居家或机构照护需求，对其接受长期护理时发生的潜在巨额护理费用支出提供的一种保障。②美国寿险管理协会（LOMA）（1997）也提出了类似的看法，认为"长期护理保单是为那些由于年老或严重疾病或受意外伤害的影响需在家（Care at Home）或护理机构（Nursing Facility）得到稳定护理的被保险人支付的医疗及其他服务费用进行补偿的一种保险"③。日本厚生劳动省认为，长期介护（护理）保险是为身体机能衰退、存在认知困难的老年人群体提供医疗照护服务及护理费用补偿的一种社会保险。④2000年，WHO则将长期护理保险定义为，为了满足生活自理能力不健全的人在日常照料方面需求，改善其现有的生活状况，由相关专业人员和非专业人员联手进行日常照料的由正规体系和非正规体系共同构成的活动体系。⑤经济合作与发展组织（OECD）看法是，长期护理保险是将日常生活不能自理的人作为被保险对象，为其提供长期的照护服务或提供费用补偿的一种保险。⑥2006年，中国保监会在其颁布的《健康

---

① 荆涛.长期护理保险：中国未来极富竞争力的险种[M].北京：对外贸易大学出版社 2006：19.
② Froewiss K C, Jones H E, Long D L. Principles of Insurance：Life, Health, and Annuities[J]. Journal of Risk & Insurance，1997（4）：769.
③ Kenneth C Froewiss, Harriett E Jones, Dani L.Long Principles of Insurance：Life, Health, and Annuities[J].Journal of Risk & Insurance，1997（04）：769-770.
④ 日本厚生劳动省.介护保险法[EB/OL].https：//www.mhlw.go.jp/web/t_doc?dataId=82998034&dataType=0&pageNo=1.
⑤ 世界卫生组织.积极老龄化政策框架[M].北京：华龄出版社，2003：50.
⑥ Fujisawa R F, Colombo. The Long-Term Care Workforce：Overview and Strategies to Adapt Supply to a Growing Demand[R]. OECD Health Working Papers, OECD Publishing，2009（44）：22-30.

保险管理办法》中，将长期护理保险定义为"因保险合同约定的日常生活能力障碍引发护理需要为给付保险金条件，为被保险人的护理支出提供保障的保险"。Black & Skipper（2000）在其所著的《人寿与健康保险》一书中则将其定义为"在被保险人失能而无法进行日常活动时由保险人支付保险金的保险"。荆涛等人（2005）将长期护理保险定义为因年老、疾病或伤残而需要长期照顾的被保险人提供护理服务费用补偿的健康保险[1]；2006年，荆涛又进一步将长期护理保险定义为"对被保险人因为年老、严重或慢性疾病、意外伤残等导致身体上的某些功能部分或全部丧失，生活无法自理，需要入住安养院接受长期的康复和支持护理或在家中接受他人护理时支付的各种费用给予补偿的一种健康保险。长期护理通常周期较长，一般可长达半年、数年甚至十几年，其重点在于尽最大可能长久地维持和增进患者的身体机能，提高其生存质量，并不是以完全康复为目标，更多的情况是使病人的情况稍有好转，或仅仅维持现状"[2]。也有学者认为，长期护理保险是伴随长期护理的需求而产生的一种健康保险，是因年老、患病或遭受意外伤害等导致部分或全部身体机能丧失的被保险人提供护理服务的一种长期合约，其设立是为了补偿被保险人接受护理时所花费的各种费用。[3] 综合来看，我们认为，长期护理保险是指被保险人在身体状况良好的情况下购买以失能风险为保障对象的商业保险，在保险期间被保险对象如果出现因年老、疾病、意外或伤残等原因而丧失日常生活能力且需要他人长期照料的情况时，其部分或全部的护理费用由保险公司给予补偿的商业性保障制度。

3.失能人员：失能人员是指因疾病、伤残、意外、年老、失智等原因而导致失去基本生活自理能力或基本劳动能力的人。包括各类人群，

---

[1] 荆涛, 阎波, 万里虹. 长期护理保险的概念界定[J]. 保险研究, 2005（11）：43-45.
[2] 荆涛. 长期护理保险：中国未来极富竞争力的险种[M]. 北京：对外贸易大学出版社 2006：19.
[3] 刘文, 王若颖. 我国试点城市长期护理保险筹资效率研究——基于14个试点城市的实证分析[J]. 西北人口, 2020, 41（5）：29-45.

无年龄、性别、地域、民族之分，只要是失去了基本生活自理能力或基本劳动能力，无论是男女老幼，都将被认定为失能人员。但根据失能评估标准，大致可将其分为三类人群，即重度失能人员、中度失能人员和轻度失能人员。

4. 护理模式：是指护理机构或护理人员提供给失能人员的具体护理方式。目前，长期护理保险背景下主要有三种护理模式可供选择，分别为：居家亲情护理、机构护理和机构上门护理。不同的护理模式具有不同的护理主体、护理内容与护理形式，其护理时间与护理效果也各不相同。

5. 居家亲情护理：通常又被称为"居家自主护理""居家护理"，是当前失能家庭或失能人员选择最多的一种护理模式，是指失能人员无须离开家庭，由其亲朋好友（以配偶、父母及子女居多，同时还包括其他亲属、邻居或保姆等）为失能人员提供护理服务。

6. 机构护理：又称"机构内护理"，是指为了提高失能人员的生活质量、改善失能人员的生存状况、延长失能人员的生命周期、帮助失能人员恢复健康等，由专业护理机构、专业养老机构、社区养护中心、医养结合型医疗机构等各种专业机构为失能人员提供的包括生活照料、康复指导、病情监测以及心理安慰在内的各种专业化、精细化和全周期的非医疗性护理服务。

7. 机构上门护理：又被称为"居家上门护理""社区护理"，是指由社区或各种专业养护机构派遣专业的护理人员上门为失能人员提供护理服务。机构上门护理与机构内护理具有一致性，或者说机构上门护理本质上就是机构护理的一种特殊形态。

8. 养护机构：是指为失能人员提供护理服务的各级各类医疗机构、护理院（站）、护理中心、康复医疗中心、社区卫生服务中心、乡镇卫生院、医养结合型养护机构，以及通过家庭病床、巡诊等方式为居家老年人提供上门护理服务的相关托养、养护或医疗机构等。

9. 护理人员：通常又称为"护理员"或"护工"，是指养护机构聘请的专门为失能人员提供生活照料、康复保健、心理疏导、安宁服务等非医疗性服务的员工。与护理服务机构相对应，护理服务人员通常包括执业医师、专业护士、康复治疗师（士）、养老护理员等四种类型，此外还有健康管理师、心理咨询师、膳食营养师等。他（她）们与医疗机构的护士有一定的关系，因为部分护理人员本身也可能就是医院的护士，但又不等同于护士，两者有本质的区别。护士大多数来源于各级各类医疗机构，他（她）们大多数是科班出身，通常毕业于高等院校和职业院校的护理或相关专业，接受过专业的护理理论和相关医学教育与培训，有比较深厚的护理学和医学的理论功底和实践经验。而护理人员则不然。首先，从来源来看，现实生活中，大多数护理人员并非科班出身的护士，他（她）们更多的属于护理机构向社会招聘的护理工作者；他（她）们当中的大多数人受聘于养老机构（包括乡镇养老院/敬老院、老年公寓、高端养老中心）、护理院（站）[1]、医养结合型养护机构、康复医院[2]、残疾人托养中心、社区养护中心、社会福利院等专业型养护机构，这些机构与医疗机构有本质区别，其主要职责是提供各种护理服务而非疾病救治。其次，从其受教育程度来看，这支主要由外来务工人员组成的养护队伍，其文化层次普遍偏低，初中以下文化程度占有较大比重。《调研报告》显示，护理员的文化程度大多为初中毕业（37.79%）、小学毕业（26.16%），拥有高中/中专毕业及以上学历的护理员相对较少[3]；而且他（她）们大多数没有接受过与护理相关的教育，也没有接受过系统的专业培训，不具备医学、护理学等相关专业知识[4]。此外，护理员还有一个比较明显的特点就是年龄普遍偏大、女性偏多，大多数护理员为年龄处于45—59岁

---

[1] 护理院（站）是指为长期卧床、晚期姑息治疗、患有慢性病、生活不能自理的老年人以及其他需要长期护理服务的患者提供医疗护理、康复指导、临终关怀等服务的新型医疗机构。
[2] 康复医院是指通过综合、协调地应用各种措施，消除和减轻伤残者的身心、社会功能障碍，达到和保持机体最佳的健康水平，从而提高其生存质量的医疗机构。
[3] 李画.超七成养老机构护理人员不足 如何破解困局？[N].中国保险报，2018-08-29（006）.
[4] 孙虹，李彩福，李花.养老护理人员培训现状及研究进展[J].中国民康医学，2014，26（13）：77-79.

的女性，45岁以下的年轻护理人员数量相对较少[①]。总之，年龄偏大、女性偏多、文化水平偏低、专业技能缺乏就是当今护理人员队伍的真实写照。

10.护士：是指经执业注册取得护士执业证书，依照相关法律条文标准和护理行业规范，从事与医疗有关的全项临床操作或单项专项护理活动（包括观察病人体表体重情况、了解病人病情、配合医生治疗、及时处理医疗纠纷等），履行保护人类生命、减轻病员痛苦、增进健康职责的卫生技术人员。

11.轻度失能人员：指基本能够自理的失能人员，即"翻身、吃饭、行走、如厕"四个评判指标均合格的失能人员。

12.中度失能人员：指部分能自理的失能人员，即"翻身、吃饭、行走、如厕"四个评判指标中有1—2项指标无法达到基本要求的失能人员。

13.重度失能人员：指完全无法自理的失能人员，即"翻身、吃饭、行走、如厕"四个评判指标中有3—4项指标无法达到基本要求的失能人员。

（二）相关概念

1.商业健康保险：根据2019年中国银保监会新修订的《健康保险管理办法》，健康保险（即本书所称的商业健康险）是指由保险公司对被保险人因健康原因或者医疗行为的发生给付保险金的保险，主要包括医疗保险、疾病保险、失能收入保险、护理保险以及医疗意外保险等，是国家多层次医疗保障体系的重要组成部分。其经营主体主要包括专业健康保险公司、人寿保险公司、养老保险公司以及其他经银保监会批准可以经营短期健康保险业务的公司（主要以财产保险公司为主）[②]。具体情况见表1-1：

[①] 李画.超七成养老机构护理人员不足 如何破解困局？［N］.中国保险报，2018-08-29（006）.
[②] 光大证券.释放需求深化供给，广阔市场应有期待——保险行业系列报告五：健康险深度研究［R］.行业研究，2022-04-15.

表 1-1　健康险分类表

健康保险	医疗保险	按照保险合同约定为被保险人的医疗、康复等提供保障
	疾病保险	发生保险合同约定的疾病时，为被保险人提供保障
	失能收入保险	发生保险合同约定的失能风险时，为被保险人提供保障
	长期护理保险	按照保险合同约定为被保险人的长期护理提供保障
	医疗意外保险	发生保险合同约定的医疗意外风险时，为被保险人提供保障

2. 失能家庭：失能家庭并不是指整个家庭成员都失能，而是指某个家庭其中只要有一个或多个成员失能，我们称之为"失能家庭"。

3. 护理服务机构：是指提供护理服务的主体。长期护理保险制度下的护理机构通常有三种类型，分别为医疗机构（包括定点医疗机构、社区卫生服务机构等）、专业护理机构和专业养老机构。

4. 护理院（站）：站是指为长期卧床、晚期姑息治疗、患有慢性病、生活不能自理的老年人以及其他需要长期护理服务的患者提供医疗护理、康复指导、临终关怀等服务的新型医疗机构。

6. 康复医院：是指通过综合、协调地应用各种措施，消除和减轻伤残者的身心、社会功能障碍，达到和保持机体最佳的健康水平，从而提高其生存质量的医疗机构。

7. 日常生活照料：是指为保障失能人员基本生存权而提供的各种最基本的护理服务，具体包括吃饭、穿衣、清洁、睡眠、洗澡、排泄、走路、卧位、安全及康复等方面的照料。

8. 医疗护理：是指遵照医嘱，由护理人员为失能人员提供的专业性护理服务，具体护理方式包括处理伤口、灌肠、导尿、吸氧、日常危险因素控制、药物管理等。

9. 康复护理：是指为了提高失能人员健康水平、改善失能人员生活状况而提供的各种护理服务，包括协助翻身、叩背排痰、生活自理能力训练等。

10. 病情监测：是指根据失能人员的失能情况，由护理人员提供的专业性护理服务，包括护理人员定期巡视观察病情，监测血压血糖，测量体温、脉搏、呼吸等生命体征。

11. 心理干预（psychological intervention）：是指为了引导失能人员树立良好的、正确的生活态度，在心理学理论指导下，有计划、按步骤地对其心理活动、个性特征或心理问题施加影响，使之发生朝向预期目标变化的过程。具体的干预手段包括心理咨询、心理治疗、心理康复、心理危机干预、卫生宣教、健康教育等。

12. 护理分级：是指失能人员在机构接受护理期间，护理人员根据失能人员失能程度和（或）自理能力进行评定而确定的护理级别。[①]

14. 信息不对称：是指信息在市场参与者之间的分布是不均匀的，市场上产品的供给者和需求者之间存在着信息盲区，双方无法清楚地了解到对方掌握的信息。长期护理保险背景下，信息不对称是导致护理选择错位的主要原因。

二、理论基础

众所周知，开展研究的目的是要解决问题，本书也不例外。但正如爱因斯坦所言，问题不能在其被提出的层面上被解决，因为问题只是一个表象，剖析它背后产生的根源才是解决问题的关键。这就涉及产生问题的原理层面，需要进行理论分析。因此，当理论界迫切想解决"国家为什么要开展长期护理保险试点，试点的依据是什么，确立试点的方式、方法和方案是出于何种考虑"等诸如此类的问题时，我们必须从学理层面对此进行分析和探讨；而且无论是有意识还是无意识的，一个人在从事科学研究时往往离不开特定的理念和方法，离不开一定的知识基础。这就是本书撰写理论基础的原因所在。以本书所需解决的问题为导向，我们认为，信息不对称理论、护理经济学理论和老年护理理论这三种理论是破解本书问题的根基。

---

① 国家卫生健康委员会. 护理分级［EB/OL］.2021-03-20.http：//www.nhc.gov.cn/wjw/pjl/201412/941e75f5e9514b8ea1b5e2e05954d09e.shtml.

（一）信息不对称理论

信息不对称是指当事人对市场信息占有程度的不对称。长期护理保险市场具有明显的信息不对称。在信息不对称中，存在着一种委托代理关系，其中信息优势者为代理人，信息劣势者为委托人。由于期望效用函数存在差异，代理人在利益最大化的驱动下，不一定履约。目前我国长期护理保险的护理等级评定制度不完善，众多保险公司对被保险人的护理状态评级都通过其指定的医院或护理机构来完成。于是，保险公司与医院或护理机构之间就存在一种委托代理关系，保险公司是委托人，医院或护理机构为代理人。但是，医院或护理机构在接受委托之后，为了寻求自身利益的最大化，则有遵守合作协议与违反协议的选择。当医疗护理机构不能给出合理公正的鉴定结果时，保险人会面临着给付过多或给付过少的局面，给付过多会直接减少保险人的利益，给付过少则会影响保险人与被保险人之间的关系。而保险公司与其之间的合作是长期的，因此需要保险公司采取措施，付出一定的成本，给予一定的利益，促使其遵守约定。

假设保险公司 A 委托医疗护理机构对被保险人 C 的护理状态进行评估，医疗护理机构有两种选择，接受委托或不接受委托。若医疗护理机构接受保险人的委托，也可以选择履行合约或不履行合约。

（二）护理经济学理论

护理经济学是指以卫生经济学的理论及方法为基础，解决护理服务中可能产生的经济问题，通过对护理费用相关数据的分析制定出合理的护理价格，从而使得社会上护理资源可以得到更加有效的配置，提高护理服务质量。护理经济是护理经济学研究的基本问题，护理经济中的"经济"是指护理服务过程中运用经济要素的收益，即如何利用给定资源尽可能达到最大的效用，为了达到某一特定效率而投入尽量少的资源。[1] 随

---

[1] 刘则扬. 国内外护理经济学研究进展及理论体系［J］. 中华现代护理杂志, 2005, 11 (02): 105-106.

着人们生活水平的不断提高，对护理服务的质量要求也随之上升，出现了多元化的护理需求趋势。针对不同的失能群体，如何有效地满足他们的护理服务需求，护理经济学从护理的劳动力市场、护理服务市场以及护理经济的角度出发，提出应采用市场战略开发潜在的护理市场，与专业护理人才培养相结合，体现护理服务在健康维护中的价值和作用。

优质的失能护理服务是发展长期护理保险的必备条件之一，为更好地研究我国商业长期护理保险的市场需求，可以从护理经济学的角度出发，根据我国护理服务的基本情况，从护理服务机构和护理工作人员两方面着手，完善护理机构的护理服务设施，培养具有较高能力和水平的高素质专业护理队伍。针对不同失能群体分配不同的护理资源，使失能人员能够享受优质高效的护理服务，形成良好的社会护理服务效应，刺激市场上长期护理保险的潜在需求者积极购买此类保险产品，进而扩大长期护理保险的销售市场覆盖面。

（三）老年护理理论

随着我国老龄化水平的日益加深，老年护理问题逐步为社会所关注并重视。正是在此背景下，老年护理理论孕育而生。老年护理理论是持续理论、次元化理论和护理理论相结合而产生的理论，主要为老年护理提供依据和方向。衰老是自然现象，是所有生物必经的过程，随着年龄的增长，人的免疫机能和健康恢复机能逐渐退化，人体逐渐进入衰老阶段，在逐渐衰老的过程中，需要通过护理帮助老年人渡过难关。持续理论认为，人的意识观念会随着身体的衰老而发生改变，个人会调整自己的意识观念以适应不同年龄阶段的需要，因此老年人需要护理以适应不同年龄阶段的生活。次元化理论认为，老年人与中年人、青年人不同，老年人不但有现阶段的社会观念和行为，又有其自身特有的观念和行为，因此对老年人的护理要有个性化，不但要满足老年人的基本生活需求，还要对老年人的心理进行辅导，帮助老年人度过不同的人生阶段。

老年护理理论为商业长期护理保险的发展提供了依据。一般情况下，老年人适应期较长，需要长期的护理协助老年人适应生活。老年人为得到护理服务就必须支付一定的费用，并且时间越长，支付的费用越高。商业长期护理保险的出现正是由于老年人有了长期护理的需求，并且在现有的经济条件下，老年人无法承担昂贵的长期护理费用。商业长期护理保险为老年人适应生活的过程保驾护航，不但可以为老年人减轻长期护理费用负担，还可以直接为老年人提供护理服务。然而，并不是所有的老年人都愿意投保商业长期护理保险。自身特点突出的老年人比较在意传统养老模式，更愿意由亲近的人帮助自己适应老年生活，因此这一类老年人不太会接受家人之外的人提供护理服务，对商业长期护理保险的接受度较低，需求较小；现代特点突出的老年人对养老模式的认识发生转变，他们对子女养老的依赖程度较低，在发生长期护理需求时，与前一类相比，更愿意接受商业长期护理保险提供的护理保障。

第二章 开展长期护理保险试点的必要性与紧迫性

开展长期护理保险试点，是国家在充分考虑社会需求、民众诉求、各级政府要求及地方实际与基本财力的基础上做出的一项重大战略性部署，对于有效缓解失能护理难题、减轻失能人员家庭经济和事务性负担、促进护理事业发展等，均具有十分重要的价值与意义。国家"十四五"规划提出要"稳步建立长期护理保险制度"，在此背景下，保险业要积极响应《国家积极应对人口老龄化中长期规划》中有关"打造高质量为老服务和产品供给体系"的号召，建立跨行业、跨领域的长期护理保险工作机制，做好经验数据、服务能力、产品供给、标准体系等方面的基础建设，找准保险等金融产品的定位，更好地服务于失能护理供给侧结构性改革。

一、必要性分析

国内外实际表明，长期护理保险的产生与国家经济、社会、人口的发展状况有较强的关联度。近年来，随着我国经济发展高质量化、人均寿命延长化与人口结构老龄化形态的出现，与之相伴的失能、失智人口的护理需求也呈现出逐年增长的发展态势。然而，与护理需求增长相左的是，因国内家庭照护结构变化和女性就业率上升，由女性作为家庭照护主体的护理模式在不断萎缩。实践表明，以女性为主体的照护模式已无法保障家庭照护可持续进行。在社会环境和家庭结构共同变化的影响下，长期护理问题已经逐步超越了个人与家庭可承受的风险范畴，政府主导下家庭和社会共同参与的长期护理机制亟待建立。[①]

（一）完善失能护理保障体系的需要

面对失能，传统的护理方式主要以家庭基本照护为主，我们通常称之为"居家亲情护理"。居家亲情护理模式下，失能人员在不离开家庭的情况下，由其家庭成员（通常为父母、配偶、子女、亲属）或住家保姆为其提供护理服务[②]。居家亲情护理模式下的护理服务通常只是最基本、最简单的，无论是照护内容或照护形式，通常表现出基础性与非专业性的特点。居家护理的目的虽然也有改善失能人员身心健康的考量，但当家庭成员发现失能人员的失能状况是不可逆且为无限期的情况下，所谓的护理服务就会变得简单、基本、粗糙和欠专业，且以维持失能人员的基本生存权为目的。很显然，单一的居家护理无法满足失能人员的专业护理需求。

除居家护理外，另一种常见的护理保障来自于第三方照护，即委托第三方专业机构或个人，为失能人员提供必要的护理服务。第三方照护的基本前提是失能家庭必须承担必要的费用。考虑到照护的长期性，这往往需要一笔数目可观的费用，对于大多数失能家庭而言，必然是不小的压力。而且，在缺乏政府有效监管的情况下，第三方照护的专业性和护理成效也通常难以得到有效保障。此外，无论是从护理项目、护理内容，还是从护理时间、护理费用而言，第三方照护均难以满足失能人群的多样化护理服务需求。

第三个层面的护理保障来自于商业保险，即社会公众通过购买商业健康保险的方式为自己将来可能面临的失能风险提供保障。商业健康保

[①] 赵琨，王子苏，苏昕.商业保险公司经办长期护理保险主体间关系与困境研究——基于公共服务链理论 [J].中国农村卫生事业管理，2021，41（11）：782-788.

[②] 一般而言，对于中度及重度失能老人，子女和亲属等非专业人员是主要的服务供给者。

险在我国主要有四大类产品，分别为疾病保险、医疗保险、失能收入保险及长期护理保险。从保费收入来看，这四大类险种中的疾病保险及医疗保险占比规模较大，市场份额也明显要比失能收入保险及长期护理保险多，同时其增速也较快。以 2020 年为例，疾病保险市场规模增长率高达 43%，市场占比 58%；医疗保险紧随其后，增长率达 31%，市场占比 40%，而失能及护理保险产品只占健康保险市场份额的 2% 左右。[①] 由此可见，商业性护理保险在我国还处于发展的初级阶段，市场规模还很小，购买人群还不多，还无法从根本上解决日益严重的失能护理问题，最多只能算失能护理的补充性产品。

此外，近年来日益完善的医疗保障制度虽然可以给失能人员带来一定的风险保障，但医疗保障制度仅对患有疾病的患者支付医疗费用，并不包括失能人员所需要的护理费用。由于护理风险中的主要费用支出并不是发生在医院，而是居家看护和药品费，所以这个费用大部分不能报销。也就是说，医疗保障制度在破解失能风险方面所能发挥的作用是十分有限的。

上述分析表明，以上三种传统的护理方式及医疗保障制度并不能满足失能人员千差万别的护理服务需求。寻求新的护理方式可谓迫在眉睫。正是在此背景下，2016 年 7 月，人力资源和社会保障部下发了《关于开展长期护理保险制度试点的指导意见》，将社会性质的长期护理保险的推广与实践提上了日程。社会性质的长期护理保险通常也被称为继医疗、养老、失业、工伤、生育之后的"第六大保险"。推行该险种的目的，一方面是要弥补现有护理方式在护理形式、护理效果、护理费用、购买人群等方面存在的缺陷与不足；另一方面则是为了提高失能人群的生活质量、减轻家庭与社会的负担。由此可见，开展长期护理保险试点，对于完善我国护理保障体系可谓意义深远。至此，由居家护理、第三方护理、商业护理保险和社会护理保险共同构成的护理保障体系才得以完全

---

① 罗兰贝格.中国健康险市场发展及展望白皮书［R］.上海发布稿，2022-04.

呈现，并各自发挥着不同的作用。具体构成见表2-1：

表2-1 我国多层级护理保障体系的构成

序号	层级	保障项目
1	补充层	商业护理保险
2	基本层	社会护理保险
3	托底层	居家护理、第三方照护

（二）有效减轻失能家庭经济负担的需要

近年来，随着经济的发展、社会的进步和医疗水平的提高，我国人口的预期寿命正在逐步延长，人口老龄化和高龄化程度随之加深。在此背景下，失能老年人数量与日俱增。国际经验显示，老年失能化趋势带来的护理风险必将带来一系列的社会经济问题，尤其会给失能人员家庭经济带来巨大的负担与压力。2022年9月9日，中国保险行业协会与瑞士再保险瑞再研究院联合发布的《中国商业护理保险发展机遇——中国城镇地区长期护理服务保障研究》显示，2021年我国仅城镇地区老年人长期护理服务保障缺口就高达9217亿元，相当于长期护理服务保障需求的65%。[①] 具体而言，失能人员给家庭经济带来的负担与压力主要体现在三个方面：

第一，失能人员自身面临巨大的经济压力。不管是长期失能还是短期失能，其结果是一致的，即失能必然意味着失能人员因为失去基本的生活自理能力而无法正常工作，无法创造相应的社会价值，自然也就无法获取相应的经济来源，这势必给其日常生活带来巨大的经济压力。因为失能状态下失能人员的开支，大都必须依靠其他个人或组织的帮扶。对于一个能正常创造社会价值的成年人而言，一年的收入少则一两万元，多则十几万、几十万甚至数百万。一旦失能，给失能人员带来的经济压力之大可想而知。他（她）的生活很可能会因为失能而变得面目全非，

---

① 中国保险行业协会，瑞士再保险瑞再研究院.中国商业护理保险发展机遇——中国城镇地区长期护理服务保障研究［R］.发布稿，2022-09-09.

甚至一团糟。

　　第二，失能家庭面临巨大的经济压力。个人失能不仅影响个人财务安排，同时也会给家庭带来难以预估的财务风险。具体而言，失能家庭面临的经济压力主要体现在两方面。一是在失能人员经济来源不足的情况下，其所有的消费及各种生活开支都必须依赖家庭支出，这势必给原本脆弱的失能家庭带来无比沉重甚至灾难性的经济压力。以消费水平处于中等程度的中部地区的省会城市为例，据不完全统计，每个个体要维持基本生活，其一年的开支（主要包括吃、穿、用、住等）至少在2万元以上；农村地区一般在8000—12000元之间。东部沿海地区的个人开支则更高。如果再加上难以预测的康复、治疗、护理、疗养等方面的费用，在没有任何政府补贴的情况下，一个家庭每年至少得为失能人员补贴数万元的费用。数据显示，失能人员每月护理费用占个人可支配收入的80%—90%，基本由子女和个人承担。在此背景下，失能家庭承受的经济压力之大不言自明。二是老年失能问题的日益严重正在不断加重家庭经济负担。当前，我国已迈入老龄社会，并正在向深度老龄化迈进。随着老龄化程度的日益加深，老年人口不断增多，老年人尤其是高龄老年人口必将陷入两难困境。一方面，面临收入下降的困境；另一方面，还要面临医疗护理费用不断升高的困境。失能老人的收入可能因此无法满足护理费用和医疗费用的支付。在此背景下，其家庭财务负担必将大大增加。老年失能需要较高的医疗成本，失能之后的长时间护理又会带来一系列的护理费用。2020年，银保监会公布了可能导致失能的多种疾病的治疗康复费用，脑中风后遗症需要10万—40万元，与此同时患者还需要长期的护理和药物的治疗；严重帕金森患者需要终身护理，此外每年还需要5万—10万元的治疗康复费用。对于家庭而言，护理照料失能人员是义不容辞的责任，但高额的医疗费用和护理费用以及持续长时间的护理不但会造成一定的财务负担，还会影响家庭成员的工作效率，甚至引起家庭矛盾。①

第三，家庭成员面临巨大的经济压力。2019年，笔者在江西省上饶市余干、信州两地对64户失能家庭的调研中发现，当被问及有居家自主护理、机构护理、机构上门护理三种护理模式可供选择的情况下，会选择哪种护理模式时，80.68%的失能家庭倾向于选择居家自主护理模式。其他研究也表明，由于受经济偏好、孝道观念、个人隐私及自尊心等多重因素的影响，大多数（80%以上）失能人员会倾向于选择居家亲情护理模式。②选择居家亲情护理模式的越多，也就意味着在三种护理模式中，家庭成员参与失能护理的比例越高。居家亲情护理模式下，为失能人员提供护理服务的主要为家庭成员，通常为父母、子女和配偶。这就意味着，为了保障失能人员的基本护理需求，家庭成员当中至少有一个甚至多人必须常年完全或者部分放弃工作。也就是说，"一人失能，很有可能会导致家庭成员一人或数人失业"。在该家庭成员无法正常工作的情况下，其收入来源也必然因此大受影响，每年少则数千元，多则数万元的损失必然在所难免。

上述分析表明，一个家庭如果有一位成员失能，他（她）给家庭带来的直接和间接负担和损失往往是难以估量的。且不说精神上的压力，仅仅是经济的损失，每年至少在数万元以上。在以往缺乏任何风险保障的"裸奔"年代，这笔费用必须由家庭承担，它给家庭带来的经济压力有多大可谓一目了然。而长期护理保险的推广与实践，则可有效缓解失能人员给家庭经济带来的巨大压力。因为在长期护理保险背景下，无论失能人员选择哪种护理模式，他（她）都将得到一定的直接或间接经济

---

① 杨娅婕. 我国发展长期护理保险的障碍与对策［J］. 经济问题探索，2011（05）：171-174.
② 曹信邦. 中国失能老人公共长期护理保险制度的构建［J］. 中国行政管理，2015（07）：66-69；荆涛，杨舒. 建立政策性长期护理保险制度的探讨［J］. 中国保险，2016（05）：20-23；戴卫东，余洋. 中国长期护理保险试点政策"碎片化"与整合路径［J］. 江西财经大学学报，2021（02）：55-65.

补偿。众所周知，保险是进行风险转移的有效手段，如果失能人员在进入护理状态之前购买商业长期护理保险，那么就意味着他（她）可以将部分长期护理风险转移给保险公司，日后一旦发生保险事故，被保险人就会得到保险公司的给付，而这笔给付保险金可以抵扣部分医疗费用和护理费用，这势必大大减轻被保险人及其家庭的经济负担。同时，也有研究表明，长期护理保险至少能使失能人员家庭照料经济负担降低44.31%，显著提升人民群众医疗保障获得感、幸福感、安全感。

（三）有效缓解失能家庭事务性压力的需要

对于失能家庭而言，因失能问题而导致的家庭事务性压力很大程度上与家庭结构的变迁密切相关。家庭结构的变迁主要表现为家庭规模的日益"小型化"。受计划生育政策的引导、影响和干预，近三十年来，我国家庭结构已逐步由过去（20世纪80年代以前）由一对夫妻外加数个小孩（通常是两个以上）组成的"大家庭"，演变成了一对夫妻加一个或两个小孩组成的"小家庭"。

1982年12月，提倡"晚婚、晚育，少生、优生"的"计划生育"作为一项基本国策写入我国宪法。1983年，计划生育政策正式落地实施。2015年12月27日，全国人大常委会表决通过了《人口与计划生育法（修正草案）》，全面二孩政策于2016年1月1日起正式实施。也就是说，以倡导"只生一个孩子好"的计划生育政策在我国实施了33年。33年来，我国人口生育率呈明显下降趋势，人口出生数逐年下降。据不完全统计，33年来，我国至少少生了1亿以上的人口。人口生育率的不断下降，一方面，导致家庭规模持续减小，家庭户平均人数从20世纪50年代的5.3人逐渐下降到了2012年的3.02人[①]，下降率为47.3%；另一方面，则从根本上改变了我国家庭结构的构成，致使大部分家庭呈现出了4-2-1的状

---

① 国家统计局住户调查办公室. 2018年中国住户调查年鉴[M]. 北京：中国统计出版社，2018：54-57.

态[1]；同时更为可怕的是，家庭的少子化甚至无子化现象日益普遍化。在此背景下，家庭护理功能的弱化在所难免，老年人的长期护理因此成为家庭的沉重负担。

少子化、无子化或者老年人口居多的家庭现状，最终导致很多家庭根本无法承担失能护理带来的沉重事务性负担。脆弱的家庭结构让很多家庭没有足够的时间和精力为失能人员提供必要的、基本的护理服务；此外，女性就业率的提升和医疗费用的不断攀升等社会经济环境也在悄然改变着传统意义上的家庭失能护理功能的发挥。实践表明，现有家庭结构下，失能护理需求在现有家庭内越来越难以得到充分满足。在此背景下，失能人员的长期护理必然由家庭护理向第三方机构护理转变。[2]但对大多数失能家庭而言，第三方机构护理最大的难题是护理经费难以解决。要解决该问题，充分发挥政府的作用是关键。然而仔细分析又不难发现，如果仅仅依靠政府的力量去分担失能护理风险，必定会给政府造成巨大的财政压力。[3]近年来，全国各地的试点实践表明，当前在我国财力十分有限的情况下，完全依靠政府实质上并非万能之策。但如果采取政府购买服务的方式，即将政府职责与第三方机构的护理效能有机结合起来，上述问题就能迎刃而解。长期护理保险的推行，实质上就是政府购买服务的典范。通过购买长期护理保险，在政府补贴的基础上，借助机构护理或机构上门护理的力量，失能家庭的事务性压力得以大大减轻。

（四）有效改善失能人员生活质量的需要

传统居家亲情护理模式下，家庭成员提供的护理与其说是"护理服务"，还不如说是最基本的生存照料。由于绝大多数家庭成员未接受过专业的护理培训，他们当中大多数人都不懂得如何通过科学的护理服务

---

[1] "四二一"家庭结构，预示着需要赡养的老人增多，同时又要多繁衍后代，中青年将不堪重负。今后高龄、独居空巢老人将进一步增多，这将带来严峻的社会问题。
[2] 王起国，扈锋. 我国商业长期护理保险的困境与出路[J]. 浙江金融, 2017(10): 59-65.
[3] 秦杨杨. 我国商业长期护理保险发展问题研究[D]. 开封：河南大学, 2020.

来改善失能人员的健康状况，他们所能做的往往只是保障失能人员每天能吃得饱、穿得暖。第三方护理作为另一种较为普遍的传统护理模式，则需要建立在强有力的经济基础之上，必须以足够的财力为依托。一般而言，在该护理模式下，失能人员缴纳的费用越多，通常所能享受的护理待遇也就越高；相反，如果承担的费用有限，所能享受的护理服务自然也就大打折扣。近年来，实践中相关的案例以保险公司主办的高端养老为代表，如泰康养老，在全国十多个省市开设的"某园"系列就是典型代表。然而对于大多数普通护理而言，失能人员所能享有的主要是基础性护理服务，当前国内各级政府主办的养老院就属于这种情况。

由此可见，传统的居家亲情护理和第三方护理或者受专业性所限或者受经济条件所限，所能提供的护理服务并不能完全满足失能人员的护理需求。长期护理保险的实施，则能够较好地解决专业与经济两方面的问题。首先就专业问题而言，长期护理保险背景下，无论失能人员选择居家自主护理、机构护理、机构上门护理当中的哪种护理模式，失能人员都可能获得更为专业的护理服务，机构护理及机构上门护理自不必多言，即便是居家自主护理，提供护理服务的家庭成员也将得到一定的专业培训，这对于提高其护理水平与能力必然是大有裨益的。再就经济方面的问题而言，长期护理保险背景下，三种护理模式均能获得一定的补偿，所不同的只是补供方还是补需方的差别。但其实无论是补供方还是补需方，最终受益的都是失能人员。在专业及经济方面的问题大为改善的情况下，相较于传统护理模式而言，长期护理保险背景下失能人员能够获得更为优质高效的护理服务也就不足为奇了。

二、紧迫性分析

实践表明，日益严重的失能问题不仅预示着我国有实施长期护理保险的必要性，同时更有开展长期护理保险试点工作的紧迫性。具体而言，开展长期护理保险试点至少可以解决眼前亟待破解的两大问题。

（一）有效应对人口老龄化的迫切需要

众所周知，人口老龄化问题一直以来都是世界各国关注的热点问题，我国也不例外。有关人口老龄化，有两个判断标准：1956 年，联合国发布的《人口老龄化及其社会经济后果》提出，当一个国家或地区 65 岁及以上老年人口数量占总人口比例超过 7% 时，即意味着这个国家或地区进入了老龄化；1982 年，维也纳老龄问题世界大会上，在确定 60 岁及以上老年人口占总人口比例超过 10% 时，也认定这个国家或地区进入了老龄化阶段。以联合国标准为例，2000 年，我国 65 岁及以上老年人口 0.88 亿人，占比达 7%，预示着我国正式进入老龄化社会。[①] 随后我国老龄化逐渐加快，老龄化问题也日渐成为社会各界关注的重点、难点和焦点。作为发展中的人口大国，我国人口老龄化呈现出了三个较为明显的特点，即老年人口规模大、老龄化速度发展快、老年人口整体健康水平不容乐观。[②]

首先，就 65 岁及以上老年人口规模而言，2011 年，我国 65 岁及以上老年人口为 1.23 亿人，占总人口的 9.1%。2020 年，65 岁及以上老年人口为 1.91 亿人，占总人口的 13.5%。也就是说，2011—2020 年，10 年间我国 65 岁及以上老年人口由 1.23 亿人增长到了 1.91 亿人，增长了 0.68 亿人，年均增速超过 10%。详情见表 2-2。

表 2-2 2011—2020 年我国 65 岁及以上老年人口占比增长情况

时间 人口数及占比	2011	2012	2013	2014	2015	2016	2017	2018	2019	2020
人口数（亿）	1.23	1.27	1.32	1.38	1.44	1.50	1.58	1.67	1.76	1.91
占比（%）	9.1	9.4	9.7	10.1	10.5	10.9	11.4	11.9	12.6%	13.5

资料来源：根据网络数据整理而来。

[①] 佚名.人口专家：中国正式步入老龄社会 社会发展将产生六大变化［EB/OL］.2022-07-11.https：//baijiahao.baidu.com/s?id=1722438894021098767&wfr=spider&for=pc.

[②] 刘文，王若颖.我国试点城市长期护理保险筹资效率研究——基于 14 个试点城市的实证分析［J］.2020，41（05）：29-45.

根据国家统计局公布的2021年数据，我国65岁及以上人口为20056万人，占全国人口的14.2%。这是我国65岁及以上人口占比首次超过14%。2021年的数据表明，我国老龄化程度呈现出进一步加深的发展态势，人口老龄化依然处于高速增长期。从老年人口占比来看，65岁以上人口占比超过14%的地区有12个，分别是湖北、天津、湖南、安徽、山东、吉林、黑龙江、江苏、上海、四川、重庆、辽宁；最高为辽宁，达17.42%，这些地区属于进入深度老龄社会尚未达到高度老龄社会的阶段。[1]

其次，就老龄化发展速度而言，据预测，2020—2050年将是我国人口老龄化的加速阶段。2020年，我国65岁及以上老年人口比例为13.5%，接近14%，这预示着我国将正式迈入重度老龄社会；高龄老年人口规模还将继续扩大，75岁及以上高龄老年人口将在2025年达到6778万人。2030年，预计我国65岁及以上老年人口占比将超过20%，进入超老龄社会。[2]2035年，预计我国65岁及以上老年人口占比将首次超过3亿人，深度老龄化将进一步加剧。2050年，我国65岁及以上老龄人口总量将进一步增长至3.8亿，老龄化水平将达到30%。[3]详情见表2-3。

表2-3 我国65岁及以上人口数量及占总人口比重预测

时间 人口数及占比	2020	2030	2035	2050
人口数（亿）	1.8	2.6	3.1	3.8
占比（%）	13.5	20	22	30

资料来源：中国发展基金会。

---

[1] 佚名.我国65岁以上人口达2亿，未来五年养老服务如何提速［EB/OL］.2022-07-12. https：//baijiahao.baidu.com/s?id=1725649233455606119&wfr=spider&for=pc.

[2] 佚名.人口专家：中国正式步入老龄社会　社会发展将产生六大变化［EB/OL］.2022-07-11.https：//baijiahao.baidu.com/s?id=1722438894021098767&wfr=spider&for=pc.

[3] 中国老龄协会.中国人口老龄化发展趋势预测研究报告［EB/OL］.2007-02-23.http：//www.cncaprc.gov.cn/llsy/11224.jhtml.

人口老龄化进程加快带来了人口失能化问题的严重性加剧。我国重度失能老年人口比重已经由 2000 年的 0.5% 上升至了 2015 年的 1.3%。[①]

更为值得注意的是，在人口老龄化加速的同时，低生育率和少子化现象正在成为新的社会问题。低生育率方面，2021 年，我国出生人口 1062 万人，创新中国成立以来最低出生水平，全年人口仅增加 48 万人，濒临负增长。当前，我国育龄妇女总量持续减少，尤其 20—34 岁育龄妇女急剧下降。根据第七次人口普查数据推算，2025 年将比 2015 年减少 26%。我国总生育率降到更替水平 2.1% 之下已有 30 年，2020 年已跌至 1.3%，低于 1.5% 的警戒线，大大低于世界 2.3% 的平均水平，也低于发达国家 1.6% 的水平。少子化方面，作为发展中大国，我国合理的人口结构应是 0—14 岁人口占总人口比重处于 20%—23% 的正常水平。然而，2020 年我国 0—14 岁人口占比仅为 17.95%，大大低于世界（除中国外）的 27.2% 平均水平，远低于印度的 26.2%，甚至比美国的 18.4% 还低。预计到 2030 年，我国 0—14 岁人口占比将跌破 15%，步入超少子化时代。[②]

随着老龄化程度的不断加深，老年人面临的各种疾病、护理风险必然在所难免。一方面，老年人中患有慢性病的、处在失能和半失能状态的或者患有认知障碍的人口数必然有增无减。2016 年发布的《第四次中国城乡老年人生活状况抽样调查成果》表明，全国失能、半失能老年人口约 4063 万人，占老年人口比例高达 18.3%。另一方面，据国家卫生健康委员会 2019 年公布的数据显示，截至 2018 年底，我国失能、半失能老年人口数达到 4400 万[③]，占老年人口比例接近 20%；2019 年底，我国 60 岁及以上人口达 2.54 亿人，失能人员在 2018 年的基础上进一步增

---

① 党俊武. 中国城乡老年人生活状况调查报告（2018）[M]. 北京：社会科学文献出版社，2018.
② 佚名. 人口专家：中国正式步入老龄社会 社会发展将产生六大变化［EB/OL］.2022-07-11. https: //baijiahao.baidu.com/s?id=1722438894021098767&wfr=spider&for=pc.
③ 宣传司. 国家卫生健康委员会 2019 年 5 月 8 日例行新闻发布会文字实录［EB/OL］.2021-01-03. http: //www.nhc.gov.cn/xcs/s7847/201905/75ac1db198ae4ecb8aa96c50ea853d0c.shtml.

加。国家卫生健康委员会等15个部门印发的《"十四五"健康老龄化规划》也指出,"十四五"时期我国60岁及以上人口占总人口比例将超过20%,78%以上的老年人至少患有一种以上慢性病;尤其是85岁以上的高龄老人,患两种到三种以上慢病的概率是80%—90%,同时半失能的概率是60%—70%。在此背景下,失能老年人数量必将持续增加。[①]预计到2050年,全国失能老年人口将突破1亿。[②]到时我国每4位老年人中就有1位生活无法自理。详情见图2-1。

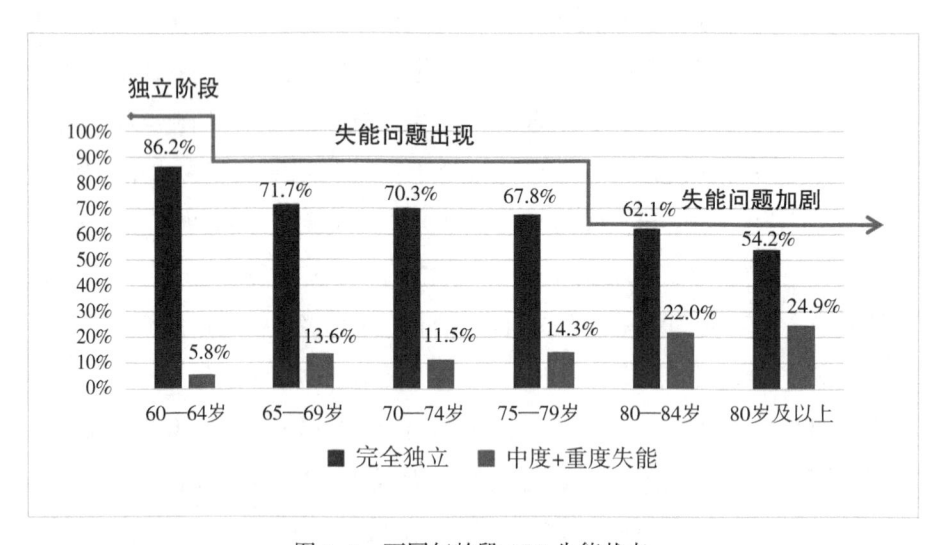

图 2-1 不同年龄段 ADL 失能状态

部分学者的研究成果基本印证了发生上述情况的不可避免性。张文娟、魏蒙(2015)的研究结果表明,2010年我国60岁及以上老人的ADL失能率为11.2%[③]。丁华、严洁(2018)根据2011年、2013年和2015年共三年的CHARLS数据,测算出2018年我国60岁及以上老人

---

① 郭晋晖."十四五"养老床位增至900万张 应对老龄化还有这些量化指标[N].第一财经,2022-03-18(A10).
② 吴玉韶.中国老龄事业发展报告[M].北京:社会科学文献出版社,2013:35.
③ 张文娟,魏蒙.中国老年人的失能水平和时间估计——基于合并数据的分析[J].人口研究,2015(05):3-13.

ADL 失能率分别为 11.08%、10.58% 和 10.26%[①]；谭英平、牛津（2022）利用 CLASS 相关数据并结合 Barthel 指数评定量表测算出，2021 年，年龄从 60 岁到 90 岁的人群，其失能率从 6.1% 上升至 41.89%。[②]

除测算以往的老龄化失能率外，还有不少学者推测了未来我国老年失能率情况。雷咸胜（2020）测算了 2020—2100 年间我国老年失能人口数量，发现我国老年失能人口数量的变化趋势是先增加，再平缓增加，而后出现下降，而不是不断增多的。[③]另一种测算结果则表明，2020—2050 年，我国总失能率先下降后上升，大体可以分为 2020—2031 年缓慢下降、2032—2041 年缓慢上升和 2042—2050 年快速上升共三个阶段，总失能率在 9.28%—1.15% 之间变动。[④]杨明旭等（2018）以三期中国城乡老年人追踪调查数据为基础，通过回归模型预测出 2060 年的总失能率为 8.01%，比 2010 年的 8.13% 略有下降。[⑤]而胡宏伟等（2015）的预测表明，2050 年我国的失能老人规模将达到 2.19 亿。[⑥]该结果与景跃军等人（2017）的估算结果，即我国失能老年人口将在 2054 年达到峰值，总数为 4300 万人，可谓相距甚远。景跃军等人的估算结果与杨明旭等人的估算较为接近，他们认为，到 2050 年，我国 60 岁及以上 ADL 失能老人

[①] 丁华，严洁. 中国老年人失能率测算及变化趋势研究［J］. 中国人口科学，2018（03）：97-108+128.
[②] 谭英平，牛津. 长期护理保险视角下我国老年人口失能率测算——基于广义线性模型与高龄人口死亡率估计模型的比较［J］. 价格理论与实践，2022，（01）：123-129+174.
[③] 雷咸胜. 中国老年失能人口规模预测及对策分析［J］. 当代经济管理，2020，42（05）：72-78.
[④] 廖少宏，王广州. 中国老年人口失能状况与变动趋势［J］. 中国人口科学，2021（01）：38-49.
[⑤] 杨明旭，鲁蓓，米红. 中国老年人失能率变化趋势及其影响因素研究——基于 2000、2006 和 2010 SSAPUR 数据的实证分析［J］. 人口与发展，2018，24（04）：97-106.
[⑥] 胡宏伟，李延宇，张澜. 中国老年长期护理服务需求评估与预测［J］. 中国人口科学，2015（03）：79-89+27.

将达到 4000 万人。[①]而董惠玲等（2022）运用 2008—2018 年 CLHLS 数据则预测出，2026 年前后，我国 85 岁及以上高龄老年人口失能率将达到 50% 以上。[②]上述情况表明，有关老年失能人口规模及失能率的预测，已有研究成果存在的差异是较为明显的（详情见表 2-4），孰是孰非，还有待做进一步探讨。

表 2-4 不同文献失能老人失能率预测结果统计表

作者	数据来源	时间	失能率（%）
张文娟、魏蒙	2010—2011 年 CLHLS、SSAPUR 和 CHARLS 三项老年专项调查数据	2010	11.20
丁华、严洁	中国老年人失能率测算及变化趋势研究	2011—2015	11.08—10.26
全国老龄工作委员会办公室	第四次中国城乡老年人生活状况抽样调查结果	2015	18.30
吴炳义、董惠玲等	全国第六次人口普查数据、2015 年全国 1% 人口抽样调查汇总数据、2015 年 CHARLS 数据和 2014 年 CLHLS 数据	2015	6.51
廖少宏、王广州	2013、2015、2018 年 CHARLS 数据	2020—2050	9.28—11.15
景跃军、李涵等	全国第六次人口普查数据	2017—2054	1.15—3.10
杨明旭、鲁蓓等	2000、2006、2010 年 SSAPUR 数据	2010—2060	8.13—8.01
朱大伟、于保荣	多个渠道收集数据	2010—2050	10.80—13.70

至于失能原因，文献研究表明，除了受"年龄"影响最大外，"疾病状况""居住环境""长期从事体力劳动""婚姻状况""生活习惯"等都是影响老年人生活自理能力的重要因素[③]。

老龄化还会导致其他失能风险。有研究表明，步入高龄阶段的人会出现生理老龄化现象，患病概率较高，尤其是慢性病频发，重疾发生率

[①] 景跃军，李涵，李元. 我国失能老人数量及其结构的定量预测分析[J]. 人口学刊，2017，(06)：81-89.

[②] 董惠玲，吴炳义，于奇. 中国老年人口健康预期寿命婚姻状况差异的多状态分析[J]. 人口研究，2022，46（02）：89-101.

[③] 闫伟，何梦娇，路云，等. 基于 CLHLS 的我国老年人失能现状及其影响因素研究[J]. 护理研究，2021，35（10）：1807-1811.

随年龄的增长也会逐渐增多，健康风险将逐步加大。当前，我国有接近75%的老年人群至少患有一种慢性病，而20%的老年人患有三种及以上的慢性病，需综合防控。同时，年龄的增长也会导致重大疾病风险的增加，根据2020版《中国人身保险业、重大疾病经验发生率表》，6重度疾病病种（男/女）和28重度疾病病种（男/女）的发生率均随年龄的增长而增加，其中50岁以后重疾发生率开始出现明显的上升趋势，60岁以后则开始陡增，并且由于新陈代谢的放缓和抵抗能力的减弱，一旦患病，其恢复的时间也会增加，有些甚至无法恢复到原来的健康状态，最终面临失能风险。因此，在我国老龄化程度未来将持续加深的背景下，预计未来市场对健康风险保障的需求将加速提升。[1]

失能失智人群的快速增长，带来了长期护理潜在需求的不断膨胀，老年人口的长期照料问题将更加突出。据测算，65岁及以上老年人有70%需要长期护理服务。[2]

首先，以国外为例，人口老龄化已使得老年人群的养老、医疗和护理问题成为一个全社会关注的共同问题。例如，在美国，约有40%的老年人有家庭护理的需要，而75岁以上的老年人中有60%需要长期护理，一般情况下长期护理的需求为1—2年，有25%的人需要3年以上，10%的人需要5年以上。[3]由于临终护理和病危护理的费用支出远高于日常护理，使得老年人长期护理费用支出增长惊人。[4]

其次，从国内情况来看，中国保险行业协会与中国社会科学院人口与劳动经济研究所联合发布的《2018—2019中国长期护理调研报告》显示，调查地区有4.8%的老年人处于日常活动能力（即ADL）重度失能，

---

[1] 光大证券.释放需求深化供给，广阔市场应有期待——保险行业系列报告五：健康险深度研究［R］.行业研究，2022-04-15.

[2] 王起国，扈锋.我国商业长期护理保险的困境与出路［J］.浙江金融，2017（10）：59-65.

[3] ［美］肯尼思·布莱克，哈罗德·斯基博著;孙祁祥，郑伟等译.人寿与健康保险［M］.北京：经济科学出版社，2003，145-146.

[4] 何玉东.中国长期护理保险供给问题研究［D］.武汉：武汉大学，2012.

7%的老年人处于中度失能状态,总失能率为11.8%。基本自理能力的衰弱也伴随着独立生活能力(即IADL)的退化。依赖程度最严重——ADL和IADL均重度依赖的老年人占比达25.4%,需要得到全方位的照料。①详情见图2-2。

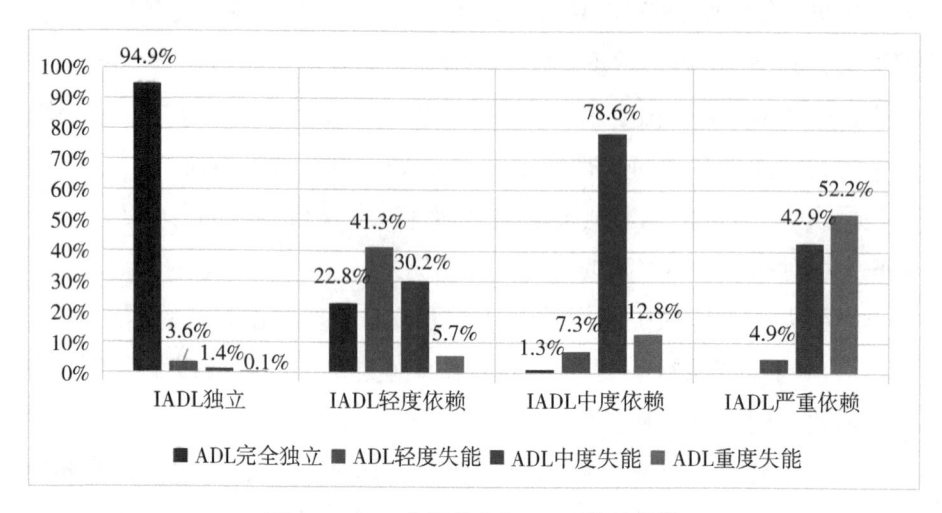

图2-2 ADL失能状态与IADL依赖程度

上述情况表明,老龄化程度的加深会带来大量的长期护理需求。由于护理的长期性容易导致护理所产生的费用无法准确预估,随着时间的推移,先前的养老储备必然会逐渐被消耗殆尽,这也就意味着失能人员及其家庭都将为护理费用承受沉重的财务压力。商业长期护理保险能够为需要长期护理的失能人员提供护理费用的补偿,满足失能人员的实际护理需求,有的产品还可以提供生存保险金和养老津贴。除了保险金的给付以外,部分商业长期护理保险产品还能够提供家庭护理或机构护理服务,满足被保险人的实际护理需求。在老年人口急剧增加的情况下,商业长期护理保险的出现极大地解决了老年人的失能问题,满足了老年

---

① 中国保险行业协会,中国社会科学院人口与劳动经济研究所.2018—2019中国长期护理调研报告[R].发布稿,2020-07-17.

人的长期护理需求。

（二）破解传统失能护理难题的迫切需要

在长期护理保险未实施之前，我国传统失能护理主要依托家庭照料和机构护理来解决，第三方护理则以补充照料的方式而存在，在整个失能护理体系中发挥着辅助作用。

家庭照料的提供者主要为家庭当中的配偶、父母或子女，亲朋好友偶尔也会出现在护理人员的名单中，这其中尤其是配偶和父母发挥的作用更大。然而，近年来，受生育观念趋向少子化、家庭结构转向小型化、人口流动不断增加以及妇女劳动力市场参与率逐渐提高等诸多因素的影响，传统的家庭照料功能与过去相比已出现大幅减弱的迹象，整个失能人口的家庭照护供给缺口因此越来越大。[①] 实践表明，面对失能，无论是4-2-1、4-2-2抑或是4-2-3型结构，都让家庭中的夫妻双方应接不暇、疲于奔命。也就是说，由于护理劳动力的不足，传统的家庭照料已很难承担起失能护理的全部责任。此外，专业性问题更是家庭照料无法回避的一大短板。

机构护理以中低端养老机构（养老院）提供的基本护理为主，受盈利能力不足及护理人员欠缺等因素的影响，依托专业水准较高的护理机构提供的护理服务可谓凤毛麟角。中低端养老机构所提供的失能照料，最大的问题在于护理能力欠缺、护理条件不足、护理水平低下，失能人员往往很难从类似的机构中获取必要的护理照料。中低端养老机构提供的失能护理，与其说是专业的服务，还不如说是基本的生活照料。大多数失能人员通常都无法从这种所谓的机构照料中获得满足感和幸福感，其失能状况因此很难得到根本性改观。

再就第三方护理而言，该护理模式最主要的优势在于它的专业性。但获取该专业护理模式的代价是支付足额的护理费用。这对于大多数失

[①] 朱铭来，申宇鹏. 我国长期护理保险试点地区经验评介 [J]. 中国保险，2021（08）：12-17.

能人员及其家庭而言，往往是一道无法逾越的坎。也就是说，财务问题是制约第三方护理发挥主导作用的根本。

　　上述情况表明，传统的护理模式，无论是家庭照料、机构护理，还是第三方护理，都很难在破解日益加剧的失能护理问题方面发挥根本性作用，寻求新的解决措施可谓迫在眉睫。在此背景下，长期护理保险应运而生。国内外的实践经验表明，长期护理保险的实施，不仅能有效破解传统护理模式存在的专业性不足、护理人员不够的问题，同时还能有效减轻失能人员及其家庭的财务负担，让长期困扰失能家庭的长期照护问题迎刃而解。

第三章 长期护理保险试点的相关政策与外部环境

我国对长期护理保险的探索，最早起于山东省青岛市。在青岛的探索取得一定的成效和经验后，2016年6月27日，人力资源和社会保障部下发了《关于开展长期护理保险制度试点的指导意见》，决定在上海、广州等13个城市和吉林、山东等2个重点联系省份（包括青岛、长春等22个城市）开展较大范围的长期护理保险试点工作，力图为全国性长期护理保险的推广奠定基础和积累经验。实践表明，至2020年，4年多的试点工作取得了一定的成效，但与预期目标还有一定距离，全国性推广实施长期护理保险还需要做进一步的探索。在此背景下，2020年9月，国家医保局会同财政部印发了《关于扩大长期护理保险制度试点的指导意见》，决定在原有试点城市的基础上，新增14个试点城市。据此，全国已有49个城市正在开展长期护理保险试点工作。纵观6年多的试点工作不难发现，2020年以来，长期护理保险的扩面，一方面可谓是相关政策推动的结果，另一方面也与外部环境的影响密切相关。

一、相关政策

作为社会保险领域的一个新险种，长期护理保险的试点、推广与发展，离不开各级政府的大力支持。近年来，为了推动该保险的试点与发展，从中央到地方、从监管部门到职能部门、从政府到机构，均出台了大量的相关政策。这些政策对于助力和推动长期护理保险的健康运行和平稳发展起到了很好的促进作用。具体而言，相关政策主要包括两大类。

（一）国家相关政策

自2016年6月人力资源和社会保障决定开展长期护理保险试点以来，至2021年，6年间，国家各部委先后颁布了5部政策文件，对于推动长期护理保险的真正落地起到了很好的引领和指导作用。详情见表3-1。

表3-1 国家部委颁布的长期护理保险相关政策

序号	时间	发布机构	文件名称
1	2016.07	人力资源社会保障部办公厅	《关于开展长期护理保险制度试点的指导意见》人社厅发〔2016〕80号
2	2019.12	国家卫生健康委员会、国家中医药管理办公室	《关于印发老年护理专业护士培训大纲（试行）和老年护理实践指南（试行）的通知》（国卫办医函〔2019〕898号）
3	2020.09	国家医保局、财政部	《关于扩大长期护理保险制度试点的指导意见》（医保发〔2020〕37号）
4	2021.05	中国银保监会办公厅	《关于规范保险公司参与长期护理保险制度试点服务的通知》（银保监办发〔2021〕65号）
5	2021.08	国家医保局办公室、民政部办公厅	《长期护理失能等级评估标准（试行）》医保办发〔2021〕37号

除与长期护理保险直接相关的政策外，一些外围政策也是助力长期护理保险落地实施的重要因素。例如，为构建分级照护体系，2019年，国家卫生健康委员会发布了《关于开展老年护理需求评估和规范服务工作的通知》（国卫医发〔2019〕48号）。为了加强老年健康服务体系建设，2020年6月，国家卫生健康委、全国老龄办印发《关于做好建档立卡失能贫困老年人照护工作的通知》，组织开展失能贫困老年人信息核查、协调保障、照护服务和监测预警等工作；2020年12月，国家卫生健康委办公厅、国家中医药管理局办公室印发了《关于加强老年人居家医疗服务工作的通知》，指导各地加快发展老年居家医疗服务，增加老年人上门医疗服务供给，满足老年人多样化医疗服务需求。为强化医养结合，2020年9月、12月，国家卫生健康委办公厅、民政部办公厅、国家中

医药管理局办公室先后联合印发《医养结合机构管理指南（试行）》《医疗卫生机构与养老服务机构签约合作服务指南（试行）》，规范医养结合机构管理及医养签约合作服务；2020年12月，国家卫生健康委办公厅、国家中医药管理局办公室印发《关于开展医养结合机构服务质量提升行动的通知》，全面提升医养结合服务质量。养老服务质量方面，养老服务综合监管力度不断加大，制度更加健全。2020年7月，民政部、中央政法委等6部门联合印发《关于规范养老机构服务行为 做好服务纠纷处理工作的意见》，为保障老年人身体健康和生命财产安全、维护养老机构合法权益和正常服务秩序提供政策依据；2020年9月，民政部公布《养老机构管理办法》，进一步规范养老机构管理。同时，持续开展全国养老院服务质量建设专项行动，提升养老服务质量。截至2020年底，共整治近42.2万处服务隐患。[①]2022年2月，国务院发布《"十四五"国家老龄事业发展和养老服务体系规划》，强调稳步建立长期护理保险制度，明确长护险基本保障项目。[②]此外，国家卫生健康委员会还相继印发了《关于加强老年护理服务工作的通知》《老年护理实践指南（试行）》等政策文件，为规范老年护理服务提供了可靠依据。[③]

（二）地方相关政策

除国家层面颁布的上述政策外，为了营造良好的长期护理保险落地环境，各试点地区也颁发了诸多相关政策，为推动长期护理保险的健康发展起到了积极推动作用。

相关政策早在2012年就已公开发布，如2012年青岛市发布了《关于建立长期医疗护理保险制度的意见（试行）》，正式拉开了社保领域长

---

① 国家卫生健康委员会老龄健康司.2020年度国家老龄事业发展公报［R］.发布稿，2021-10-15.

② 国务院.关于印发"十四五"国家老龄事业发展和养老服务体系规划的通知［EB/OL］.2022-02-21.http：//www.gov.cn/zhengce/content/2022-02/21/content_5674844.htm.

③ 国家医疗保障局.关于政协十三届全国委员会第四次会议第0857号（社会管理类091号）提案答复的函［EB/OL］.2021-10-13.http：//www.nhsa.gov.cn/art/2021/10/13/art_26_6217.html.

期护理相关试点工作。此后又有山东东营、江苏南通及吉林长春等地也开展了相关试点工作，发布了一系列政策文件。如山东东营的《东营市长期医疗护理保险制度》、江苏南通的《关于建立基本照护保险制度的意见（试行）》、吉林长春的《关于建立失能人员医疗照护保险制度的意见》等。这些政策文件的颁布，为上述地区开展长期护理保险试点奠定了良好的政策基础。

通过查找各试点地区人力资源和社会保障部门的官网不难发现，2016年6月，人力资源和社会保障部下发《关于开展长期护理保险制度试点的指导意见》后，为了推动上述政策及时落地实施，各试点城市的地方政府也发布了众多与国家政策相配套的长期护理保险试点政策。详情见表3-2。

表3-2 试点城市发布的护理保险相关政策文件

序号	时间	发布方	文件名称
1	2012	青岛	《关于建立长期医疗护理保险制度的意见（试行）》
2	2013	东营	《东营市长期医疗护理保险制度》
3	2015	南通	《关于建立基本照护保险制度的意见（试行）》
4		长春	《关于建立失能人员医疗照护保险制度的意见》
5	2016	南通	《南通市基本照护保险实施细则》
6		上海	《上海市长期护理保险试点办法》
7		荆门	《荆门市长期护理保险办法（试行）》
8		承德	《关于建立城镇职工长期护理保险制度的实施意见（试行）》
9		上饶	《上饶市关于开展长期护理保险试点工作实施方案》
10	2017	山东	《山东省人民政府办公厅关于试行职工长期护理保险制度的意见》
11		上饶	《上饶市长期护理保险试点经办规程（试行）》
12		苏州	《关于开展长期护理保险试点的实施意见》
13		广州	《广州市长期护理保险试行办法》
14		安庆	《安庆市城镇职工长期护理保险试点实施意见》《安庆市职工长期护理保险实施细则（试行）》
15		重庆	《关于印发重庆市长期护理保险制度的试点意见的通知》
16		成都	《成都市长期照护保险制度试点方案》

续表

序号	时间	发布方	文件名称
17	2017	宁波	《宁波市长期护理保险制度试点方案》《宁波市长期护理保险试点实施细则》
18		齐齐哈尔	《齐齐哈尔市长期护理保险实施方案（试行）》
19		石河子	《关于建立长期护理保险制度的意见（试行）》《八师石河子市长期护理保险实施细则（试行）》
20		通化	《开展长期护理保险制度试点的实施意见》
21		松原	《关于进一步推进全市长期护理保险制度建设的实施意见》
22		梅河口	《关于开展长期护理保险制度试点工作的实施意见》
23		淄博	《淄博市职工长期护理保险暂行办法》
24		聊城	《关于试行职工长期护理保险制度的意见》
25		泰安	《关于试行职工长期护理保险制度的意见》
26		日照	《关于完善长期护理保险制度的意见》《日照市职工长期护理保险制度实施细则》
27	2018	承德	《关于进一步调整完善基本医疗保险大病保险医疗保障救助及长期护理保险等相关政策的通知》《承德市城镇职工长期护理保险居家护理管理办法（试行）》
28		重庆	《重庆市长期护理保险制度试点意见》
29		青岛	《青岛市长期护理保险暂行办法》
30		珲春	《关于开展长期护理保险试点工作实施方案的通知》
31		烟台	《烟台市职工长期护理保险实施办法（试行）》
32		济宁	《职工长期护理保险实施办法》
33		泰安	《泰安市职工长期护理保险实施细则（试行）》
34		威海	《威海市职工长期护理保险规定》
35		德州	《关于建立职工长期护理保险制度的意见》《德州市市直职工长期护理保险实施细则》
36		滨州	《关于试点推行职工长期护理保险制度的实施意见》
37		菏泽	《菏泽市职工长期护理保险实施办法》
38	2019	无锡	《关于建立长期护理保险制度的意见（试行）》
39		珲春	《珲春市长期护理保险实施细则》
40		枣庄	《关于建立职工长期护理保险制度的意见》
41		临沂	《临沂市职工长期护理保险制度实施方案》
42		乌鲁木齐	《乌鲁木齐市长期护理保险办法（试行）》

续表

序号	时间	发布方	文件名称
43	2020	苏州	《关于开展长期护理保险试点第二阶段工作的实施意见》《关于明确苏州市长期护理保险居家护理服务项目内容的通知（试行）》
44		成都	《关于深化长期照护保险制度试点的实施意见》
45		济南	《关于扩大长期护理保险制度试点的指导意见》
46		石景山区	《北京市石景山区扩大长期护理保险制度试点实施细则》
47		天津	《天津市长期护理保险制度试点实施方案》
48		晋城	《关于建立长期护理保险制度的实施意见》
49		盘锦市	《开展全国长期护理保险制度试点工作实施方案》
50		福州	《开展长期护理保险制度试点实施方案》
51		开封	《开封市长期护理保险制度试行办法》
52		湘潭	《湘潭市长期护理保险制度试点实施方案》
53		黔西南州	《黔西南州长期护理保险试行实施细则》
54		昆明	《关于全面开展长期护理保险制度试点工作方案》
55		汉中	《汉中市长期护理保险实施办法（试行）》
56		甘南州	《甘南州长期照护保险制度试点方案》
57		潍坊	《职工长期护理保险试点实施意见》
58	2021	吉林	《吉林省深入推进长期护理保险制度试点工作实施方案》
59		长春	《关于扩大失能人员医疗照护保险制度试点工作的通知》
60		上海	《上海市长期护理保险试点办法》
61		广州	《广州市长期护理保险试行办法》
62		重庆	《关于扩大长期护理保险制度试点的实施意见》
63		齐齐哈尔	《齐齐哈尔市深化长期护理保险制度试点实施方案（试行）》
64		青岛市	《青岛市长期护理保险办法》
65		呼和浩特	《呼和浩特市长期护理保险制度试点实施方案》
66		南宁	《南宁市长期护理保险制度试点实施办法》

综上，不难发现，2012—2021年10年间各试点地区先后颁布了60多个配套文件，为政策的正式落地和健康运行贡献了地方智慧，发挥了地方应有的作用。

二、外部环境

除了各级政府的政策扶持外，外部环境也是促进并推动长期护理保险向纵深发展的主要因素。所谓外部环境，是指影响长期护理保险实现可持续、健康、高质量发展的一些外在因素。这些因素虽然并非源自政策本身的好坏，但它对长期护理保险的试点工作与长期发展必然也会产生较大的影响。具体而言，主要有以下几个方面的因素。

（一）人口社会环境

众所周知，开展长期护理保险试点，其目的之一就是为了破解日益严重的老龄化问题；反过来，人口老龄化也正在一步步激发长期护理保险的市场新需求。那么，什么是人口老龄化？人口老龄化是指人口生育率降低和人均寿命延长引起的，总人口中因年轻人口数量减少、年长人口数量增加，而导致的老年人口比例相应增长的动态。由此可见，人口老龄化实质包含三层含义：一是指总人口中年轻人口数量有不断减少的发展趋势；二是指随着人均寿命的不断延长，老年人口日益增多，且其在总人口中所占比例逐步上升；三是指随着年轻人口的减少和老年人口的增多，整个社会的人口结构发生了根本性变化，且呈现出老年化发展态势，向老龄化社会迈进。那么，什么是"老年人口"？对老年人口的界定，联合国的标准是指65岁及以上的老年人；国际上另外一个较为通用的标准是指60岁及以上的老年人。以联合国的标准为判断依据，我国早在2000年就已开始进入老龄化社会，而且伴随近40年人口计划生育的实施、经济的快速发展和社会的日益进步，我国老龄化程度还在不断发展并逐步向深度老龄化迈进。2021年12月18日，中国老年学和老年医学学会发布的《中国老龄化社会20年：成就、挑战与展望》显示，2001—2020年的20年间，我国老年人口数量翻了一番，年平均增速超过 9%。① 尤其是近十年增速更为明显。2012 年，我国 65 岁及以上老年人口为 1.14 亿，占总人口数的 9.4%；然而，国家统计局数据显示，截至 2021 年末，老年人口为 2 亿人，占全国人口的 14.2%。② 这也就意味着 10 年间我国 65 岁及以上老年人口占比上升了 4.8 个百分点，其增速之快，可谓一目了然。详情见表 3-3。

表 3-3 2012—2021 年我国老年人（65 岁及以上）人口总数统计

年份	65 岁及以上人口数（亿）	总人口数（亿）	65 岁及以上人口数占比（%）	65 岁及以上人口数的世界占比（%）
2012	1.27	13.54	9.4	20.76
2013	1.32	13.61	9.7	20.86
2014	1.38	13.68	10.1	21.04
2015	1.44	13.75	10.5	21.32
2016	1.50	13.83	10.8	21.72
2017	1.58	13.90	11.4	22.22
2018	1.67	13.95	12.0	22.71
2019	1.76	14.00	12.6	23.10
2020	1.91	14.12	13.5	23.34
2021	2.00	14.13	14.2	23.46

资料来源：根据 2012—2021 年《社会服务发展统计公报》及国家统计局相关数据统计而来。

更值得注意的是，根据联合国经济和社会事务部的预测，未来我国 60 岁及以上的各年龄段人口占比还将持续提升。预计到 2050 年，我国 60 岁及以上人口的占比将达到 34.62%，将超过同期美国的 28.18%、英国的 31.62%、法国的 33.67% 和澳大利亚的 28.65%。③ 面对人口老龄化

---

① 中国老年学和老年医学学会.新时代积极应对人口老龄化发展报告——中国老龄化社会 20 年：成就、挑战与展望［R］.2021-12-18.
② 国家统计局.第七次全国人口普查公报（第五号）［EB/OL］.2021-06-28.http：//www.stats.gov.cn/tjsj/tjgb/rkpcgb/qgrkpcgb/202106/t20210628_1818824.html.
③ 光大证券.释放需求深化供给，广阔市场应有期待——保险行业系列报告五：健康险深度研究［R］.行业研究，2022-04-15.

问题的日益加剧，破解人口老龄化问题可谓到了刻不容缓的地步。

1. 人口老龄化呈现出十个特点

随着人口老龄化的进一步深化发展，我国人口与家庭结构也发生了巨大变化。具体而言，主要呈现出十个特点，即老年人口规模庞大、老龄化进程明显加快、高龄化老人问题日益突出、老龄化城乡差异扩大、老年人口抚养比大幅上升、家庭结构小型化日趋普遍、长寿化趋势日益明显、少子化现象逐步严重、人口老龄化与经济发展水平相背离、未富先老问题突出。

（1）人口规模庞大

老年人口规模庞大体现在两个方面。一方面，我国老年人口绝对数量大，同时占总人口的比重也很大。第七次全国人口普查主要数据显示，截至2020年11月1日，我国60周岁及以上人口为264018766人，占总人口数的18.70%，其中65周岁及以上人口为190635280人，占总人口数的13.50%；全国老年人口抚养比为19.70%，比2010年提高7.80个百分点。全国31个省份中，有16个省份的65周岁及以上老年人口超过了500万人，其中有6个省份的65周岁及以上老年人口超过了1000万人[1]；除西藏外，其他30个省份65岁及以上老年人口比重均超过7%，其中辽宁等12个省份65岁及以上老年人口比重超过14%[2]。详情见表3-4。

表3-4　2020年我国31个省份总人口数及老年人口数占比情况

排序	省份	总人口数（人）	60岁及以上人口占比（%）	65岁及以上人口占比（%）
1	辽宁	42591407	25.72	17.42
2	重庆	32054159	21.87	17.08
3	四川	83674866	21.71	16.93

---

[1] 国家卫生健康委员会老龄健康司.2020年度国家老龄事业发展公报［R］.发布稿，2021-10-15.
[2] 国家统计局，国务院第七次全国人口普查领导小组办公室.第七次全国人口普查公报［R］.2021-5-11.

续表

排序	省份	总人口数（人）	60岁及以上人口占比（%）	65岁及以上人口占比（%）
4	上海	24870895	23.38	16.28
5	江苏	84748016	21.84	16.20
6	吉林	24073453	23.06	16.61
7	黑龙江	31850088	23.22	16.61
8	山东	101527453	20.90	15.13
9	安徽	61027171	18.79	15.01
10	湖南	66444864	19.88	14.81
11	天津	13866009	21.66	14.75
12	湖北	57752557	20.42	14.59
13	河北	74610235	19.85	13.92
14	河南	99365519	18.08	13.49
15	陕西	39528999	19.20	13.32
16	北京	21893095	19.67	13.30
17	浙江	64567588	18.70	13.27
18	内蒙古	24049155	19.78	13.05
19	山西	34915616	18.92	12.90
20	甘肃	25019831	17.03	12.58
21	广西	50126804	16.69	12.20
22	江西	45188635	16.87	11.89
23	贵州	38562148	15.38	11.56
24	福建	41540086	15.98	11.10
25	云南	47209277	14.91	10.75
26	海南	10081232	14.65	10.43
27	宁夏	7202654	13.52	9.62
28	青海	5923957	12.14	8.68
29	广东	126012510	12.35	8.58
30	新疆	25852345	11.28	7.76
31	西藏	3648100	8.52	5.67

资料来源：参照第七次全国人口普查数据及各省统计局官方网站数据整理而来。上述数据不包含现役军人。

另一方面，我国老年人口占世界老年人口的比重加大。任泽平团队的研究结果表明，1964—2020 年，我国 65 岁及以上人口占全球老人比重从 14.8% 上升到了 25.6%，相当于全球每 4 个 65 岁及以上的老年人中就有一个是中国人，而且从目前的发展趋势来看，我国老年人口数量还将在一个较长的时期内保持世界第一位。同时更值得关注的是，老龄化规模还在不断扩大。预计到 2035 年、2050 年，我国 65 岁及以上老年人口将分别达 3.27 亿、3.93 亿，占全球老人比重将分别为 21.8%、26.2%。预计我国 65 岁及以上人口将持续增长至 2057 年，到时老年人口数将达到峰值 4.25 亿，然后才会逐渐减少。在总和生育率 1.0、1.2、1.6 的假设下，2057 年我国 65 岁及以上人口比重将分别为 37.6%、35.9%、32.9%。[①]详情见图 3-1。

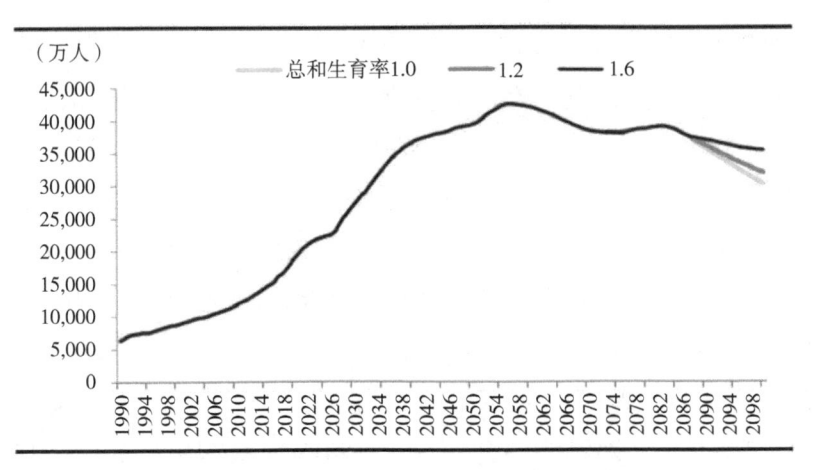

图 3-1　我国 65 岁及以上老年人规模预测
资料来源：第七次人口普查资料数据，育娲人口，泽平宏观。

与人口老龄化相伴随的，是老年人快速增长的健康服务需求，包括长期护理服务需求。当前，我国超过 1.8 亿的老年人患有慢性病，慢性

---

① 任泽平谈中国人口报告：多地出生人口减少 10%–30%［EB/OL］.2021-04-29.https：//baijiahao.baidu.com/s?id=1698327695783128086&wfr=spider&for=pc.

病患病率高达75%，失能或半失能老人超过4000万，占老年人口比例达18.3%。如何构建长期护理制度，满足失能老人长期护理保障需求，是我国人口老龄化进程中需要解决的重大现实问题。

（2）老龄化进程明显加快

无论从过去还是未来的发展情况来看，都不难发现我国正面临老龄化进程明显加快的事实。

首先从过往的数据来看，中国社会科学院应对人口老龄化研究中心林宝研究员主编的《积极应对人口老龄化战略研究报告2021》显示，2010—2020年，我国60周岁及以上老年人口、65周岁及以上老年人口分别增加了8637万人、7181万人，占总人口的比重分别上升了5.44个百分点、4.63个百分点。与上个十年相比，上升幅度则分别提高了2.51个百分点和2.72个百分点。[1]

再就未来的发展趋势而言，随着1962—1975年第二轮婴儿潮出生人口逐渐衰老并进入生命终点，未来30多年我国人口老龄化程度将加快发展。我国2000年进入65岁及以上人口占比超过7%的老龄化社会，并且已于2021年（即用21年时间）进入了老年人口占比超14%的深度老龄化社会，预计再过11年后（即2032年前后）进入老年人口占比超20%的超级老龄化社会。[2]从发达经济体情况看，从老龄化到深度老龄化，法国用了126年（1864—1990）、英国用了46年（1929—1975）、德国用了40年（1932—1972）、日本用了24年（1971—1995）；从深度老龄化到超级老龄化，法国用了28年（1990—2018），德国用了36年（1972—2008），日本用了11年（1995—2006）。[3]由此可见，无论是从老龄化到深度老龄化，还是从深度老龄化到超级老龄化，我国的发展速度都是较

---

[1] 林宝.积极应对人口老龄化战略研究报告2021[R].发布稿，2021-12-28.
[2] 任泽平谈中国人口报告：多地出生人口减少10%—30%[EB/OL].2021-04-29.https://baijiahao.baidu.com/s?id=1698327695783128086&wfr=spider&for=pc.
[3] 任泽平谈中国人口报告：多地出生人口减少10%—30%[EB/OL].2021-04-29.https://baijiahao.baidu.com/s?id=1698327695783128086&wfr=spider&for=pc.

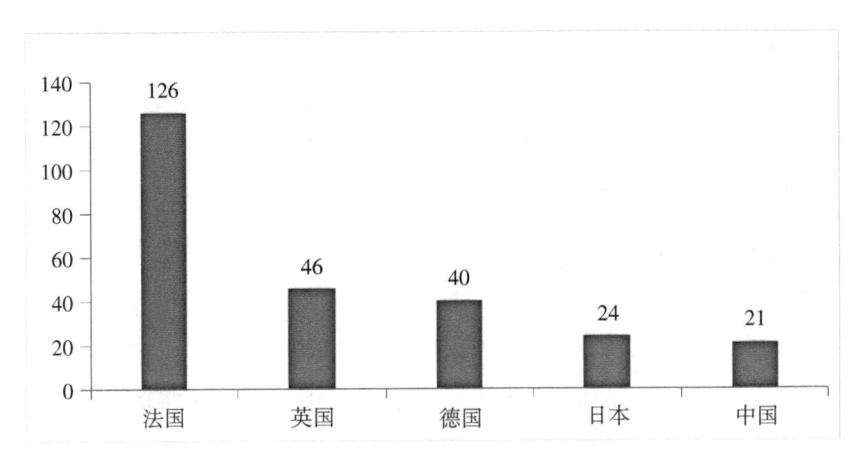

第三章　长期护理保险试点的相关政策与外部环境　71

图 3-2　各国进入老龄化和深度老龄化的用时

（数据：法国 126，英国 46，德国 40，日本 24，中国 21）

快的，详情见图 3-2。人口老龄化速度加快意味着应对人口老龄化的战略机遇期将快速逝去，政策准备期将大为缩短，"未备先老"问题将更加突出。

（3）高龄化老人问题日益突出

根据任泽平团队的研究，2010—2020 年，我国 80 岁及以上高龄人口从 2099 万增加至 3660 万，占总人口比重从 1.6% 增加至 2.6%，占高龄人口比重则为 13.56%。① 也就是说，2020 年与 2010 年第六次全国人口普查相比，80 岁及以上高龄人口占总人口比重提高了 1 个百分点，占高龄人口比重则上升得更多。预计 2035 年和 2050 年，我国 80 岁及以上人口还将分别增至 8256 万、15962 万，占总人口比重分别达约 6%、约 12%。② 高龄人口在增长的同时，80 岁以下低龄老年人口数量的增速则更为明显。截至 2020 年 11 月，我国 60 周岁及以上老年人口中，60—69 周岁的低龄老年人口为 14740 万人，占比为 55.83%；70—79 周岁老年人口为 8082 万人，占比为 30.61%。相较于 2010 年上升了 5.44 个百分点，

---

① 国家卫生健康委员会老龄健康司.2020 年度国家老龄事业发展公报［R］.发布稿，2021-10-15.
② 任泽平谈中国人口报告：多地出生人口减少 10%-30%［EB/OL］.2021-04-29.https：//baijiahao.baidu.com/s?id=1698327695783128086&wfr=spider&for=pc.

65岁及以上人口的比重上升了4.63个百分点，高龄化趋势明显。[1]由此可见，当前我国老龄化问题，还面临高龄化趋势，这表明我国老年人口内部结构也在快速变化，养老服务和健康服务等需求将因为高龄化而以快于老年人口的增速增长。

与此同时，高龄化的快速发展预示着空巢老人问题在所难免。根据《第四次中国城乡老年人生活状况抽样调查成果》，2020年我国空巢和独居老年人已达到1.18亿。这将严重弱化家庭护理的功能，祖辈和子代两地分居，子代对祖辈的照顾多来自于经济支持，而生活照护、情感支持等家庭照护保障必将减少。

（4）人口老龄化城乡差异显著

人口老龄化是一个全国性问题，但就地区而言，农村人口老龄化问题尤为值得关注。2020年，中国社会科学院农村发展研究所与中国社会科学出版社发布的《中国乡村振兴综合调查研究报告2021》显示，2019年，全国农村人口的老龄化问题比城镇更为严峻，农村的老龄化水平明显高于城镇。全体农村人口中60岁及以上人口的比重达到了20.04%，65岁及以上人口的比重达到了13.82%[2]，超出全国平均水平（18.10%、12.60%）1.94个百分点和1.22个百分点，完全达到了"老龄化社会"的标准，并非常接近"老龄社会"的标准。农村常住人口中60岁及以上的比重达到了23.99%，65岁及以上人口的比重达到了16.57%，超过了"老龄社会"的标准，距离"超老龄社会"的标准只差3.43个百分比。与全国老龄化数据相比（2019年我国60岁及以上人口占总人的18.1%，其中65岁及以上人口占总人口的12.6%），农村地区的老龄化程度远超全国情况。[3]

2020年，第七次全国人口普查结果显示，农村60岁及以上老年人

---

[1] 林宝.积极应对人口老龄化战略研究报告2021[R].发布稿，2021-12-28.
[2] 候润芳.社科院报告：农村人口老龄化严峻，60岁及以上人口比重超20%[N].新京报，2022-05-07（03）.
[3] 魏后凯.中国乡村振兴综合调查研究报告2021[M].北京：中国社会科学出版社，2022.

口的比重为23.81%，较2019年略有下降；65岁及以上老年人口的比重为17.72%，较2019年进一步提高。这两个数据比城镇60岁及以上、65岁及以上老年人口占城镇总人口的比重分别高出7.99个百分点、6.61个百分点。与第六次全国人口普查的2010年相比，60岁、65岁及以上老年人口比重的城乡差异分别扩大了4.99个百分点和4.35个百分点。城乡差异扩大将进一步凸显应对农村人口老龄化的艰巨性和紧迫性。[①]当前农村经济发展水平、医疗服务水平、护理服务水平、护理基础设施、交通基础设施等都严重滞后，农村人口老龄化必将带来更为严峻的挑战，将严重影响失能护理服务能力和失能护理成效。

（5）老年人口抚养比增速明显

所谓老年抚养比，是指人口中65岁及以上人口数与劳动年龄人口数之比。任泽平团队的研究结果表明，2020年，我国老年抚养比为19.7%，比2010年提高7.80个百分点，老龄化进程明显加快。[②]这意味着目前平均5个年轻人要抚养1位老人。假设鼓励生育引起全社会广泛响应，财政支出达到其他发达国家平均水平，总和生育率1.2是最有可能发生的一种情形，预计2050年老年抚养比达53.2%，即每2个年轻人需要承担抚养1位老人的责任。除沉重的养老负担外，子女的养育成本也让年轻人"两头承压"，社会生育意愿弱化导致少儿抚养比的下滑，年轻人口规模萎缩，社会养老负担未来将进一步加重。[③]

（6）家庭结构小型化日趋普遍

近二十年来，我国不仅老龄化现象严重，而且家庭规模也在持续缩小。受计划生育政策的影响，近年来我国人口生育率呈明显下降的发展趋势，结果导致社会上出现了大量的独生子女家庭；而无子化或称"丁克"

---

① 林宝.积极应对人口老龄化战略研究报告2021[R].发布稿，2021-12-28.
② 国家卫生健康委员会老龄健康司.2020年度国家老龄事业发展公报[R].发布稿，2021-10-15.
③ 任泽平谈中国人口报告：多地出生人口减少10%-30%[EB/OL].2021-04-29.https：//baijiahao.baidu.com/s?id=1698327695783128086&wfr=spider&for=pc.

现象的大量存在，更加快了家庭规模缩小的进程。当前我国大多数家庭以 2 人或 3 人为主，2—3 人的小型家庭已经成为主流家庭。①在此背景下，家庭规模持续减小自然在所难免。资料记载表明，当前家庭户平均人数从 20 世纪 50 年代的 5.3 人下降到了 2015 年的 3.35 人，每个家庭缩减了近 2 人。虽然当前国家放开了三孩政策，但由于养育成本不断提高以及社会竞争压力不断加大，越来越多的家庭普遍对生育二孩或三孩的积极性都不高。根据相关人口科学预测，到 2050 年，我国独生子女人数将突破 3 亿人，随之，"421"甚至是"8421"的家庭结构将会日益增多。家庭养老资源严重短缺，夫妻双方需要赡养多个老人，还要照顾子女，一旦老人出现失能、半失能状况，依靠传统意义上的家庭护理往往力不从心。根据 2020 年第七次人口普查数据，我国超过 70% 的失能老人生活支出来源于家庭成员，再加上高昂的护理费用，给很多普通家庭带来了沉重的经济负担，"一人失能、全家失衡"是很多家庭面临失能问题时的真实写照。除此之外，独生子女也使得家庭面临的风险增加，一旦子女发生意外，对整个家庭将是毁灭性的打击，也使得家庭中遗留老人的老年护理处境更加艰难。家庭护理面临的困境为商业长期护理保险提供了更大的发展空间。②

（7）长寿化趋势日益明显

伴随经济水平的提高、生活水平的改善、科技水平的发展和医疗健康服务能力的提升，自新中国成立以来，我国平均预期寿命发生了翻天覆地的变化。据有关资料，从 1950—2020 年，70 年间我国平均预期寿命从约 40 岁提升至了约 78 岁，尤其是过去 20 年提升更快，平均每十年提升 2—3 岁。目前我国平均预期寿命已明显高于全球平均水平的 72.8 岁和中高收入经济体的 75.9 岁，但低于高收入经济体的 81.2 岁；其中，日本、美国分别为 84.8 岁、78.9 岁。按照联合国人口预测方案，到 2100

---

① 白剑峰. 我国家庭平均规模为 3.35 人[N]. 人民日报，2015-05-14（15）.
② 张晓颖. 我国商业长期护理保险购买意愿的影响因素——以沈阳市为例[D]. 沈阳：辽宁大学，2021.

年，全球人口平均预期寿命将达 81.8 岁，其中高收入经济体均值将超过 90 岁，日本将达约 94 岁。[①] 到那时，我国平均预期寿命也必将迈入新的高度。然而值得注意的是，虽然科技和医学的进步延长了寿命，但大部分延长的寿命都是处于需要护理的阶段。这也就意味着长寿化带来的市场护理需求的激增与护理服务供给不匹配的矛盾将更为突出。

（8）少子化现象日趋严重

何为少子化？少子化是指生育率下降，造成幼年人口（通常指 0—14 岁人口）逐渐减少的现象。一般而言，一个国家或地区的人口中，0—4 岁人口占比 20%—23%，通常认为该国家或地区的生育率属正常现象；与此相反的，则属"少子化"现象。"少子化"通常可分为三个等级，分别为"少子化"、"严重少子化"和"超少子化"。0—14 岁人口占总人口的比例为 18%—20% 时，为"少子化"；15%—18% 时，为"严重少子化"；15% 以下时，为"超少子化"。第七次全国人口普查数据显示，2020 年，我国 0—14 岁人口 253383938 人，占总人口的比例为 17.95%，表明我国已进入"严重少子化"阶段。

1949 年以来，我国先后经历了三轮婴儿潮，原本应在 2010 年后出现的第四轮婴儿潮因长期计划生育而基本消失，2014 年单独一孩、2016 年全面二孩、2021 年全面三孩政策对生育影响有限，出生人口短暂反弹后持续下滑，2021 年降至 1062 万，持续创除 1959—1961 年"三年困难时期"外的历史新低。出生人口受育龄妇女、总和生育率影响。从育龄妇女看，我国 20—35 岁主力育龄妇女规模在 1997 年达 1.86 亿的峰值，预计 2030 年将较 2020 年减少约 25%。从总和生育率看，我国总和生育率从 1970 年之前的 5—6 以上快速降至 1990 年的 2 左右，再降至 2010 年的 1.5 左右，2014 年、2016 年有所反弹，但之后持续降至 2021 年的 1.15。在城市化推进、受教育程度提升、单身不婚等背景下，总和生育率趋势

[①] 任泽平谈中国人口报告：多地出生人口减少 10%–30%［EB/OL］.2021–04–29.https：//baijiahao.baidu.com/s?id=1698327695783128086&wfr=spider&for=pc.

下行。①

（9）人口老龄化与经济发展水平相背离

从西方发达国家的老龄化进程来看，一般而言，经济发达的地区通常会比经济欠发达的地区拥有更高的人口老龄化程度。然而，我国的情况似乎并没有完全遵从上述规律。由于我国大多数沿海发达地区吸引了大量低龄劳动人口（通常指18—50岁之间的人口）的流入，很大程度上延缓了人口老龄化的发展速度，造成我国各地区（不含香港、澳门和台湾地区）人口老龄化程度与经济发展水平出现了较大程度的背离。②以2020年为例，各地区65岁及以上人口比例排名与人均地区生产总值（GDP）排名之间的相关系数仅为0.310；而65岁及以上人口比例和人均地区生产总值之间的相关系数则仅为0.250③，详情见表3-5。人口老龄化程度与经济发展水平的背离，表明我国"未富先老"的特征不仅在总体上有所表现，而且在局部地区更为突出。

表3-5　2020年我国31省份、65岁及以上人口老龄化程度与经济发展水平的相关性状况

排名	老龄人口占比排名（%）		各地人均GDP排名（万元）		排名	老龄人口占比排名（%）		各地人均GDP排名（万元）	
1	辽宁	17.42	北京	16.76	17	浙江	13.27	辽宁	5.77
2	重庆	17.08	上海	15.94	18	内蒙古	13.05	河南	5.70
3	四川	16.93	江苏	12.73	19	山西	12.90	宁夏	5.64
4	上海	16.28	福建	11.05	20	甘肃	12.58	江西	5.51
5	江苏	16.20	浙江	11.04	21	广西	12.20	新疆	5.47
6	吉林	16.61	广东	9.61	22	江西	11.89	西藏	5.43
7	黑龙江	16.61	天津	9.02	23	贵州	11.56	云南	5.05
8	山东	15.13	重庆	8.00	24	福建	11.10	青海	4.95

---

① 任泽平谈中国人口报告：多地出生人口减少10%–30%［EB/OL］.2021-04-29.https：//baijiahao.baidu.com/s?id=1698327695783128086&wfr=spider&for=pc.

② 广东省表现最为突出。广东省的人均GDP为9.61万元，在全国排第6位，然而其老龄人口占比仅为8.58%，位列全国第29位。上述数据表明，广东是一个经济发达却又是一个老龄化不明显的省份。之所以出现这种现象，很大程度上与广东吸引了大量低龄劳动人口密切相关。

③ 林宝．积极应对人口老龄化战略研究报告2021［R］.发布稿，2021-12-28.

续表

排名	老龄人口占比排名（%）		各地人均GDP排名（万元）		排名	老龄人口占比排名（%）		各地人均GDP排名（万元）	
9	安徽	15.01	湖北	7.33	25	云南	10.75	贵州	4.92
10	湖南	14.81	山东	7.26	26	海南	10.43	河北	4.77
11	天津	14.75	内蒙古	6.84	27	宁夏	9.62	山西	4.73
12	湖北	14.59	陕西	6.75	28	青海	8.68	吉林	4.58
13	河北	13.92	安徽	6.08	29	广东	8.58	广西	4.47
14	河南	13.49	湖南	6.04	30	新疆	7.76	黑龙江	3.65
15	陕西	13.32	海南	5.86	31	西藏	5.67	甘肃	3.41
16	北京	13.30	四川	5.80					

资料来源：老龄人口占比排名数据来源于第七次全国人口普查数据；GDP排名数据来源于各省统计局官方网站。

（10）未富先老问题突出

2000年，我国在进入老龄化时，人均GDP仅处于4000美元的水平，我国在追赶阶段已进入老龄化，2021年我国人均GDP为1.25万美元，接近高收入国家下限水平，但我国65周岁及以上老年人口占比13.5%，高于中高收入经济体10.8%的平均水平。反观发达经济体，大部分都是在物质财富积累到一定程度后，才开始进入人口老龄化阶段，瑞典、日本、英国、德国、法国等发达经济体在进入老龄化时，人均GDP大约在1万至3万美元。相应地，这些国家有足够的财力来解决老年人的养老问题。[1] 虽然目前我国老龄化程度低于大部分发达国家，但是老龄人口的失能概率与OECD国家基本一致，并且失能老年人口呈现出基数大、增长速度快、高龄化趋势明显等特点。[2]

总之，未富先老使得老龄人口的长期护理需求成为我国人口老龄化

---

[1] 任泽平谈中国人口报告：多地出生人口减少10%-30%[EB/OL].2021-04-29.https：//baijiahao.baidu.com/s?id=1698327695783128086&wfr=spider&for=pc.

[2] 李晓鹤，刁力.人口老龄化背景下老年失能人口动态预测[J].统计与决策，2019（10）：75-78.

过程中亟待解决的严峻问题。

2. 老龄化带来的负面影响

老龄化加速至少会带来两方面的负面影响。

第一，人口老龄化将导致患慢性病的概率明显上升。随着疾病谱和死亡谱的改变，我国居民慢性疾病的患病率将呈上升趋势。在庞大规模的慢性疾病患者人群中，老年慢性疾病患者患病概率尤其不容忽视。研究表明，65 岁及以上老人患慢性疾病的概率是青壮年的 14—38 倍，并且人们患慢性疾病的概率随着年龄的增长呈爆炸式增长。截至 2021 年底，我国 2.6 亿老年人中约 1.9 亿患有慢性病，占比超 70%，此外还有约 4500 万失能老人，占老年人口比重超 15%。《中国养老服务蓝皮书（2012—2021）》预计，到 2025 年我国失能总人口将上升到 7279.22 万人，2030 年将达 1 亿人。[1]

研究表明，未来一段时间内，心脑血管疾病、恶性肿瘤、慢性呼吸系统疾病和糖尿病等四类重点慢性病将成为影响我国居民生活和健康的重要疾病。慢性病的发生和流行与经济、社会、人口、行为、环境等因素密切相关。随着我国工业化、城镇化、人口老龄化进程不断加快，居民生活方式、生态环境、食品安全状况等对健康的影响逐步显现，慢性病发病、患病和死亡人数不断增多，群众慢性病疾病负担日益沉重。[2] 一方面，为预防慢性疾病的发生，人们对医疗保健消费的支出逐渐加大。医疗保健费用的不断上升给中产阶级家庭中的青壮年人带来了巨大的经济压力，如果家中有慢性疾病的老人需要照顾则会进一步加重家庭经济负担。另一方面，大多数的老年人属于低收入群体，日益剧增的医疗保健及护理费用必然会增加其经济压力。

第二，随着年龄增长，医疗服务费用将逐步增加，人口老龄化将极

---

[1] 佚名.长护险试点六年：18 家险企参与、覆盖 1.45 亿人，投标管理等多重问题待改善［EB/OL］.2022-07-21.https://m.thepaper.cn/baijiahao_19118718.

[2] 殷鹏，齐金蕾，刘韫宁，等.2005—2017 年中国疾病负担研究报告［J］.中国循环杂志，2019，34（12）：1145-1154.

大影响我国的医疗卫生费用支出。同时，数据分析结果也表明，享受医疗保障的老年人倾向于使用更多的医疗卫生服务，从而带来更多的医疗卫生费用。在我国，未来人口老龄化进程伴随着劳动年龄人口减少，老龄化社会中老年人与劳动者的比率上升，造成社会基本医疗保险缴费人数减少而支出人数增多，医疗保险基金将面临可持续性的问题。[1]

此外，随着年龄增长，某些特定疾病的发病概率也会逐步提高。如阿尔茨海默病（AD）和帕金森病（PD）。研究表明，这两种疾病是导致老年失能的重要因素。阿尔茨海默病（AD）是一种起病隐匿的进行性发展的神经系统退行性疾病。临床上以记忆障碍、失语、失用、失认、视空间技能损害、执行功能障碍以及人格和行为改变等全面性痴呆表现为特征，病因迄今未明。65岁以前发病者，称早老性痴呆；65岁以后发病者，称老年性痴呆。全球每3秒钟就将有1例痴呆患者产生。2015年，中国痴呆患者约为950万。2018年，全球约有5000万人患有痴呆，到2050年，这一数字将增至1.52亿，将是现在的三倍之多。阿尔茨海默病的死亡率大概是57%左右。[2] 帕金森病（PD）是一种常见神经变形疾病。该疾病多见于60岁以上老人，并且随着年龄的增长发病率也在升高；55岁以上发病率为1%，65岁以上发病率为1.7%，75岁以上发病率为2.5%；帕金森病男性患者数量略高于女性，可能与女性的激素水平有关。随着我国人口老龄化加剧，我国帕金森病患者已达到260万例，约占全球患者的一半，预计每年新增帕金森病患者近20万例，至2030年将有500万例帕金森病患者。[3]

（二）保险保障环境

当前，我国失能护理保险体系主要由两类性质不同的保险构成。一

---

[1] 王晓峰，冯园园. 人口老龄化对医疗卫生服务利用及医疗卫生费用的影响——基于CHARLS面板数据的研究[J]. 人口与发展，2022，28（02）：34-47.
[2] 佚名. 世界阿尔茨海默病2018年报告[R]. 发布稿，2018-09-23.
[3] 中华医学会，等. 帕金森病基层诊疗指南（2019年）[J]. 中华全科医师杂志，2020，19（01）：5-17.

是社会医疗保险。近年来，我国社会医疗保险事业持续推进，织就了世界上最大的社会医疗保险网。改革开放以来的40多年时间里，我国社会医疗保险事业水平不断提高，目前已形成了世界上最大的社会医疗保险安全网。2021年末，全国医疗保险覆盖人群超过13亿人，基本实现了全民医保。二是商业健康保险。目前，全国有100多家保险公司在经营商业健康保险，正在销售的相关产品达数千个，2021年的保费收入超过8000亿。尽管社会医疗保险和商业保险都取得了不俗的成就，但可以预期的是，随着老龄化进程的不断加快，未来无论是社会医疗保险，还是商业健康保险，都将面临巨大的发展机遇，而这也必然给长期护理保险的发展带来超乎寻常的空间。

1. 社会医疗保险发展空间巨大

（1）社会医疗保险发展现状

为保障医疗服务的效率和质量，我国采取全民医保制度。2022年6月，国家医疗保障局发布的《2021年全国医疗保障事业发展统计公报》（以下简称《公报》）数据显示，截至2021年底，全国基本医疗保险参保人数136297万人，参保率稳定在95%以上；全国基本医疗保险（含生育保险）基金总收入超过2.8万亿元，比上年增长15.6%；总支出大约为2.4万亿元，比上年增长14.3%；当期结存4684.48亿元，累计结存超过3.6万亿元。其中，职工基本医疗保险（以下简称"职工医保"）个人账户累计结存11753.98亿元。

数据显示，自2018年国家医保局成立以来，连续4次开展医保药品目录准入谈判，累计将250种药品通过谈判新增进入目录，价格平均降幅超过50%。2021年，协议期内221种谈判药报销1.4亿人次。值得重点关注的是，通过谈判降价和医保报销，仅2021年就为患者减负1494.9亿元。

医保基金是老百姓的"救命钱"，但有不法分子却将其视为"唐僧肉"。《公报》披露，2021年继续加强医保行政部门专项检查和医保经办机构日常核查，全年共追回医保资金234.18亿元。组织开展飞行检查30组次，检查定点医疗机构68家、医保经办机构30家，查出涉嫌违法违规资金 5.58 亿元。

2021 年，49 个试点城市中参加长期护理保险人数共 14460.7 万人，享受待遇人数 108.7 万人。2021 年基金收入 260.6 亿元，基金支出 168.4 亿元。长期护理保险定点服务机构 6819 个，护理服务人员 30.2 万人。[①]

（2）社会医疗保险发展空间

我国社会医疗保险以保基本为原则，因此，社会医疗保险通常又称为"基本医疗保险"。国内外相关实践表明，社会医疗保险在多层次医疗保障制度体系中发挥着不可替代的作用。不同国家法定医疗保障制度有所不同，例如英国实行全民免费医疗保障制度；德国、法国、日本等实行全民高水平社会医疗保险制度，政府会承担大部分医疗支出费用；美国的法定医疗保障制度覆盖范围有限，主要针对低收入成年人、儿童、孕妇、老年人和残疾人，其余群体主要依赖商业健康保险。我国基本医疗保险制度包含城镇职工基本医疗保险和城乡居民基本医疗保险，主要以保基本为原则；此外还有大病保险、补充医疗保险、医疗救助等。基本医疗保险主要为老百姓的医疗服务提供费用补贴，根据不同疾病、不同就医渠道和不同医疗机构的等级提供补贴费用，同时对于失能护理也能从经济上提供一定的帮助。截至 2021 年底，全国共有 13.6 亿人参加了基本医疗保险，参保率持续多年稳定在 95% 以上，已基本实现全民覆盖目标。

为了进一步发挥社会医疗保险在我国社会保障体系的积极作用、完善并推动社会医疗保险向纵深发展，2020 年 2 月，国务院发布了《关于深化医疗保障制度改革的意见》，提出我国将推进建立多层次医疗保障制度体系。具体而言，可将我国社会医疗保障体系分为四个层次。

第一层为政府主导的基本医疗保险（包含城乡居民基本医疗保险和城镇职工基本医疗保险）、大病保险（政府主办、商业保险公司经办）

---

① 国家医疗保障局.2021 年全国医疗保障事业发展统计公报［EB/OL］.2022–05–25.http：//www.nhsa.gov.cn/art/2022/6/8/art_7_8276.html.

和政府负责的医疗救助。首先要大力发展基本医疗保险。大力发展基本医疗保险的目的，就是实现医疗保障全覆盖，让全民都能享受到国家改革开放和经济发展带来的红利，让"病有所医"成为基本国策。其次要全面推广大病保险。要通过大病保险进一步提高医疗保障质量。作为满足全民更高层次医疗保障需求的法定医疗保障制度，推广大病保险的目的主要是解决因重病、慢病而导致的"因病致贫和因病返贫"问题。由于该保险还存在责任范围受限（医保目录内）、免赔额度较高、保险金额偏低等缺陷，因此大病保险的推广和发展，还需要进一步探索与完善。最后要改革完善医疗救助。要通过扩大医疗救助范围、提升医疗救助水平、完善医疗救助流程等，进一步提高医疗救助质量。

第二层为用人单位以激励员工和增进员工福利为目的而举办的企业补充医疗保险。作为城镇职工基本医疗保险的进一步补充，条件允许的企业应该主动为职工提供或购买补充医疗保险。购买的主体应该以企业为主，可以是企业全包；也可以是以企业为主、职工为辅的方式共同购买。

第三层为商业保险公司提供的商业健康保险。商业健康保险既提供医疗、疾病风险保障，也提供失能、护理风险保障，具有更为灵活的保障方式、保险期限和保障范围等。该保险主要针对基本医疗保险报销后需个人自付部分进行补偿或报销，由投保人根据自身需求自行选择相应产品进行投保，产品种类多、报销范围广、保障程度足。

第四层为建立在社会捐赠和互助基础上的社会慈善公益和医疗互助，主要目的是帮助困难群体解决重大疾病、巨额医疗费用等方面的问题。详情见表3-6。

表3-6 我国多层次医疗保障体系的构成情况

层次	经办主体	内容	作用
第一层次	政府	基本医疗保险、大病保险（与保险公司合作）、医疗救助	满足全民基本医疗保障需求
第二层次	用人单位和职工	企业补充医疗保险	激发员工热情、增进员工福利
第三层次	个人	商业健康险	满足参保人在疾病医疗和健康管理方面的个性化需求

续表

层次	经办主体	内容	作用
第四层次	社会	社会慈善公益、医疗互助	帮助困难群体解决重大疾病、巨额医疗等方面的问题

资料来源：根据银保监会数据、《中国多层次医疗保障体系建设现状与政策选择》、许飞琼研究数据、光大证券研究所数据整理。

从近几年的基本情况来看，当前我国基本医疗保险参保人数及基金累计结余增速均面临较大压力，财政负担较重。目前，我国基本医疗保险覆盖率已稳定在95%以上，进一步提高覆盖面的空间有限。2017年，因医疗保险整合后统计口径变化等原因，期末参保人数迅速增加，2018年开始同比增速急速下滑。截至2021年底，我国基本医疗保险参保人数同比增速仅0.2%，在高覆盖率下预计未来增长空间有限。与此同时，我国基本医疗保险基金累计结余增速也呈下行趋势。截至2021年底，基金累计结余为3.61万亿元，增速仅14.7%，预计未来财政压力将进一步增加。[①] 不过值得注意的是，尽管社会医疗保险的未来发展面临一定的瓶颈，但其在失能护理中的作用却不可忽视。

2. 商业健康保险受重视程度日益加深

商业健康保险（以下简称"健康险"或"健康保险"），是指保险公司通过疾病保险、医疗保险、失能收入保险和长期护理保险等方式对因疾病原因导致的损失给付保险金的商业性保险。近年来，我国健康险发展迅速，日渐成为寿险领域的佼佼者。

（1）健康险的关注度逐渐提升

近年来，我国老龄化程度不断加深已成为无可争辩的事实。随着老龄化的日益严重，老年人群面临的各种慢性疾病带来的健康风险，必然也会随着年龄的增长而不断加大。为了应对不断严重的老龄化问题，

---

① 光大证券.释放需求深化供给，广阔市场应有期待——保险行业系列报告五：健康险深度研究［R］.行业研究，2022-04-15.

2015年10月召开的党的十八届五中全会提出推进"健康中国"建设。2016年10月25日,由中共中央、国务院印发的《"健康中国2030"规划纲要》明确指出,"健全以基本医疗保障为主体、其他多种形式补充保险和商业健康保险为补充的多层次医疗保障体系","加强基本医保、城乡居民大病保险、商业健康保险与医疗救助等的有效衔接"①。2017年1月,随着《"十三五"卫生与健康规划》出台,国家更加注重把人民健康放在优先发展的战略地位,更加注重预防为主和健康促进,更加注重提高服务质量和水平,实现发展方式由"以治病为中心"向"以健康为中心"转变,商业健康险的发展也逐渐受到重视,相关支持政策密集出台。

① 2019年7月,国务院印发了《关于实施健康中国行动的意见》《健康中国行动(2019—2030年)》,对普及健康生活、优化健康服务、建设健康环境,坚持预防为主,提高全民健康水平进行了部署,同时提出要鼓励金融机构创新健康类产品和服务,这对我国商业健康险的发展提出了新的要求。

② 2019年11月,银保监会发布了《健康保险管理办法》,该办法鼓励了保险公司发展健康管理服务,通过提供健康风险评估和干预、疾病预防、健康体检、健康咨询、健康维护、慢性病管理、养生保健等服务,降低健康风险,减少疾病损失。

③ 2020年9月,银保监会发布了《关于规范保险公司健康管理服务的通知》,该通知对保险公司提供健康管理服务的行为进行了规范,进一步促进商业健康保险稳健发展。

④ 2021年6月,银保监会发布了《关于规范保险公司城市定制型商业医疗保险业务的通知》,鼓励保险公司将健康管理服务纳入保障范围。

⑤ 2021年9月,国务院办公厅印发了《"十四五"全民医疗保障规划》,鼓励商业保险机构提供医疗、疾病、康复、照护、生育等多领域的综合

---

① 中共中央 国务院印发"健康中国2030"规划纲要[EB/OL].2016–10–25.http://www.gov.cn/zhengce/2016-10/25/content_5124174.htm.

性健康保险产品和服务,逐步将医疗新技术、新药品、新器械应用纳入商业健康保险保障范围;同时支持商业保险机构与中医药机构合作开展健康管理服务,开发中医治未病等保险产品。详情见表3-7。

表3-7 2009年以来利好健康险发展的政策法规

序号	时间	政策文件	相关内容
1	2009.03	《中共中央 国务院关于深化医药卫生体制改革的意见》	加快建立和完善以基本医疗保障为主体,其他多种形式补充医疗保险和商业健康保险为补充,覆盖城乡居民的多层次医疗保障体系。积极发展商业健康保险。鼓励商业保险机构开发适应不同需要的健康保险产品,简化理赔手续,方便群众,满足多样化的健康需求。
2	2013.09	《国务院关于促进健康服务业发展的若干意见》	鼓励发展与基本医疗保险相衔接的商业健康保险,推进商业保险公司承办城乡居民大病保险,扩大人群覆盖面。积极开发长期护理商业险以及与健康管理、养老等服务相关的商业健康保险产品。推行医疗责任保险、医疗意外保险等多种形式医疗执业保险。要"发展多样化健康保险服务"。
3	2014.08	《国务院关于加快发展现代保险服务业的若干意见》	发展多样化健康保险服务。鼓励保险公司大力开发各类医疗、疾病保险和失能收入损失保险等商业健康保险产品,并与基本医疗保险相衔接。发展商业性长期护理保险。提供与商业健康保险产品相结合的疾病预防、健康维护、慢性病管理等健康管理服务。支持保险机构参与健康服务业产业链整合,探索运用股权投资、战略合作等方式,设立医疗机构和参与公立医院改制。
4	2014.11	《关于加快发展商业健康保险的若干意见》	我国商业健康保险发展迎来了重要的政策机遇期。在扩大商业健康保险供给方面,该意见从丰富商业健康险产品、提升医疗执业保险覆盖面、支持健康产业科技创新三方面提出了明确要求,鼓励医疗机构积极开发与健康管理服务相关的健康保险产品,加快发展医疗责任保险、医疗意外保险、探索发展多种形式的医疗执业保险等。
5	2015.07	《关于开展商业健康保险个人所得税政策试点工作的通知》	对试点地区个人购买符合规定的商业健康保险产品的支出,允许在当年(月)计算应纳税所得额时予以税前扣除,扣除限额为2400元/年(200元/月)。

续表

序号	时间	政策文件	相关内容
6	2015.10	《中国共产党第十八届中央委员会第五次全体会议公报》	提出推进健康中国建设，深化医药卫生体制改革，理顺药品价格，实行医疗、医保、医药联动。
7	2016.08	《中国保险业发展"十三五"规划纲要》	完善商业健康保险顶层设计，鼓励发展与基本医疗保险相衔接的补充医疗保险，大力开发各类医疗、疾病保险和失能收入损失保险等商业健康保险产品，全面推广个人税收优惠型商业健康保险。鼓励发展多种形式的商业护理保险，积极参与国家长期护理保险制度建设和试点工作。积极开发和提供疾病预防、健康体检、健康咨询、健康维护、慢性病管理、养生保健等健康管理服务，探索管理式医疗，降低医疗费用支出。支持保险机构运用股权投资、战略合作等方式，设立医疗机构和参与公立医院改制。鼓励具有资质的商业保险机构深入参与各类医保经办。
8	2016.10	《"健康中国2030"规划纲要》	积极发展商业健康保险，落实税收等优惠政策。鼓励开发与健康管理服务相关的健康保险产品。促进商业保险公司与医疗护理等机构合作，发展健康管理组织等新型组织形式。提出目标：到2030年，商业健康保险赔付支出占卫生总费用比重要显著提高，个人卫生支出占卫生总费用的比重要从2015年的29.3%降低到2030年的25%左右。
9	2017.01	《"十三五"卫生与健康规划》	提出把人民健康放在优先发展的战略地位，更加注重预防为主和健康促进，更加注重提高服务质量和水平，实现发展方式由"以治病为中心"向"以健康为中心"转变，显著提高人民群众健康水平，奋力推进健康中国建设。
10	2019.07	《关于实施健康中国行动的意见》	鼓励金融机构创新健康类产品和服务。
11	2019.11	《健康保险管理办法》	完善了健康保险的定义和分类，将"医疗意外险"纳入健康保险范畴，使健康保险的业务范围更趋合理。进一步明确和完善了健康保险的概念，使得健康保险的业务分类及监管依据更加合理清晰。

续表

序号	时间	政策文件	相关内容
12	2020.01	《关于促进社会服务领域商业保险发展的意见》	扩大商业健康保险供给,力争到2025年,商业健康保险市场规模超过2万亿元。提升商业保险机构参与医保服务质效,加快发展商业长期护理保险。
13	2020.03	《关于深化医疗保障制度改革的意见》	到2030年,全面建成以基本医疗保险为主体,医疗救助托底,补充医疗保险、商业健康保险、慈善捐赠、医疗互助共同发展的医疗保障制度体系;加快发展商业健康保险,丰富健康保险产品供给,用足用好商业健康保险个人所得税政策,研究扩大保险产品范围。加强市场行为监管,突出健康保险产品设计、销售、赔付等关键环节监管,提高健康保障服务能力。
14	2020.04	《关于长期医疗保险产品费率调整有关问题的通知》	明确费率可调的长期医疗保险产品范围。考虑到科学性和可操作性,目前仅限于采用自然费率定价的长期医疗保险,包括保险期间为一年以上的医疗保险,以及保险期间为一年,但含有保证续保条款的医疗保险。明确费率调整的基本要求。保险公司应当制定费率调整办法,明确费率调整的触发条件、内部决策机制和工作流程。
15	2020.05	《中国人身保险业重大疾病经验发生率表(2020)》	中国精算师协会就《中国人身保险业重大疾病经验发生率表(2020)(征求意见稿)》向全行业征求意见,此次重大疾病经验发生率表的修订有利于促进重疾险产品的定价更加科学合理。
16	2020.06	《重大疾病保险的疾病定义使用规范修订版(公开征求意见稿)》	优化了疾病分类、增加病种数量、扩展疾病定义范围,使得重疾险产品保障范围进一步扩展、赔付条件更为清晰合理。这对于完善作为以健康保险为主要业务的重疾险产品来说具有重要意义,进一步夯实健康保险发展的数据基础和软实力建设。
17	2020.06	《基本医疗卫生与健康促进法》	明确指出了商业健康保险在我国多层次的医疗保障体系的地位和作用,对于我国卫生健康事业和商业健康保险的发展都具有重要的意义。
18	2020.09	《关于规范保险公司健康管理服务的通知》	规范了保险公司健康管理服务行为,切实提升专业化服务水平,促进商业健康保险稳健发展。
19	2021.01	《关于规范短期健康保险业务有关问题的通知》	保险公司不得在短期健康保险产品条款、宣传材料中使用"自动续保""承诺续保""终身限额"等易与长期健康保险混淆的词句。

续表

序号	时间	政策文件	相关内容
20	2021.06	《关于规范保险公司城市定制型商业医疗保险业务的通知》	鼓励保险行业积极参与多层次医疗保障体系建设，鼓励将医保目录外医疗费用、健康管理服务纳入保障范围。从强化依法合规、压实主体责任、明确监管要求、加强行业自律等四方面做出规定。
21	2021.09	《国务院办公厅关于印发"十四五"全民医疗保障规划的通知》	鼓励商业健康保险发展：（1）鼓励产品创新。鼓励商业保险机构提供医疗、疾病、康复、照护、生育等多领域的综合性健康保险产品和服务，逐步将医疗新技术、新药品、新器械应用纳入商业健康保险保障范围。支持商业保险机构与中医药机构合作开展健康管理服务，开发中医治未病等保险产品；（2）完善支持政策；（3）加强监督管理。
22	2021.10	《关于进一步丰富人身保险产品供给的指导意见》	（1）规范城乡居民大病保险发展，做好与基本医保等的衔接补充；（2）扩大商业健康保险服务覆盖面，立足长期健康保障，探索建立商业健康保险药品目录和诊疗项目目录，将更多医保目录外合理医疗费用科学地纳入医疗保险保障范围，提高重大疾病保险保障水平；（3）积极参与长期护理保险试点，加快商业护理保险发展，促进医养、康养相结合，满足被保险人实际护理需求；（4）支持健康保险产品和健康管理服务融合发展，逐步制定完善健康管理服务、技术、数据等相关标准，提高被保险人健康保障水平。
23	2022.04	《"十四五"国民健康规划》	健全社会保障体系，积极发展商业医疗保险，进一步完善商业长期护理保险支持政策。

资料来源：综合中国政府网、国家税务总局官网、银保监会官网及光大证券研究所相关材料整理而来。

这一系列国家政策的出台，一方面促进了商业保险公司为被保险人提供更好的健康管理服务，使健康险不再局限于经济补偿，而是真正回归保障；另一方面促进了健康险产品的创新，助力健康险向多元化和多层次方向发展。[1]

---

[1] 光大证券. 释放需求深化供给, 广阔市场应有期待——保险行业系列报告五：健康险深度研究［R］. 行业研究, 2022-04-15.

（2）健康险具备良好的发展土壤

我国老龄化程度不断加深，健康风险将逐渐加大，随着城镇居民生活水平提升，医疗保健支出刚性属性凸显，未来健康险需求将加速升级。然而我国财政负担不断加重，根据 WHO 口径，2019 年我国居民自付卫生支出占比（35.2%），远超美国、英国、德国等国家，在此背景下，亟须商业健康险补充。[①]

光大证券的研究表明，到 2025 年，我国家庭年收入在 10 万—15 万人民币的中产阶级将达到总人口的 58%，这一部分人有望成为我国健康险市场最大客户群体[②]，也为健康险消费注入了新的活力。

（3）未来健康险发展空间巨大

在老龄化日益加剧、疾病谱发生根本性改变、民众风险意识日益增强和居民生活水平稳步提升的大背景下，近年来，我国老百姓对健康险的消费需求出现了前所未有的向好发展态势，健康险保费销售可谓芝麻开花节节高。[③]2016 年，平安证券的研究报告显示，2006—2015 年这十年间，我国健康险原保费收入由 375.66 亿元增长到了 2410.47 亿元，年复合增长率高达 118.4%。[④]不仅业务收入实现了历史性的突破，其发展速度更是一枝独秀，远超过同期整个行业及寿险、意外险的年复合增长率。2016 年增速进一步加快，当年我国健康险原保费收入实现了破纪录的 4204.49 亿元，同比增长 67.7%。2017 年增速虽有所放缓，但保费收入依然迈上了新台阶，高达 4389.46 亿元。[⑤]2018 年健康险的发展再一次

[①] 光大证券.释放需求深化供给，广阔市场应有期待——保险行业系列报告五：健康险深度研究［R］.行业研究，2022-04-15.

[②] 光大证券.释放需求深化供给，广阔市场应有期待——保险行业系列报告五：健康险深度研究［R］.行业研究，2022-04-15.

[③] 吴海波，朱文芝，陈天玉.税优健康险"叫好不叫卖"的深层原因及其破解策略［J］.保险职业学院学报，2019，33（03）：68-72.

[④] 尹力行.2016 年健康险总保费有望接近 5000 亿元［N］.证券日报，2016-11-10（4）.

[⑤] 中国保险行业协会.2017 年保险业经营情况表［EB/OL］.2018-03-06.http：//www.iachina.cn/art/2018/3/6/art_617_102082.html.

发力，当年实现原保费收入5448.1亿元。[①]2019年进一步增加到了7066亿元，同比增长29.70%，增速位居各大险种之首。2020年起，受新冠肺炎影响，增速有所放缓，但健康险保费收入依然实现了二级跳，分别为8173亿元、8803.6亿元。再从增速来看，根据行业统计数据，2012—2022年，我国健康险原保费收入在2012—2022年复合增长率达到27%，远超寿险13%与意外险13%的增速。行业占比发展更为明显，由十年前的5.6%增长到了2022年的18.4%，足足增长了3倍有余。详情见表3-8。

表3-8 2012—2022年健康险保费、赔付增速与赔付率基本情况统计表

项目年份	A.健康险保费收入（亿元）	增长速度（%）	B.行业总保费收入（万亿元）	A/B（%）
2012	862.76	24.72	1.55	5.6
2013	1123.49	30.22	1.72	6.5
2014	1587.18	41.27	2.02	7.8
2015	2410.47	51.87	2.43	9.9
2016	4042.50	67.71	3.10	13.1
2017	4389.46	8.58	3.66	12.0
2018	5448.10	24.12	3.80	14.3
2019	7066	29.70	4.26	16.6
2020	8173	15.67	4.53	18.1
2021	8447	3.35	4.49	18.8
2022	8653	2.44	4.69	18.4

资料来源：中国保险行业协会官方网站（http://www.iachina.cn/col/col41/index.html）。

据银保监会数据披露，2022年，我国健康险保费收入为8653亿元，同比增速为2.44%，与2020年、2021年同期的15.67%、3.35%相比，继续收缩。尽管如此，据预测，未来我国健康险还将面临更大的发展空间。

一方面，保费收入发展空间巨大。按银保监会目标，我国健康险保

[①] 佚名.2018年中国健康保险行业原保费收入达到5448.1亿元，同比增长37.1%［EB/OL］.2019-08-31.https://www.huaon.com/story/462207.

费增速若每年达 24.0%，2025 年可实现 2 万亿元保费收入；按国务院目标，2031 年我国健康险保费收入可达到 5.8 万亿元，且该测算情景下 2025 年保费收入与银保监会目标接近。①

另一方面，健康险赔付支出占卫生总费用比例发展空间巨大。近年来，随着我国卫生支出的不断增加，以及我国基本医保基金结余增速不断下滑，国家财政面临较大压力。②世界卫生组织 2018 年的统计数据显示，我国个人医疗自费支出占总医疗费用支出比例达 32.4%；而法国、英国、德国、日本、美国这一比例分别为 6.8%、14.8%、12.5%、13.1%、11.1%，详情见图 3-3。相较于发达国家，我国基本医疗保障仍然不够充分，居民医疗支出保障迫切需要商业健康保险予以补充。③

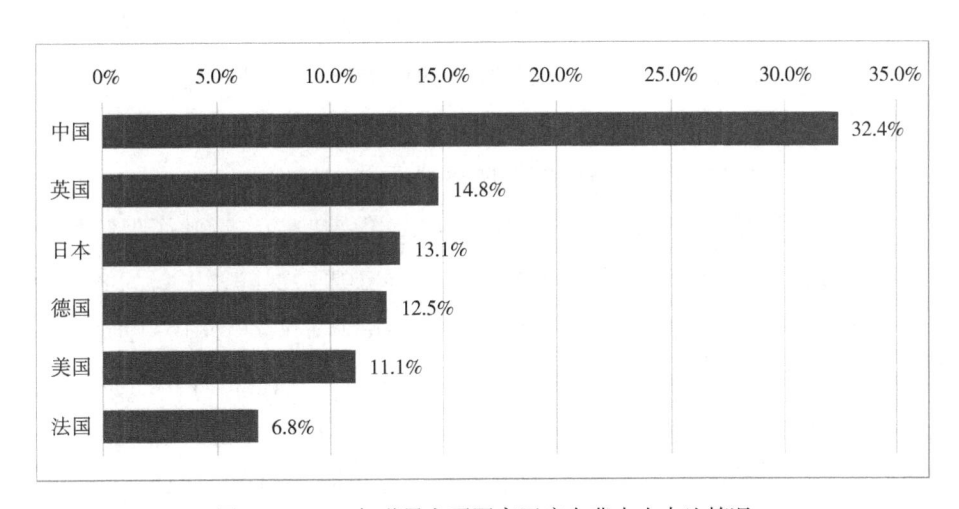

图 3-3　2018 年世界主要国家医疗自费支出占比情况

资料来源：佚名.2018 年中国健康保险行业原保费收入达到 5448.1 亿元，2015 年至 2018 年，复合增长 37.1%［EB/OL］.2019-08-31.https∶//www.huaon.com/story/462207．

---

① 光大证券.释放需求深化供给，广阔市场应有期待——保险行业系列报告五：健康险深度研究［R］.行业研究，2022-04-15.
② 光大证券.释放需求深化供给，广阔市场应有期待——保险行业系列报告五：健康险深度研究［R］.行业研究，2022-04-15.
③ 佚名.2018 年中国健康保险行业原保费收入达到 5448.1 亿元，同比增长 37.1%［EB/OL］.2019-08-31.https∶//www.huaon.com/story/462207．

2020年，我国健康险赔付支出占卫生总费用比例不足5%。近年来，我国健康险赔付支出保持较高增速，但2020年其占卫生总费用的比例仅4.0%，而美国该比例在2019年便已达31.5%[1]，可见我国健康险赔付支出仍低，一方面受赔付率不高影响（2021年为47.7%），另一方面我国健康险需求还未完全释放。根据友邦保险联合中国社会科学院世界社保研究中心和腾讯新闻发布的《2021大中城市中产人群养老风险蓝皮书》调查结果显示，90%以上的受访者对于健康保障支出有强烈意愿，但有效行动转化不足，受访者中有53.2%未购买任何补充性医疗保险，仅有7.4%的人购买了重疾险，担忧健康风险的人数多于采取有效行动的人数，保障缺口仍较大。

再从健康险赔付占保费收入的比重来看，2020年我国健康保险赔款和给付支出2921.16亿元，占保费收入的比重仅为35.74%，提示健康险在减轻参保人群健康负担方面尚有一定的资金空间。[2]

（4）商业健康险深度与密度发展空间巨大

保险密度是指按一个国家或地区的人均保费收入，反映了保险的普及程度和保险业的发展水平。2013年，我国健康险保险密度仅为83元/人，六年后的2018年增长到了390元/人，增长了4倍多。2019—2021年，健康险保险密度进一步增加。2019年为504.71元，相比2018年的390元，增加了100多元，增长了29.41%。[3] 2020年为581.6元[4]，2021年又进一步增长到了623.40元[5]，较2020年增加了41.8元，增长了7.18%，详情见图3-4。

---

[1] 光大证券.释放需求深化供给，广阔市场应有期待——保险行业系列报告五：健康险深度研究［R］.行业研究，2022-04-15.

[2] 李岩，张毓辉，万泉，等.2020年中国卫生总费用核算结果与分析［J］.卫生经济研究，2022，39（01）：2-6.

[3] 国家统计局.中华人民共和国2019年国民经济和社会发展统计公报［EB/OL］.2020-02-28.http：//www.gov.cn/xinwen/2020-02/28/content_5484361.htm.

[4] 佚名.预见2021：《2021年中国健康保险行业全景图谱》［EB/OL］.2021-09-08.https：//www.cn-healthcare.com/articlewm/20210907/content-1261599.html.

[5] 小雨伞保险经纪公司.2021互联网健康险保障指数［R］.发布稿，2022-07-14.

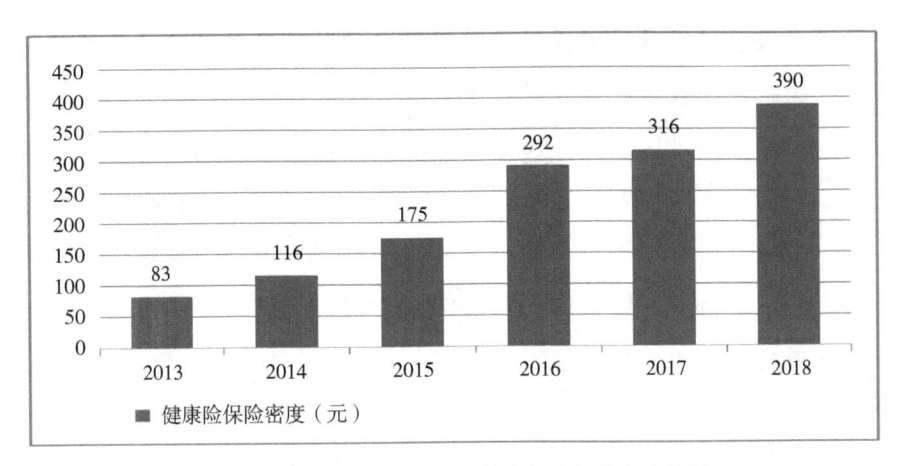

图 3-4　2013—2018 年中国健康保险保费密度统计

保险深度是反映国家保险业在国民经济中地位的一个重要指标，指保费收入占国内生产总值（GDP）的比例。2013 年，我国健康险保险深度仅为 0.19%，六年后的 2018 年增长到了 0.61%，增长了 3 倍多。2019 年，我国健康险的保险深度为 0.71%，相比 2018 年的 0.61%，提高了 0.1 个百分点，详情见图 3-5。2021 年，我国健康险保费深度进一步增长为 0.77%[1]，较 2018 年提升 0.16 个百分点。

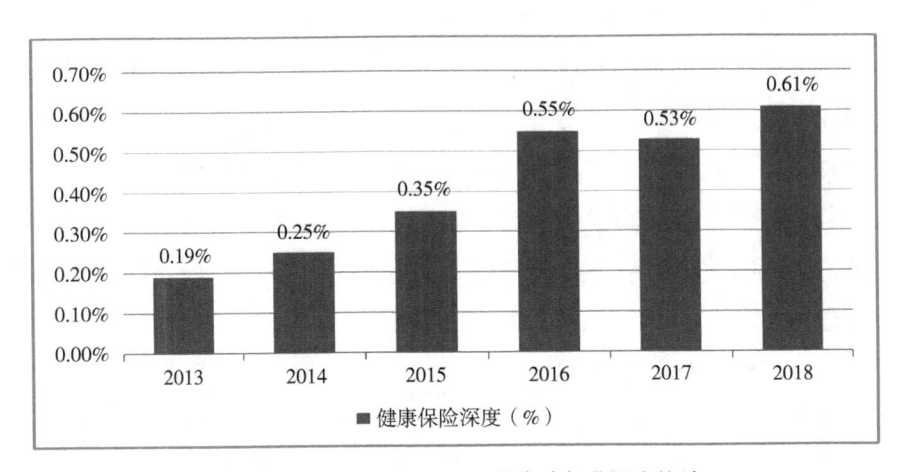

图 3-5　2013—2018 年中国健康险保费深度统计

---

[1] 小雨伞保险经纪公司.2021 互联网健康险保障指数［R］.发布稿，2022-07-14.

近年来，尽管我国健康险发展较快，保险深度与密度均有所提升，但与健康险发展较为充分的发达国家相比，我国健康险深度及密度依然偏低，未来发展空间巨大。2010年以来，我国健康险深度及密度迅速增加，但与健康保险发展较为充分的西方发达国家比，我们还有不小的差距。2019年，我国健康保险密度为73美元/人、深度为0.7%，远低于美国（密度3348美元/人，深度5.1%）、澳大利亚（密度675美元/人，深度1.2%）、德国（密度554美元/人，深度1.2%）等国家，英国由于实行全民免费医疗保障制度，健康险深度低于我国。随着我国城镇居民医疗保健支出占比的不断增加，预计市场对健康险需求还会进一步增加，未来发展空间不可限量。

目前，保险机构真正通过健康管理来管控风险的不多，大部分机构的健康管理都变成了获客工具、引流渠道、增值服务，还没有发挥出健康管理真正的作用。因此，未来健康险要从健康管理、对健康风险进行干预的思路去寻找新的发展路径。要建立普适化健康评价和质量标准，实现医疗机构数据连通，逐步建立自有健康服务能力体系。

（三）经济金融环境

良好的经济水平和财政金融环境，是保障长期护理保险实现高质量、可持续健康发展的基础和保障。改革开放以来，我国经济发展取得了可喜的成就，从过去的贫穷落后一跃成为世界第二大经济体，经济总量翻了数百倍；在经济快速发展的同时，财政金融体制及经营环境也逐步得以改善，为各行各业的发展奠定了坚实基础。一言以蔽之，无论是经济水平，还是财政金融环境，都在朝着向好的方向发展，为长期护理保险的实施与推广提供了良好的经济金融环境。

1. 经济水平稳步提高

（1）经济总量逐年增长

首先，改革开放以来，我国国民经济以前所未有的速度大踏步前进，经济总量连上新台阶，短短的四十多年间，经济发展水平发生了翻天覆地的变化。以衡量一个国家或地区经济水平和发展状况的重要指标国内生产总值（GDP）为例，1978年，我国国内生产总值只有3679亿元，在各种利好政策的驱动下，经济水平连上新台阶。1986年上升至1万亿元，1991年踏上2万亿元台阶，2000年突破10万亿元大关，2006年再次翻番，超过20万亿元[1]；2020年，在克服新冠肺炎影响及国际经济环境不稳定性因素增多的情况下，首次站上100万亿元的历史新台阶，达到了1013567亿元。[2]2021年，前进的步伐依然没有停歇，国内生产总值在2020年的基础上进一步增长，实现了创纪录的1143670亿元，同比增长8.1%。[3]当年的国内生产总值按不变价计算，比1978年增长了310.86倍，年均增长9.5%，平均每8年翻一番，远高于同期世界经济2.9%左右的年均增速，在全球主要经济体中名列前茅。[4]长期以来，我国经济发展速度一直保持在8%以上，超过两位数的发展速度也司空见惯。进入新世纪以来，尤其是近十年来，宏观经济过热导致通货膨胀、物价上涨等一系列问题层出不穷。在此背景下，国家意识到速度并非经济发展的核心，质量才是经济发展的关键。在稳定速度、强调质量的思想指导下，近十年来我国经济发展水平逐渐由高速度向高质量转变。近十年来，我国经济发展速度虽然有所放缓，但总量上依然实现了翻番的目标，在全球主要经济体中，依然属于"一枝独秀"。详情见图3-6。

---

[1] 佚名.改革开放40年经济社会发展成就系列报告之一[EB/OL].2018-08-29.http：//fgw.yq.gov.cn/fzgh/jjyx/201808/t20180829_764059.html.
[2] 魏玉坤.2020年我国GDP最终核实为1013567亿元[EB/OL].2021-12-17.http：//www.gov.cn/xinwen/2021-12/17/content_5661661.htm.
[3] 国家统计局.中华人民共和国2021年国民经济和社会发展统计公报[N].经济日报，2022-03-1（10）.
[4] 佚名.改革开放40年经济社会发展成就系列报告之一[EB/OL].2018-08-29.http：//fgw.yq.gov.cn/fzgh/jjyx/201808/t20180829_764059.html.

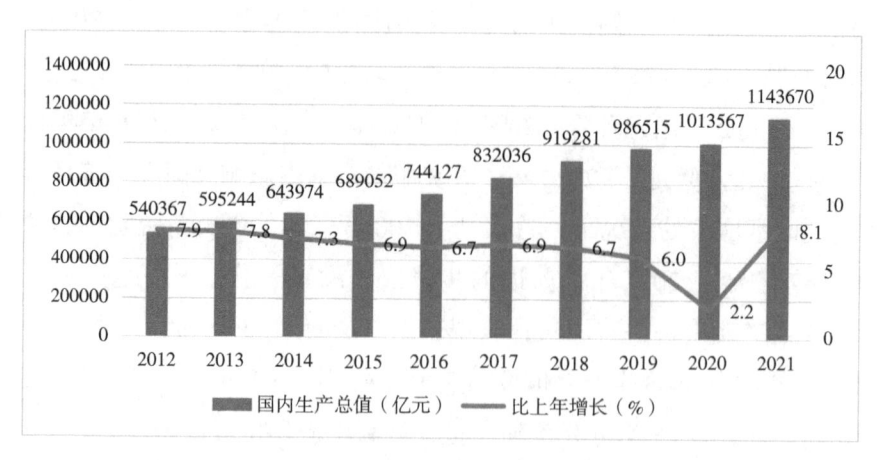

图 3-6　2012—2021 年国内生产总值及其增长速度
数据来源：根据 2012—2021 年《国民经济和社会发展统计公报》整理。

尤为难能可贵的是，我国的经济发展质量迈上了新台阶、实现了新突破，取得了令人瞩目的成就。首先是经济总量不断增加，经济规模跃居世界第二位，对世界经济增长的贡献不断提高。1978 年，我国经济总量仅为 3679 亿元，位居世界第 11 位。此后每过几年就跨上一个新台阶，大踏步向前，仅用四十多年时间就先后超越了西班牙、澳大利亚、加拿大、意大利、英国、法国、德国、日本等几个经济发达国家，一跃成为世界的主要经济体。2000 年超过意大利，居世界第 6 位；2007 年超过德国，居世界第 3 位；2010 年超过日本，成为世界第二大经济体。[①]2021 年，我国国内生产总值折合 17.73 万亿美元，占世界经济总量的 16% 左右，比 1978 年提高了 14 个百分点。近年来，我国对世界经济增长的贡献率超过 30%，日益成为世界经济增长的动力源、驱动器。

其次，人均国内生产总值不断提高，成功由低收入国家跨入中等偏上收入国家行列。2021 年，我国人均国内生产总值 80976 元，较十年前的 39771 元翻了 2 倍有余；按年平均汇率折算达 12551 美元，超过世界

---

① 佚名. 改革开放 40 年经济社会发展成就系列报告之一［EB/OL］.2018-08-29.http：//fgw.yq.gov.cn/fzgh/jjyx/201808/t20180829_764059.html.

人均 GDP 水平。① 详情见表 3-9。人均国民总收入（GNI）② 由 1978 年的 200 美元提高到 2021 年的 1.24 万美元，超过中等偏上收入国家平均水平，在世界银行公布的 192 个国家和地区中排名第 71 位。

表 3-9　2012—2022 年国民总收入、国内生产总值、人均国内生产总值基本情况

指标年份	国民总收入（亿元）	国内生产总值（亿元）	人均国内生产总值（元）
2012	537329	538580	39771
2013	588141.2	592963.2	43497
2014	644380.2	643563.1	46912
2015	685571.2	688858.2	49922
2016	742694.1	746395.1	53783
2017	830945.7	832035.9	59592
2018	915243.5	919281.1	65534
2019	983751.2	986515.2	70078
2020	1005451.3	1013567	71828
2021	1133239.8	1143669.7	80976
2022	1197215	1210207	85724

数据来源：国家统计局. 中国统计年鉴 2023［M］. 北京：中国统计出版，2023。

（2）居民收支状况明显改善

一方面，城乡居民收入大幅提升，居民财富不断增长。改革开放以来，随着经济的快速增长，居民收入连续跨越式提升。1978 年，全国居民人均可支配收入仅 171 元，2009 年突破万元大关，达到 10977 元；2014 年突破 2 万元大关，达到 20167 元③；2019 年再上新台阶，突破 3 万元大

---

① 佚名. 2021 年我国人均 GDP 突破 8 万元　超过世界人均 GDP 水平［EB/OL］.2022-02-28. http：//news.cctv.com/2022/02/28/ARTIvjK914kqS5k0WXe6GsGB220228.shtml.
② 国民总收入，1993 年以前称之为"国民生产总值"，是指一个国家或地区所有常住单位在一定时期内生产活动所获得的初次分配收入总额。它等于国内生产总值加上来自国外的净要素收入。
③ 佚名. 改革开放 40 年经济社会发展成就系列报告之一［EB/OL］.2018-08-29.http：//fgw.yq.gov.cn/fzgh/jjyx/201808/t20180829_764059.html.

关，达到 30733 元[①]。2021 年在 2019 年、2020 年的基础上又进一步增长，全国居民人均可支配收入达到 35128 元，比上年增长 9.1%，扣除价格因素，实际增长 8.1%，与经济增长基本同步[②]；较 2012 年的 16510 元增加了 18618 元，十年间增长了 1.13 倍，扣除物价因素，年均增长超过 7%。详情见图 3-7。

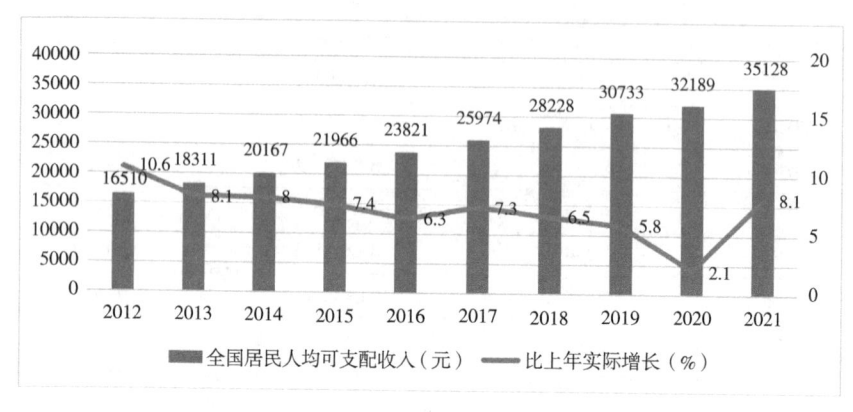

图 3-7　2012—2021 年居民人均可支配收入情况
资料来源：根据 2012—2021 年《国民经济和社会发展统计公报》整理。

2021 年，全国居民人均可支配收入中位数 29975 元，增长 8.8%，中位数是平均数的 85.3%。其中，城镇居民人均可支配收入中位数 43504 元，增长 7.7%，中位数是平均数的 91.8%；农村居民人均可支配收入中位数 16902 元，增长 11.2%，中位数是平均数的 89.3%。[③]

就城乡差异而言，无论是城镇还是农村，居民可支配收入均实现了较快增长。以 2021 年为例，《2021 年国民经济和社会发展统计公报》显示，按常住地分，城镇居民人均可支配收入 47412 元，比上年增长 8.2%，

---

① 佚名.猜猜看！2019 年中国人均 GDP 约 1.03 万美元，那人均可支配收入呢？［EB/OL］.2020-01-17.https://baijiahao.baidu.com/s?id=1655983004463409992&wfr=spider&for=pc.
② 宁吉喆.2021 年国内生产总值 1143670 亿元，同比增长 8.1%［EB/OL］.2022-01-17.http://www.scio.gov.cn/xwfbh/xwbfbh/wqfbh/47673/47722/zy47726/Document/1719004/1719004.htm.
③ 国家统计局.2021 年居民收入和消费支出情况［EB/OL］.2022-01-17.http://www.stats.gov.cn/xxgk/sjfb/zxfb2020/202201/t20220117_1826442.html.

扣除价格因素，实际增长 7.1%。城镇居民人均可支配收入中位数 43504 元，比上年增长 7.7%。农村居民人均可支配收入 18931 元，比上年增长 10.5%，扣除价格因素，实际增长 9.7%。农村居民人均可支配收入中位数 16902 元，增长 11.2%。城乡居民人均可支配收入比值为 2.50，比上年缩小 0.06。按全国居民五等份收入分组，低收入组人均可支配收入 8333 元，中间偏下收入组人均可支配收入 18445 元，中间收入组人均可支配收入 29053 元，中间偏上收入组人均可支配收入 44949 元，高收入组人均可支配收入 85836 元。全国农民工人均月收入 4432 元，比上年增长 8.8%。全年脱贫县农村居民人均可支配收入 14051 元，比上年增长 11.6%，扣除价格因素，实际增长 10.8%。[1]

再就收入来源而言，无论是城镇还是农村，其收入主要来源于工资性收入和经营净收入，财产净收入占比有限。以 2021 年为例，根据国家统计局发布的数据，我国居民人均工资性收入为 19629 元，增长了 9.6%，占可支配收入的比重为 55.9%；人均经营净收入 5893 元，增长了 11.0%，占可支配收入的比重为 16.8%；人均财产净收入 3076 元，增长了 10.2%，占可支配收入的比重为 8.8%；人均转移净收入 6531 元，增长了 5.8%，占可支配收入的比重为 18.6%[2]。详情见表 3-10。

表 3-10　2021 年城乡居民收支情况

指标	绝对量（元）	比上年名义增长（%）
城镇居民人均可支配收入	47412	8.2
工资性收入	28481	8.0
经营净收入	5893	11.0
财产净收入	5052	9.2
转移净收入	8497	4.7
农村居民人均可支配收入	18931	10.5

---

[1] 国家统计局.2021 年国民经济和社会发展统计公报［EB/OL］.2022-02-28.http://www.gov.cn/xinwen/2022-02/28/content_5676015.htm.

[2] 国家统计局.2021 年居民收入和消费支出情况［EB/OL］.2022-01-17.http://www.stats.gov.cn/xxgk/sjfb/zxfb2020/202201/t20220117_1826442.html.

续表

指标	绝对量（元）	比上年名义增长（%）
工资性收入	7958	14.1
经营净收入	6566	8.0
财产净收入	469	12.1
转移净收入	3937	7.5

资料来源：国家统计局.2021年居民收入和消费支出情况［EB/OL］.2022-01-17. http：//www.stats.gov.cn/xxgk/sjfb/zxfb2020/202201/t20220117_1826442.html。

此外，近十年来，以各项政府农业补贴、社会保障收入为主要内容的转移性收入数额及其在农村居民总收入中的占比均有显著提高，反映了多年来政府各项支农惠农政策对农民群众增收产生了显著的效果。与此同时，伴随着农村居民收入水平的大幅提高，农村居民收入分配的基尼系数也在大幅提高，缩小农村居民收入差距的任务依然任重而道远，农村居民收入差距不断扩大的现象值得高度重视。[①] 不过，根据国家统计局公布的宏观统计数据，2017—2019年，虽然五等份分组农村居民的组间绝对收入差距还在扩大，但以收入倍数衡量的组间相对收入差距已出现缩小的趋势，表明国家近年来推进脱贫攻坚及实施乡村振兴战略，对提高贫困及低收入农村居民收入水平、遏制农村居民收入差距扩大的趋势已经产生了积极作用。

另一方面，居民人均消费支出也得以进一步改善。收入水平的提高让城乡居民有更多的消费支出用于更高层次的追求，而不再为温饱发愁。以2021年为例，全年全国居民人均消费支出24100元，比上年增长13.6%，扣除价格因素，实际增长12.6%。[②] 其中，人均服务性消费支出10645元，比上年增长17.8%，占居民人均消费支出的比重提高到了

[①] 魏后凯.中国乡村振兴综合调查研究报告2021［M］.北京：中国社会科学出版社，2022：57.

[②] 宁吉喆.2021年国内生产总值1143670亿元，同比增长8.1%［EB/OL］.2022-01-17. http：//www.scio.gov.cn/xwfbh/xwbfbh/wqfbh/47673/47722/zy47726/Document/1719004/1719004.htm.

44.2%。按常住地分，城镇居民人均消费支出30307元，增长12.2%，扣除价格因素，实际增长11.1%；农村居民人均消费支出15916元，增长16.1%，扣除价格因素，实际增长15.3%。[①]上述数据与十年前相比，均有较大幅度的改善。详情见表3-11。

表3-11 2012—2020年居民消费水平变动情况

指标年份	居民消费水平（元）	城镇居民消费水平	农村居民消费水平	居民消费水平指数（上年=100）	城镇居民消费水平指数	农村居民消费水平指数
2012	17220	24430	8365	108.4	105.9	110.9
2013	15586	22620	7397	107.9	105.7	109.4
2014	17220	24430	8365	108.4	105.9	110.9
2015	18857	26119	9409	109.5	106.9	112.7
2016	20801	28154	10609	108.2	105.6	110.8
2017	22969	30323	12145	106.6	104.0	110.8
2018	25245	32483	13985	107.4	104.7	112.4
2019	27504	34900	15382	106.1	104.6	107.0
2020	27439	34043	16046	97.5	95.4	101.8

资料来源：根据国家统计局公布的相关数据整理而来。

（3）恩格尔系数变化显著

恩格尔系数是根据恩格尔定律而得出的比例数，是衡量一个家庭或一个国家富裕程度的主要标准之一。一般而言，恩格尔系数越高，说明一个家庭或个人收入越少，在其他条件相同的情况下，用于购买生存性食物的支出在家庭或个人收入中所占的比重就越大；相反，则说明一个家庭或个人收入越多。对一个国家而言，恩格尔系数越高，说明这个国家越穷，每个国民的平均支出中用来购买食物的费用所占比例就越大；相反，则说明这个国家越富裕。恩格尔系数由食物支出金额在总支出金额中所占的比重来决定。通常情况下，恩格尔系数达59%以上，可评定

[①] 国家统计局.2021年居民收入和消费支出情况［EB/OL］.2022-01-17.http：//www.stats.gov.cn/xxgk/sjfb/zxfb2020/202201/t20220117_1826442.html.

某国家、地区或家庭为贫困，50%—59%为温饱水平，40%—50%为小康水平，30%—40%为富裕水平，低于30%则说明该国家、地区或家庭经济状况非常好。[①]

2012—2021年，近十年来，我国城乡居民恩格尔系数总体上较为稳定，发展趋势逐步向好。2012年，我国城乡居民恩格尔系数为33%，属于富裕水平，2021年下降至29.8%，已迈入经济发展"最富裕"行列。但从城乡来看，略有差别。总体而言，城镇居民恩格尔系数总体上要低于农村居民恩格尔系数3—4个百分点。说明城镇居民的收入水平要明显高于农村居民收入水平。详情见表3-12。

表3-12 2012—2021年我国恩格尔系数变化情况

指标年份	城乡居民恩格尔系数（%）	城镇居民恩格尔系数（%）	农村居民恩格尔系数（%）
2012	33.0	32.0	35.9
2013	31.2	30.1	34.1
2014	31.0	30.0	33.6
2015	30.6	29.7	33.0
2016	30.1	29.3	32.2
2017	29.3	28.6	31.2
2018	28.4	27.7	30.1
2019	28.2	27.6	30.0
2020	30.2	29.2	32.7
2021	29.8	28.6	32.7

数据来源：根据国家统计局公布的相关数据整理而来。

2. 财政金融环境逐步改善

（1）财政收支状况稳定

2019年以来，受新冠肺炎影响，全国财政收支出现了较大幅度的波动，尤其是2019年、2020年，支出水平明显高于收入水平，收支倒挂

[①] 张祖群. 从恩格尔系数到旅游恩格尔系数：述评与应用［J］. 中国软科学，2011（S2）：100-114.

现象严重，财政赤字明显，进一步加剧了各级政府的财政负担。尤其是2020年，财政收入出现了改革开放以来罕见的负增长情况，给财政收支平衡带来了巨大的压力。2021年，随着形势好转，全国财政收入迎来了增长的小高潮，全年实现了10.7%的增速，财政收入首次突破2万元大关。当年的支出增速则十分有限，仅增长了0.3%，财政收支失衡现象逐步得到缓解。详情见表3-13、图3-8。

表3-13 2012—2021年国家财政收支总额及增长速度

项目年份	财政收入（亿元）	财政支出（亿元）	财政收入增长速度（%）	财政支出增长速度（%）
2012	117253.52	125952.97	12.9	15.3
2013	129209.64	140212.1	10.2	11.3
2014	140370.03	151785.56	8.6	8.3
2015	152269.23	175877.77	5.8	13.2
2016	159604.97	187755.21	4.5	6.3
2017	172592.77	203085.49	7.4	7.6
2018	183359.84	220904.13	6.2	8.7
2019	190390.08	238858.37	3.8	8.1
2020	182913.88	245679.03	-3.9	2.9
2021	202539	246322	10.7	0.3

数据来源：根据国家统计局公布的相关数据整理而来。

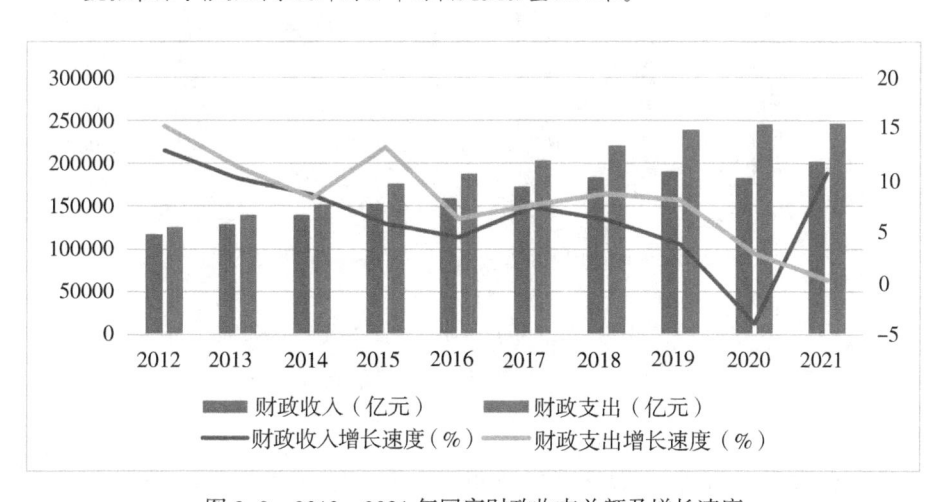

图3-8 2012—2021年国家财政收支总额及增长速度

（2）投资环境进一步优化

近年来，在国际政治、经济、军事、外交等不确定性因素增多的情况下，我国不仅没有降低对外开放水平，而且还加大了对外开放程度。通过不断优化投资环境，吸引了大量外资，外商投资规模和投资领域不断扩大。近5年来，在对外开放力度不断加大及投资环境不断优化的叠加效应下，外商投资规模增速明显。2017年，我国实际使用外商直接投资1310亿美元，比1984年增长了91.3倍，年均增长14.7%。1979—2017年，我国累计吸引外商直接投资达18966亿美元，是吸引外商直接投资最多的发展中国家。2021年，我国实际使用外资首次突破万亿，达11493.6亿元人民币（折合1734.8亿美元），同比增长14.9%，引资规模再创历史新高；全年新设外资企业4.8万家，增长23.5%，实现引资规模和质量"双提升"。[①] 详情见图3-9。随着我国对外开放领域的扩大和产业结构的升级，外商直接投资领域不断扩展。过去制造业一直是我国吸收外

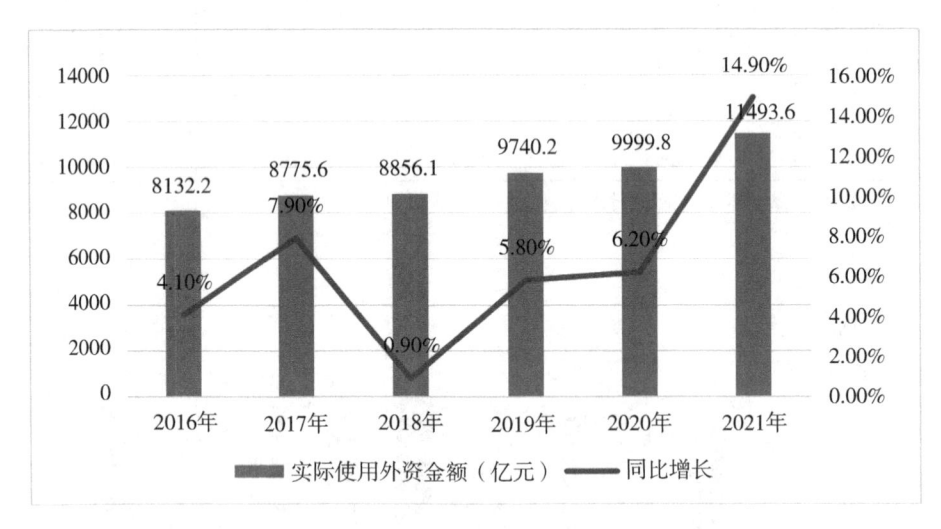

图 3-9　2016—2021年我国实际使用外资金额及增长
资料来源：根据国家统计局公布的相关数据整理而来。

[①] 佚名.2021年中国利用外资规模、特点及2022年吸引外资的趋势分析:总量保持强劲增长，高质量吸引外资［EB/OL］.2022-03-07.https://www.chyxx.com/industry/1100592.html.

商投资的主要领域，近年来服务业逐渐成为外商投资的新热点。2017年服务业吸收外资占比提高至72.8%。[①]商务部的数据显示，2021年，服务业当年实际使用外资9064.9亿元人民币，同比增长16.7%，占比则进一步提高至了78.86%[②]，实现了历史性突破。

（四）医疗卫生环境

长期护理的对象既包括因为意外、年老而导致的失能人员，同时也包括因为失智或疾病原因而导致的失能人员。无论对哪种失能人员进行护理，都离不开医疗卫生行业提供的治疗、康复和指导。因此，可以毫不夸张地说，长期护理保险能否达成预期目标，医疗卫生水平是关键。近年来，伴随经济社会的快速发展，以"服务能力、服务水平、服务意识"为核心内容的医疗卫生环境也发生了巨大变化。具体体现在以下几个方面：

1. 医疗卫生投入增速明显

我国卫生总费用承担主体主要有政府、社会和个人。其中政府卫生支出指各级政府用于医疗卫生服务、医疗保障补助、卫生和医疗保险行政管理、人口与计划生育事务支出等各项事业的经费。社会卫生支出指政府支出外的社会各界对卫生事业的资金投入，包括社会医疗保障支出、商业健康保险费、社会办医支出、社会捐赠援助、行政事业性收费收入等。个人现金卫生支出指城乡居民在接受各类医疗卫生服务时的现金支付，包括享受各种医疗保险制度的居民就医时自付的费用，可分为城镇居民、农村居民个人现金卫生支出，反映了城乡居民医疗卫生费用的负担程度。我国历年的卫生总费用大致可以看成是我国在医疗卫生方面的投入主体。自2009年实行"新医改"以来，我国在医疗卫生方面的投入可谓逐年递增，年复合增速为13.7%（按可比价格），高于同期GDP平

---

① 佚名. 改革开放40年经济社会发展成就系列报告之一［EB/OL］.2018-08-29. http://fgw.yq.gov.cn/fzgh/jjyx/201808/t20180829_764059.html.

② 佚名. 首次突破一万亿！2021年中国吸收外资再创历史新高［N］. 潇湘晨报，2022-03-01.

均增速（5.72%）。不断增长的医疗卫生投入对我国医疗卫生事业的发展起到了很好的促进作用。

新医改自 2009 年启动以来，我国医疗卫生投入增速明显，尤其是各级财政不断加大投入力度，政府卫生投入实现了跨越式增长。根据财政决算数据，2009—2020 年，全国各级财政医疗卫生累计支出达到 141285 多亿元，年均增幅超过 20%，比同期全国财政支出增幅高 5 个百分点以上。医疗卫生支出占财政支出的比重从医改前 2008 年的 5.1% 提高到 2021 年的 6.5%。财经投入的增长直接拉动了整个卫生总费用的提高，促使其占 GDP 比重逐年提升，由 2009 年的 5.15% 逐步提高到 2019 年的 6.6%。2020 年受新冠肺炎影响，GDP 增长放缓至 2.2%，而与新冠肺炎相关的卫生支出大幅增长，全年卫生总费用为 7.2 万亿元，占 GDP 比重为 7.1%，较 2019 年上升了 0.45 百分点，达到 1978 年以来的最高值，首次超过 7%。不过，总体而言，我国卫生费用支出占 GDP 比例仍处于较低水平，还有一定的提升空间。详情见表 3-14。

表 3-14　2009 年—2020 年我国医疗卫生投入情况

项目年份	卫生总费用（亿元）	政府卫生支出（亿元）	占卫生总费用的比重（%）	社会卫生支出（亿元）	占卫生总费用的比重（%）	个人卫生支出（亿元）	占卫生总费用的比重（%）	卫生总费用占 GDP 的比重（%）
2009	17541.92	4816.26	27.46	6154.49	35.08	6571.16	37.46	5.150
2010	19980.39	5732.49	28.69	7196.61	36.02	7051.29	35.29	4.980
2011	24345.91	7464.18	30.66	8416.5	34.57	8465.28	34.77	5.152
2012	28119.00	8431.98	29.99	10030.7	35.70	9656.32	34.34	5.413
2013	31668.95	9521.40	30.10	11413.4	36.00	10726.80	33.90	5.574
2014	35378.90	10590.70	29.90	13042.9	36.90	11745.30	33.20	5.565
2015	40974.64	12533.00	30.88	15890.7	39.20	12164.00	29.97	5.986
2016	46344.88	13910.31	30.01	197096.7	41.20	137337.90	28.78	6.237
2017	52598.28	15205.87	28.91	22258.81	42.32	15133.60	28.77	6.368
2018	59121.91	16399.13	27.74	25810.78	43.66	16911.79	28.61	6.579
2019	65195.90	17428.50	26.70	29278.00	44.90	18489.50	28.40	6.601

续表

项目年份	卫生总费用(亿元)	政府卫生支出		社会卫生支出		个人卫生支出		卫生总费用占GDP的比重(%)
^	^	政府卫生支出(亿元)	占卫生总费用的比重(%)	社会卫生支出(亿元)	占卫生总费用的比重(%)	个人卫生支出(亿元)	占卫生总费用的比重(%)	^
2020	72175.00	21941.90	30.40	30273.67	41.94	19959.43	27.65	7.1211
2021	75593.60	20718.50	27.40	33920.3	44.90	20954.80	27.70	6.50

2021年，全国卫生总费用为75593.6亿元，其中政府卫生支出20718.5亿元，占27.4%；社会卫生支出33920.3亿元，占44.9%；个人卫生支出20954.8亿元，占27.7%。人均卫生总费用5348.1元，卫生总费用占GDP的比例为6.5%[①]。

上述数据表明，从占比来看，政府卫生支出与社会卫生支出占比均呈上升趋势，其中政府卫生支出自2011年以来便稳定在30%左右，截至2020年为30.40%；社会卫生支出占比自2011年的34.6%提升至2020年的41.94%，成为最主要的支出主体，且主要为医保支出（2020年基本医保基金支出占社会卫生支出比例达69.5%）；个人现金卫生支出占比虽逐年下滑，由2001年的60.0%降至2020年的27.7%，但由于总费用的增加，个人现金卫生支出每年仍在增加，2020年支出金额达2万亿元，增速为6.9%。

上述情况表明，当前我国个人卫生支出占比依然存在偏高的问题。2011—2020年，我国个人卫生支出占卫生总费用比重虽然持续下降，从34.8%下降至27.65%，降低了7.15个百分点，但仍高于《"健康中国2030"规划纲要》提出的"2030年将个人卫生支出占比降至25%"的目标，更高于消除发生家庭灾难性卫生支出的国际经验上限值(20%)。同时，从个人卫生支出和居民收支之间的关系看，按当年价格计算，2011—2020年我国人均个人卫生支出年均增速为9.27%，高于居民人均可支配

---

① 国家卫生健康委员会.2021年我国卫生健康事业发展统计公报[EB/OL].2022-07-12. http://www.gov.cn/xinwen/2022-07/12/content_5700670.htm.

现金收入增速（7.93%），也高于人均现金消费支出增速（5.52%）；个人卫生支出占居民现金消费支出的比重也从6.67%上升到8.32%。这些结果提示，"十四五"时期仍面临发生家庭灾难性卫生支出的风险。

此外，与国外相比，也不难发现，我国个人卫生支出负担是偏高、较重的。我国基本医疗保险严格按照医保目录中的责任范围进行赔付，以保基本为原则，赔付范围及比例均有一定限制，若无商业健康险的有效补充，居民自身仍将承担大量医疗费用支出。2020年，我国个人卫生支出占比虽然下降到27.65%，但在国际上仍属于较高水平，分别较英国、德国、美国超过10.2、14.4、15.9个百分点。

2. 医疗卫生条件逐步改善

医疗卫生投入的不断增长为医疗卫生条件的改善奠定了坚实基础。以2021年为例，2021年是党和国家历史上具有里程碑意义的一年。在以习近平同志为核心的党中央领导下，全党全国各族人民隆重庆祝了中国共产党成立一百周年；顺利召开了党的十九届六中全会，审议通过了《中共中央关于党的百年奋斗重大成就和历史经验的决议》；如期打赢了脱贫攻坚战，创造了消除绝对贫困的人间奇迹；如期全面建成了小康社会，实现了第一个百年奋斗目标；同时还开启了全面建设社会主义现代化国家的第二个百年奋斗目标新征程。良好的国内环境为医疗卫生事业的发展注入了催化剂。国家卫生健康委员会于2022年7月13日发布的《2021年卫生健康事业发展统计公报》显示，2021年末，全国医疗卫生机构总数1030935个，比上年增加8013个，其中医院36570个，基层医疗卫生机构977790个，专业公共卫生机构13276个。在医院中，公立医院11804个，民营医院24766个。医院按等级分：三级医院3275个（其中三级甲等医院1651个），二级医院10848个，一级医院12649个，未定级医院9798个。在基层医疗卫生机构中，社区卫生服务中心（站）36160个（其中社区卫生服务中心10122个，社区卫生服务站26038个），乡镇卫生院34943个，诊所和医务室271056个，村卫生室599292个。在专业公共卫生机构中，疾病预防控制中心3376个，其中省级31个、地（市）级410个、县（区、县级市）级2755个。卫生监督机构3010个，其中省级25个、地（市）级315个、县（区、县级市）级2487个。妇幼保健机构3032个，其中省级26个、地（市）级377个、县（区、县级市）级2554个。2021年末，全国医疗卫生机构床位944.8万张，其中医院741.3万张（占78.5%），基层医疗卫生机构171.2万张（占18.1%），专业公共卫生机构30.2万张（占3.2%）。每千人口医疗卫生机构床位数由2020年的6.46张增加到2021年的6.7张。2021年末，全国卫生人员总数1398.3万人，比上年增加50.8万人，增长3.8%；每千人口执业（助理）医师3.04人，每千人口注册护士3.56人。[①]

3. 公共卫生事业成就瞩目

健康助力小康，民生牵动民心。40多年来，从维护全民健康和实现国家长远发展出发，加快推进健康中国建设，公共卫生体系不断完善，国民健康水平持续提高。截至2022年末，全国共有医疗卫生机构103.3万个，卫生技术人员1155万人，医疗卫生机构床位975万张。[②]公共卫生整体实力和疾病防控能力迈上新台阶，城乡居民健康状况显著改善。居民预期寿命由1981年的67.8岁提高到2022年的78.2岁，孕产妇死亡率由1990年的88.8/10万下降到2022年的15.7/10万。

（五）护理资源环境

长期护理保险背景下，通常有三种护理模式可供选择，分别为居家自主护理、机构护理和机构上门护理。就目前的发展现状来看，居家自主护理是主体，机构护理和机构上门护理（又称居家社区护理）是补充。居家自主护理靠家庭成员提供基本照料，对资源的配备通常没有特定要求。机构护理和机构上门护理则必须依托必要的资源配置才能开展相关护理工作。因此，本书所指的护理资源，主要包括三个方面的配备，分

---

① 国家卫生健康委员会.2021年我国卫生健康事业发展统计公报［EB/OL］.2022-07-12. http：//www.gov.cn/xinwen/2022-07/12/content_5700670.htm.
② 国家统计局.中华人民共和国2022年国民经济和社会发展统计公报［EB/OL］.2023-02-28.http：//www.gov.cn/xinwen/2023-02/28/content_5743623.htm.

别为护理机构、护理人员与护理设施。

国内外的理论研究与实践经验表明，长期护理保险的发展能否实现预期目标，能否提供数量充足且优质高效的护理服务是物质基础和根本保障，而护理服务的提供又有赖于护理资源的供给。由于护理资源的充足与否，与护理服务能力及护理服务水平密切相关，因此，只有配备了充足的护理资源，护理服务的供给才可能充分有效。就目前我国护理资源的配置来看，近年来在各级政府的高度重视和大力推动下，取得了一定的成就，为长期护理保险的开展奠定了良好基础，但相比于日益增长的护理服务需求而言，还存在不小的差距和众多亟待解决的问题。

1. 护理机构方面

护理机构是指为广大失能人员提供照料服务的各种康复、疗养及医疗等机构。具体而言，包括但不限于专业护理机构、医疗护理机构（含康复医院）、医养结合型机构、养老机构（包括乡镇养老院/敬老院、老年公寓、高端养老中心）、社区养护中心、残疾人托养中心、日间照料中心、社会福利院等。详情见图3-10。不同机构其自身条件与能力各不相同，在护理服务的提供方面具有不同的优势与特色。有的擅长生活照料，有的擅长医疗护理，有的擅长疾病看护，有的兼而有之。《2021年全国医疗保障事业发展统计公报》显示，2021年全国共有长期护理保险定点服

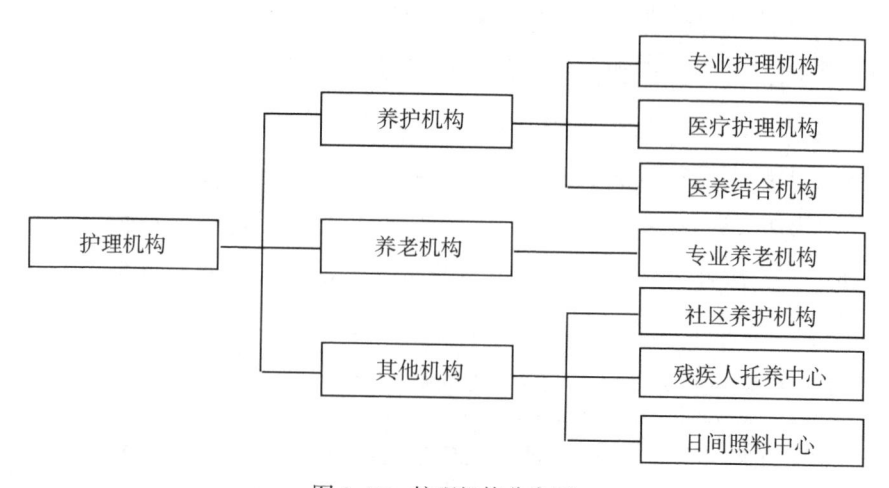

图3-10 护理机构分类图

务机构 6819 个。[①]

就目前的发展现状来看，专业护理机构、医养结合型医疗护理机构及养老机构等三类机构是目前护理机构的主体。尤其是养老机构占有较大比重，发挥着重要作用。一定程度上，养老机构的多少很大程度上决定了我国护理机构的配置充足与否。

当前，我国在机构护理及机构上门护理方面的首要难题是机构配置不足、床位配置不够，相关机构的服务供给跟不上服务需求。清华大学银色经济与健康财富指数课题组对全国 20 个一、二、三线城市开展的养老需求调研印证了这一点。[②] 首先就养老服务供给而言，近十年来，我国养老服务供给总体上呈稳步增长的发展态势。从养老服务床位来看，2012 年全国养老服务床位为 381 万张，之后 5 年间以每年百万张的速度增加，到 2017 年增到了 714.2 万张。从 2018 年开始增速略有下降，随后又有所增加，2020 年突破 800 万张。根据《2020 年度国家老龄事业发展公报》，截至 2020 年底，我国共有各类养老机构和设施 32.9 万个，养老床位合计 821 万张，比上年增长 5.9%。其中：全国共有注册登记的养老机构 3.8 万个，比上年增长 11.0%，床位 488.2 万张，比上年增长 11.3%；社区养老服务机构和设施 29.1 万个，共有床位 332.8 万张；两证齐全（具备医疗卫生机构资质，并进行养老机构备案）的医养结合机构 5857 家，比 2019 年末增加了 22.1%；床位总数达 158.5 万张，比 2019 年末增加了 21.7%[③]；2021 年，

[①] 国家医疗保障局.2021 年全国医疗保障事业发展统计公报［EB/OL］.2022-06-08.http://www.nhsa.gov.cn/art/2022/6/8/art_7_8276.html.

[②] 其研究结果表明，医养需求是居民养老（含失能护理）最大的需要和担忧，老人最担心的三件事是突发疾病不能得到及时救治、护理人员不专业、靠谱的护理人员难找；医养服务好的养老机构"一床难求"。参见郭晋晖."十四五"养老床位增至 900 万张 应对老龄化还有这些量化指标［N］.第一财经，2022-03-18.https://baijiahao.baidu.com/s?id=1727566046571991232&wfr=spider&for=pc.

[③] 国家卫生健康委员会老龄健康司.2020 年度国家老龄事业发展公报［EB/OL］.2021-11-03.https://www.shantou.gov.cn/stswsj/gkmlpt/content/1/1985/mpost_1985897.html#3521.

医养结合机构进一步发展到了6492家[①]，全国共有注册登记的养老机构床位数501.6万张，社区服务中心29071个，社区服务站471684个。详情见表3-15。

表3-15　2012—2021年我国养老机构和设施及养老床位情况

项目 年份	养老机构和设施 （万个）	养老床位 （万张）	增长率 （%）	每千名老年人拥有床位数 及增长率（张）/（%）	
2012	4.4	416.5	12.8	21.5	7.5
2013	4.2	493.7	18.9	24.4	13.9
2014	9.4	577.8	17.0	27.2	11.5
2015	11.6	672.7	16.4	30.3	11.4
2016	14.0	730.2	8.6	31.6	4.3
2017	15.5	744.8	2.0	30.9	-2.2
2018	16.8	727.1	3.3	29.1	-5.8
2019	20.4	775.0	6.6	30.5	4.8
2020	32.9	821.0	5.9	31.1	2.0
2021	35.8	815.9	-0.62	30.6	-1.6

资料来源：根据2012—2022年民政事业发展统计公报统计而来。

虽然我国的养老机构床位数总体上呈现增长的趋势，但受到人口老龄化加速的影响，60岁以上每千名老人拥有的养老床位仍然处于较低水平。2012年，我国每千名老年人拥有养老床位21.48张，2015年升至30.31张，之后稳定在约30张的水平，2020年为31.1张。即便仅就失能人员而言，800多万张养老床位也远远无法满足基本需求，因为当前我国仅失能、半失能老年人有4000万人。这也就是说，平均每5个失能老人才有一张床位，如果再加上其他失能人员，床位之紧张可想而知。尽管我国九成以上失能人员倾向于居家自助护理，但面对机构护理及机构上门护理需求的日益增长，机构护理供给不足问题依然是目前亟待解决的难题。正是考虑到当前护理服务机构床位存在的供给结构问题，因

[①] 国家卫生健康委员会.2021年我国卫生健康事业发展统计公报［EB/OL］.2022-07-12. http：//www.gov.cn/xinwen/2022-07/12/content_5700670.htm.

此 2021 年 2 月我国出台的《"十四五"国家老龄事业发展和养老服务体系规划》提出，养老服务床位总量要达到 900 万张以上，养老机构护理型床位占比达到 55%，2022 年设立老年医学科的二级及以上综合性医院占比达到 60% 以上，设置养老机构护理型床位占比这一指标，并要求到 2025 年达到 55%。①

此外，社区服务机构和设施在失能人员护理服务中发挥的作用也不可忽视。截至 2020 年底，全国共有社区综合服务机构和设施 51.1 万个，社区养老服务机构和设施 29.1 万个。城市社区综合服务设施覆盖率 100%，农村社区综合服务设施覆盖率 65.7%。针对农村社区综合服务设施覆盖率不足的问题，《国务院关于印发"十四五"国家老龄事业发展和养老服务体系规划》指出，下一步，我国将加大乡镇（街道）层面区域养老服务中心的建设力度。到 2025 年，乡镇（街道）层面区域养老服务中心建有率达到 60%，与社区养老服务机构功能互补，共同构建"一刻钟"居家养老服务圈②。

2. 护理人员方面

护理人员主要包括两类：一是护士队伍。此类队伍一般为科班出身，取得了相应的护理资质，其从业场所一般在医院或医养结合型医疗机构。二是护工队伍。护工通常来源于社会招聘，他们与护士有较为明显的区别，主要体现在两方面：一方面，学历及专业素养通常偏低；另一方面，年龄则通常偏大，四十岁以上的中老年人是主流。2021 年，全国有护理服务人员数 30.2 万人。③

首先，就护士而言，近年来，随着医疗卫生事业的不断发展及护理

---

① 田晓航,魏冠宇. 我国提出"十四五"养老硬指标:到 2025 年养老服务床位达 900 万张[EB/OL].2022-02-23.https://baijiahao.baidu.com/s?id=1725598457598803300&wfr=spider&for=pc.

② 国务院. "十四五"国家老龄事业发展和养老服务体系规划［EB/OL］.2022-02-22.https://www.mca.gov.cn/article/xw/mtbd/202202/20220200039833.shtml.

③ 国家卫生健康委员会.2021 年度国家老龄事业发展公报［EB/OL］.2022-10-26.https://www.gov.cn/xinwen/2022-10/26/content_5721786.htm?eqid=99c5ddc30000adfc000000036462ecc4.

需求的不断增加，我国护士队伍也呈现出日益向好的发展态势。无论是队伍的数量还是质量，均取得了一定的突破性进展。

（1）护士队伍持续发展壮大

护士，是指经专业注册取得护士职业证书，依照相关条例规定从事护理活动，履行保护生命、减轻痛苦、增进健康职责的卫生技术人员。"护士"一词，是1914年钟茂芳在中华护士会第一届全国大会中提出将英文 nurse 翻译为"护士"，大会通过后沿用至今。

近十年来，我国注册护士[①]的数量以每年平均8%的增幅逐年增加，截至2022年底，我国注册护士队伍已经超过500万，达到520万人，比2012年增长了一倍多，每千人口注册护士的人数达到3.7人[②]，全国医护比为1:1.8。而护士队伍当中具有大专学历以上的接近80%，护士队伍的整体素质和专业能力不断提升。

（2）护理的服务能力持续提高

我国通过持续开展优质护理服务活动、实施护士服务能力提升工程、护士全面落实责任制等，护理质量不断改善，患者的满意度持续提高，护理工作逐步实现贴近患者、贴近临床、贴近社会，让群众看病就医的获得感进一步增强。

（3）护士的服务领域不断拓展

近年来，国家通过多项工程，使护士的服务领域得到了持续的拓展和延伸。通过实施老年护理服务发展工程，推进护理工作在老年健康工作当中发挥重要作用。加快推进老年的居家医疗护理服务，将护理服务延伸至社区、延伸至家庭，努力为老年人、妇女、儿童等慢性病患者等人群，提供多元化的护理服务。同时，还借助"互联网+"的新业态，

---

① 注册护士指取得注册护士证书且实际从事护理工作的人员，不含取得护士执业证书但实际从事管理工作的人员。

② 每日经济新闻.2022年底全国注册护士总量超过520万人 到2025年基层护士数量力争达到120万［EB/OL］.2023-05-11.https://baijiahao.baidu.com/s?id=1765656183768082342&wfr=spider&for=pc.

为人民群众提供上门的医疗护理服务,切实为群众办实事、办好事,受到群众的普遍好评。

(4)护士的工作积极性稳步提高

我国在深化医改的进程当中,对护士的薪酬分配、职称晋升、奖励评优等,优先向一线和基层的岗位来倾斜,有效地调动了护士的积极性。特别是近年来,在社会各界的共同支持下,关心、支持和爱护护士队伍的社会氛围逐步形成,护士队伍得到了稳定和发展。

尽管近年来护士队伍的发展取得了一定的成就,但在我国,护士的数量还是远远不够,医护比例严重失调;护士队伍的整体素质及其服务能力与水平也有待进一步提升。

再就护工队伍而言,其发展则与社会相关要求有较大差距。

(六)创新科技环境

1. 创新科技在健康险中的运用

近年来,随着我国经济社会的快速发展,大数据、云计算、人工智能、物联网、区块链等创新科技越来越为各级政府和企业所重视。这些先进科技在引领社会经济发展中的强引擎作用有目共睹。它们不仅重新塑造了大部分企业的结构和形态,同时也给国家竞争力整体跃升和跨越式发展带来了巨大能量。加快大数据、云计算、人工智能、物联网、区块链等创新科技发展,将这些先进科技投入到健康险行业中去,实现高科技与健康险的深度融合与有机发展,既是时代的诉求,更是现代健康保险业发展的迫切需要,对于推动整个行业的转型升级并实现高质量发展具有十分重要的现实意义。

目前,云计算作为基础科技,已充分运用于健康险行业,覆盖健康险价值链全部节点,稳定支撑企业业务增长。大数据及人工智能技术也广泛应用,促进健康险企业业务线上化,提升客户体验。物联网和区块链作为相对新兴的技术,在健康险领域应用较少,还处于早期探索阶段。但可以肯定的是,随着科技的不断发展和进步,未来创新科技在健康险领域的运用一定会变得更宽、更广、更深。

（1）大数据在健康险领域的运用

近年来，伴随我国经济的快速发展，人们的生活水平及需求层次日益提高，尤其是需求层次正朝着个性化方向发展。在此背景下，健康险的需求也必然朝着多样化、个性化方向发展。在此背景下，大数据等先进科技至少在三个方面可能成为健康险发展的内在要求和新的驱动力。一是驱动产品开发。依托大数据技术收集到的消费者行为习惯等非结构化数据，保险公司有能力敏锐预知市场需求，进而提早研发能够给消费者带来满足体验的健康险产品。二是协助精确定价。保险公司可依托大数据开展准确地筛选、归类、计算和分析，从供给和需求两个角度为面临各种不同风险的标的提供准确的健康险产品，并根据风险状况的变动持续地开展相应的定价调整。三是推动精准营销。即借助大数据，通过对潜在客户线上线下一系列行为和需求的追踪、研究、分析，预测出消费者的真实或可能需求，从而精准锁定目标，聚焦客户痛点，精准推送健康险产品与服务信息，实现定向营销。

（2）云计算在健康险领域的运用

近年来，随着创新科技蓬勃发展，健康险行业与云计算的结合正在逐步加深，众多保险机构正在积极部署企业上云实践。在当前创新科技"重构"保险业态的重要时期，云计算等先进技术正在深刻改变健康险行业的生态。具体而言，云计算将广泛运用于健康险业务运营。

在基础设施建设方面，云计算能够帮助健康险企业消除大量的IT挤压，解决IT技术投入问题；在产品设计与定价方面，通过云计算强大的计算能力和大数据技术提供的海量数据支持，按需提取和分析用户与交易数据，实时计算，提供更精准的风险管控方案和定价模型，评估和防控风险，打破传统保险产品定价模式，推动健康险精算水平和精算效率的提升；在承保理赔方面，依托大数据和云计算，健康险企业能够建立具备数据挖掘、处理、存储的核心业务系统，以提高运营效率和服务针对性；在技术服务方面，利用云技术的强大辐射力和主动推送服务，实现风险云提示、产品云激活和客户身份云验证，解决健康险销售误导等问题。

此外，还可将云计算运用于健康险咨询服务。在云计算环境下，健康险服务机构都将参与到咨询服务中来，共同为消费者提供咨询服务。消费者也不必再考虑找谁解答问题，而健康险服务机构也不必思考如何吸引用户，只需充分发挥自身优势解答用户问题即可。

（3）人工智能在健康险领域的运用

健康险行业丰富的数据资源为人工智能的应用提供了诸多场景，相应地，人工智能也为健康险行业价值链重构发挥着重要的作用。具体而言，人工智能及其相关技术将主要运用于健康险行业的三个方面。

首先，可运用于健康险产品设计与开发。一方面，人工智能可以帮助保险公司设计新产品。健康险产品的设计必须基于大数法则，对工作量、工作强度和专业性要求都很高。这些高强度、高专业性的工作，人工智能都能提供必要的帮助。人工智能技术可帮助或替代精算师分析海量数据，从而设计出适销对路且精确、特征鲜明的保险产品。另一方面，人工智能可以协助保险公司开发个性化产品。以广泛大量的数据为依托，通过数据分析，人工智能技术可以形成客户画像，实现对客户的个性化分析，并针对个性化需求找出最适合的保险产品和增值服务；同时，也可以根据客户的特殊需要，进行个性化专属产品定制，从而满足客户个性化需求。

其次，可运用于健康险产品销售。一方面，人工智能可以变革保险销售模式，标准化销售流程，简化产品购买方式，使得购买保险的流程更快，保险公司和客户无须密集参与即可完成。另一方面，人工智能还能够帮助营销员筛选客户信息、查询保单和查询费率等，从而提高客户存留率、降低投保人退保率，实现客户价值最大化，并极大地降低营销人力成本。

再次，可运用于健康险理赔服务。有三种人工智能技术可应用于保险理赔。一是智能识别技术。智能识别技术中的人脸识别、语音识别等生物特征识别技术可用于理赔时确认身份。二是智能定损技术。智能定损技术是利用保险公司内部的大量理赔案例，结合以往有效的理赔案件，利用深度学习技术挖掘出一套动态的定损、计算模型。三是智能风控技术。智能数据风控模型可以提高反欺诈打假效率，运用大数据模型和风控模型生成风控规则，对客户的征信数据及出险数据进行筛选排查，同时与数据库中大量的案件数据进行对比，以此提高疑案调查精度及广度。

除上述三种技术外，人工智能客服系统还可以使健康险理赔等工作流程透明化、可视化，提高客服工作效率，实时提供咨询服务。

（4）区块链在健康险领域的运用

由于当前医疗服务提供方、保险公司和患者构成的医疗服务体系处于较为混乱且低效的运转状态，同一患者的医疗记录分散在不同的医疗机构和保险公司中，不同机构之间重复和错误的记录导致了高昂的管理费用和冗余的流程。

加密保护的区块链可使上述问题迎刃而解。区块链技术可将患者的医疗数据管理权交还给患者本人，并根据具体情况给予患者访问权限。医疗记录的区块链系统可为分布式账本上每一记录保留加密签名，避免了保险公司和医疗服务供应者之间不得不在各种数据库间核对患者信息。签名可为每一文档进行加密并进行时间戳记，而无须在区块链上存储任何敏感信息。文档内容的任何变更都会在共享账簿中被记录，因此保险公司和医疗服务供应者可审查各组织的医疗信息。上述区块链技术的运用，不仅可以保护患者隐私，同时还能建立全行业同步的信息数据库，每年可节省数十亿元。

此外，还可利用物联网技术获取数据，通过穿戴式设备管理被保险人的健康。利用物联网等新技术可以更精准了解被保险人身体健康状况，保险公司通过发放穿戴式设备收集被保险人身体数据，监控、跟踪被保险人的身体状态，当被保险人身体指标出现某种异常时，就会收到医疗保健中心的提醒，督促其做出改善，降低健康风险。穿戴设备对被保险人健康的管理，实现了被保险人和保险人的双赢局面。

2. 创新科技在护理服务中的运用

在"互联网+"大潮下，一些保险公司开始尝试引入创新科技，通过各种创新形式达到丰富产品、降低赔付、提高服务的多重目的。2019年1月22日，国家卫生健康委员会办公厅发布《关于开展"互联网+护理服务"试点工作方案的通知》，决定在北京、天津、上海、江苏、浙江、广东等省市开展"互联网+护理服务"试点工作；2020年12月14日，国家卫生健康委员会办公厅发布《关于进一步推进"互联网+护理服务"试点工作的通知》，决定将"互联网+护理服务"试点工作推广到全国所有省市自治区，原则上要求每个省至少确定1个城市开展相关试点工作。两部文件的下发，为创新科技在护理服务中的运用指明了方向。2019—2021年，3年多的试点表明，通过构建"互联网+护理服务"系统，运用移动互联网、物联网、智能呼叫、GPS定位、人脸识别等先进技术，围绕服务对象、服务项目、服务行为、服务管理、风险防控等，可为医疗机构提供智能化、规范化管理工具。实践证明，"互联网+护理服务"系统可帮运营机构降低业务经营风险，提高客户及服务人员管理能力，有效防止身份冒用、欺诈等风险。如服务对象只需通过基于系统构建的手机App，就可以根据需要预约护理服务，由系统自动派单，按护理类别查看附近护理人员，自动选派人员上门服务；通过手机App还可维护服务对象的个人健康档案和医嘱，上传检查报告等；医护人员也可通过手机App查看服务对象的身体情况，服务完成后还可对服务效果进行评价。

此外，"互联网+护理服务"系统还可为护士提供手机App定位追踪系统，配置护理工作记录仪，配备一键报警装置等，切实保障网约护士的执业安全和人身安全。当护士发现不安全事件时，"互联网+护理服务"系统可助力其及时上报护理过程中发现的问题，护士在订单开始前1小时，系统可通过GPS实时上传护士的位置，护士遇到异常情况时，可进行一键报警。[1]

---

[1] 佚名.互联网+护理服务系统用科技力量，助网约护士为老人提供高质护理［EB/OL］.2019-04-22. https：//www.163.com/dy/article/EDCQ4OB1053806JC.html.

第四章　长期护理保险发展历程与试点现状

根据前文分析可知，本书探讨的长期护理保险属于社保模式下的长期护理保险（简称"社会长期护理保险"）。无论是经营主体、经营模式，还是保障对象、保障范围、保障水平，抑或是筹资机制、待遇支付等，均与商业保险模式下的长期护理保险（简称"商业长期护理保险"）有较为明显的区别。总体而言，目前我国社会长期护理保险还处于探索性起步阶段，与商业长期护理保险相比，未来还有很长的路要走，还有许许多多需要不断完善、丰富和创新的地方。系统梳理社会长期护理保险的发展历程，弄清楚该保险的来龙去脉，不仅是总结该保险试点经验教训的需要，而且对于指导下一步工作实践也具有十分重要的意义。

一、发展历程

我国现行长期护理保险的发展，大致经历了两个阶段，即商业长期护理保险的探索与发展和社会长期护理保险的试点。从时间上看，商业长期护理保险的诞生明显要比社会长期护理保险早得多。作为商业健康保险下属四大险种之一，我国商业长期护理保险大致起源于21世纪初期[①]，

[①] 秦杨杨.我国商业长期护理保险发展问题研究[D].开封：河南大学，2020.

而社会长期护理保险的试点与实践，则是近十年前后的事情①。这一点我们从相关文献研究也能窥见一斑。大致而言，2011年以前的国内文献，多以探讨商业长期护理保险为主。2011年以后，随着青岛、长春、南通等地对社会长期护理保险的实践探索落地，相关文献才随之日益增多。尤其是2016年全国性试点正式落地后，相关探索呈现出日趋增长的发展态势。②

（一）商业长期护理保险

以盈利为目的的商业长期护理保险，其经营主体为商业保险公司，以人寿保险公司和专业性健康保险公司为主。相比于社会长期护理保险而言，其经营更加灵活、多样且自由，其技术与管理也相对更为先进。国内外实践表明，商业长期护理保险不但可以为老年人提供长期护理保障，还能有效地减轻失能家庭及政府的养老、失能负担，是解决社会养老与失能问题的有效途径。③经过二十多年的发展，当前，我国商业保险模式下的长期护理保险体系已经初步形成，对化解社会失能失智风险起到了不可替代的作用。④国内商业长期护理保险实质上是舶来品，是在不断修正完善国外商业长期护理保险的基础上，结合我国实际逐步构建起来的一项普惠性商业保障制度。因此，在探讨我国商业长期护理保险之前，有必要对国外商业长期护理保险有一个初步的了解和认识。

---

① 社会长期护理保险之所以实践较晚，一方面是因为当时就我国财力而言，还不具备开办社会长期护理保险的条件；另一方面，则是与政府不具备发展长期护理保险所要求的专业人才和技术条件有关。
② 知网数据库显示，2016年，学界发表了与长期护理保险相关的学术论文87篇；2017年首次破百，达到了118篇；2018年、2019年分别为161篇、174篇，2020、2021年发文量虽然有所减少，但也基本上维持在了150篇以上的规模，分别为156篇和160篇。持续不断的高位发文量说明近年来学界对该问题的关注一直热度不减。
③ 杨艳艳.我国商业长期护理保险发展问题研究[D].石家庄：河北经贸大学，2018.
④ 王起国，扈锋.我国商业长期护理保险的困境与出路[J].浙江金融，2017（10）：59-65.

1. 国外基本情况

国内外的现实情况表明，商业长期护理保险的诞生与发展，无不与老龄化密切相关。20世纪五六十年代，美欧各国陆续步入老龄社会。[①] 随着老龄化问题的逐步加剧，老年护理问题变得日益急切。日渐增长的家庭财务风险更是让老年家庭面临巨大的经济压力和事务性压力，尤其是经济压力的破解到了刻不容缓的地步。正是在此背景下，20世纪70年代，美国首次提出了长期护理保险（LTCI）的概念。随后德国、日本、瑞典、新加坡等老龄化日益深化的西方发达国家也相继出台了相关保险政策，逐步将商业性长期护理保险推向市场。

美国是全球推行商业长期护理制度最早的国家，也是发展商业长期护理保险的典型代表。作为全球最早推行该保险的国家，美国的商业长期护理保险保单比较灵活，既可以独立签发，又可以与终身寿险二合一，即把人寿保险与长期护理保险合二为一。如果被保险人死亡，保险公司向受益人给付死亡保险金；如果被保险人生前因为失能而导致生活无法自理，保险公司则向被保险人给付长期护理保险金；支付的失能护理保额与人寿死亡保险额相等。就其运行性质而言，与其他商业保险无异。作为特定的保险产品，参保人可根据自身经济条件及个人意愿选择产品类型，由雇主及雇员共同承担保费；如果发生合同约定的风险，保险金的给付一般采用现金给付方式，此外还有按天支付的津贴形式。其承保方式有两种，一是团体保险，二是个人保险。也就是说，该保险的保障对象既可以是个人，也可以是团体。其保障范围通常为专业护理、日常护理和中级护理。为了鼓励和激发企业和个人购买商业性长期护理保险的积极性，近年来美国还采取了一些激励措施，如税收优惠政策等。

而后，德国、日本也相继实施了长期护理保险制度。但与美国不同的是，德国、日本将长期护理保险纳入了社会保险范畴，采用强制保险

[①] 根据联合国的《世界人口老龄化报告》，美国在1950年进入老龄社会，2015年进入深度老龄社会。

的方式承保，也就说，每个参与社会医疗保险的公民都要参加长期护理保险。

1994年，德国颁布《护理保险法》，并于1995年开始实施强制长期护理保险，即要求所有医疗保险人都要参加护理保险。[①]日本仿效德国，于1998年颁布《护理保险法》，并于2000年4月建立起了一套行之有效的长期护理保险体系，开始实施全民长期护理保险计划，并将其纳入了社会保险体系。在实施一段时间后，日本政府于2004年对长期护理保险进行了改革，要求40岁以上的日本公民都必须参加该项计划，由过去的自选制度变成了一项强制制度。2006年，日本再次修订了该制度，强调"预防疾病、维持健康"的理念，构建了以预防为主的地区照护体系。[②]

实践表明，商业长期护理保险在解决老年人失能、失智的护理问题上发挥着重要的作用。[③]然而，当前该保险的发展并不充分，目前全世界还有超过48%的人口生活在不能向老年人提供LTC的国家，全球46.3%的老年人口在很大程度上被排除在了长期护理之外，根据国家立法，只有5.6%的人口生活在可以向全体人口提供长期护理保险的国家。[④]

2. 国内基本情况

与西方发达国家相比，我国商业长期护理保险的实施较晚，直到21世纪初期才真正提上议事日程。虽然起步较晚，但在政府的高度重视及各部门的共同努力下，也取得诸多可圈可点的业绩，为后续我国社会长期护理保险的发展奠定了良好的实践基础。

---

① 周海珍.长期护理保险产品设计浅析——对美日德长期护理保险产品的借鉴[J].兰州学刊，2012（10）：129-134.
② 佚名.美、日、德长期护理保险初探[EB/OL].2007-04-17.https://www.docin.com/p-142J405241.html.
③ 刘文，王若颖.我国试点城市长期护理保险筹资效率研究——基于14个试点城市的实证分析[J].2020，41（5）：29-45.
④ International Labour Organization. World Social Protection Report 2017~2019[EB/OL]. Universal social protection to achieve the Sustainable Development Goals. https：//www.social-protection.org/gimi/gess/ShowWiki.action?id=710.

（1）相关政策

为满足城乡居民日益迫切的护理服务需求，我国政府多次提出保险公司应适时开展商业长期护理保险业务。2006年6月，原保险监督管理委员会审议通过《健康保险管理办法》，明确护理保险为商业保险公司可经营的健康保险产品。此后，随着老龄化程度的加深和失能人员数量的增长，除了在社保层面建立长期护理保险制度之外，国家开始不断出台相关政策引导商业护理保险发展，以满足失能人员护理需求。[1]2009年4月6日，国务院下发《中共中央 国务院关于深化医药卫生体制改革的意见》（以下简称《意见》），《意见》提出："加快建立和完善以基本医疗保障为主体，其他多种形式补充医疗保险和商业健康保险为补充，覆盖城乡居民的多层次医疗保障体系"；"积极发展商业健康保险。鼓励商业保险机构开发适应不同需要的健康保险产品，简化理赔手续，方便群众，满足多样化的健康需求。鼓励企业和个人通过参加商业保险及多种形式的补充保险解决基本医疗保障之外的需求"。《意见》同时还指出，"在确保基金安全和有效监管的前提下，积极提倡以政府购买医疗保障服务的方式，探索委托具有资质的商业保险机构经办各类医疗保障管理服务"[2]。上述规定为长期护理保险的发展提供了难得的契机,同时也拓宽了长期护理保险的业务领域。2011年，国务院鼓励保险公司开展商业长期护理保险等人身保险业务，以发挥商业保险在社会养老服务体系建设中的重要作用。2013年9月，《国务院关于促进健康服务业发展的若干意见》再次提出要积极开发商业性长期护理保险。2014年，《国务院关于加快发展现代保险服务业的若干意见》（简称"新国十条"）明确提出保险公司应研发商业长期护理保险产品，为失能失智老人提供专业的保险服务；同年，国务院办公厅发布的《关于印发深化医药卫生体制改革2014年重

---

[1] 朱铭来.商业护理保险发展分析[J].保险业风险观察，2022（03）：1-6.
[2] 中共中央 国务院关于深化医药卫生体制改革的意见[EB/OL].2009-03-17.https：//baike.baidu.com/item/81/7348485？fr=aladdin.

点工作任务的通知》再次提出要积极开发长期护理的商业健康保险产品。2016年，国家卫生计生委办公厅《关于印发医养结合重点任务分工方案的通知》提出，要进一步开发包括长期商业护理保险在内的多种老年护理保险产品；同年，《中华人民共和国国民经济和社会发展第十三个五年计划纲要》也要求有条件的地方开展政策性长期护理保险试点，推广长期护理商业保险产品。2017年2月，国务院出台文件，明确提出探索建立长期护理保险制度，鼓励保险公司开发适销对路的商业性长期护理保险产品和服务，满足老年人多样化、多层次长期护理保障需求。2020年，银保监会等13部门下发的《关于促进社会服务领域商业保险发展的意见》提出，要加快发展商业长期护理保险，探索将商业长期护理保险与护理服务相结合。2021年，国务院下发的《"十四五"全民医疗保障规划》再一次提出要鼓励商业保险机构开发商业长期护理保险产品。各级政府部门的高度重视，为我国商业长期护理保险的发展提供了政策支持和制度保障。

（2）发展历程

我国商业长期护理保险的发展，大致经历了三个阶段。

第一阶段：2005—2007年，初创阶段。有关商业长期护理保险的探索，我国理论界早有研究。但相关制度的落地，则主要以相关产品的落地为标志。2005—2006年，国内开始有保险公司首次比较集中地推出了相关产品。2005年，国泰人寿成为我国唯一一家开展商业长期护理保险业务的保险公司。当年年初，这家寿险公司首次推出了"国泰康宁长期护理保险"。该款产品也是国内首款长期护理保险产品。但是该款产品的缺点较为明显，一方面保障范围窄，另一方面保险责任单一。国泰人寿相关产品的推出，标志着我国商业长期护理保险制度的正式生效落地。2006年，国内首家专业健康险公司中国人民健康保险公司推出了首款具有全面保障功能的商业长期护理保险产品——"全无忧长期护理个人健康保险"。相比国泰人寿的相关产品而言，这一款长护险产品的保障功能更加全面。[①]该款产品上市时只针对老年失能人群,旨在为其提供长期护理保障,同时条款也增添了专业化的健康管理项目。[②]此后,除中国人民健康保险公司在原有产品基础上不断扩充产品类型和保障范围外,其他保险公司也陆续开发了不少相关产品。相继有昆仑健康、太平养老、华泰人寿等多家保险公司陆续开展了商业长期护理保险业务,开发销售的产品因此日益增多。

第二阶段:2008—2016年,初步发展阶段。随着保险公司的陆续参与,我国商业长期护理保险产品逐年增多,业务规模也日益增大。2005年,全国只有国泰人寿推出了1个商业长期护理保险产品;2008年,新增2个产品。此后随着越来越多的公司涉足该领域,产品数量日益增多。2009年,增加到了23个。2008—2011年,4年间平均每年新增2家保险公司开展该业务。2012年又新增了3家保险公司推出相关产品。2013年,我国启动普通型人身保险费率市场化改革,商业长期护理保险以一种快速返还类理财型保险的方式投入市场,护理保险金的给付条件为达到特定年龄或合同约定的其他条件,另外还有的产品指明退保可得3.5%收益,使得市场上的商业长期护理保险实质上变成了万能型中短存续期产品、两全险或年金险等,商业长期护理保险因此出现了一段爆发式发展期。该类保险产品的功能远远偏离了满足被保险人长期护理需求的初心,但是"异化"的商业长期护理保险产品的市场占比却爆发式增长,导致2015年、2016年的商业长期护理保险保费分别同期增长了279.57%和210%。

与此同时,2016年我国启动社会长期护理保险制度试点工作,并鼓励保险公司积极参与经办,发挥商业保险对社会长期护理保险制度的补充作用。社会长期护理保险在实际经办过程中,少数地区由本地社保部

[①] 张晓颖. 我国商业长期护理保险购买意愿的影响因素——以沈阳市为例[D]. 沈阳:辽宁大学,2021.

[②] 秦杨杨. 我国商业长期护理保险发展问题研究[D]. 开封:河南大学,2020.

门自行承办，多数地区由政府主导政策方向，通过保险合同的方式委托保险公司经办或采购商业保险公司服务的方式委托保险公司经办。据银保监会刘宏健（2021）统计，在已开展国家级试点工作的15个城市中，有13个由商业保险公司参与经办。另外，在50余个城市和地区自主开展的试点项目中，多数也采用保险公司经办服务模式。在积极经办社会长期护理保险的过程中，商业长期护理保险保费规模得到恢复性增长，逐步由2018年的39.2亿元增长到了2021年的132亿元。

第三阶段：2017年至今，改革发展阶段。面对2013年以来由于人身保险费率市场化改革导致的发展乱象，2016、2017年原保监会出台了多项政策加强保险业的监管，严格控制保险公司短期年金险、万能险等业务。2016年9月，原保监会发布的《关于进一步完善人身保险精算制度有关事项的通知》（保监发〔2016〕76号，以下简称"76号文"）规定，自2017年1月1日起，保险公司不得将护理保险设计成中短存续期产品。2017年5月，原保监会发布的《中国保监会关于规范人身保险公司产品开发设计行为的通知》（保监人身险〔2017〕134号，以下简称"134号文"）正式实施，明确要求护理保险产品在保险期限届满前给付的生存保险金，应当以被保险人因保险合同约定的日常生活能力障碍引发护理需要为给付条件，并要求各保险公司对现有长期护理产品进行整改。在上述政策的影响下，众多万能型护理保险产品被停售。同年3月，全国还有27款万能型护理保险产品在销售，而到10月，已缩减到了17款。当年，全国的人寿保险公司、健康保险公司和养老保险公司只推出了11款商业长期护理保险产品，其中平安人寿和同方全球人寿首次推出商业长期护理保险，而华夏人寿的唯一一款商业长期护理保险决定停售。[①] 保险业监管力度的加大，使部分万能型护理保险和短期护理保险产品退出市场，进一步压缩了商业长期护理保险的发展空间。

因保险监督管理委员会有关中短期产品的限制而引发的大量相关产

---

① 杨艳艳. 我国商业长期护理保险发展问题研究［D］. 石家庄：河北经贸大学，2018.

品退出直接导致2017的商业长期护理保险保费较同期下降了60.88%；2018年更是进一步下跌了91.71%，直至2019年才稍有回升。2020、2021年，市场继续回暖，相关保费收入进一步增长到了122.65亿元和132亿元。详情见表4-1。

表4-1 2015—2021年商业长期护理保险保费及占比情况

年份	商业长期护理保险保费（亿元）	占商业健康保险比例（%）	同期增长（%）
2015	389.78	16.17	279.57
2016	1208.33	29.89	210.00
2017	472.70	10.77	−60.88
2018	39.20	0.70	−91.71
2019	65.40	0.93	66.84
2020	122.65	1.50	87.54
2021	132.00	1.49	7.62

数据来源：转引自宋占军、李钰. 商业长期护理保险的实践探索与未来展望[J]. 中国保险，2021（8）：8-11.

（3）市场规模

近年来，随着护理需求的日益增长，保险公司又陆续推出了多款商业性长期护理保险产品，以专业化服务满足失能居民的护理需求。截至2021年底，全国共推出了120多种商业长期护理保险产品。尽管如此，我国商业长期护理保险的发展仍处于起步阶段，消费者认识不足，市场有效需求有限，业务规模较小，市场份额很低，且在保费费率、投保条件和理赔标准等方面无法满足消费者的需求。首先，从商业长期护理保险在整个健康险中的业务规模来看，近年来，我国健康保险发展态势较好，保费收入呈爆发式增长，2012—2021年，有6年的增速超过2位数，尤其是2013—2016年，增速均超过30%，远超行业保费同比平均增速，详情见表4-2。然而从其产品结构来看，目前的主要产品仍然是医疗保险和疾病保险，商业长期护理保险作为健康保险的一个分支，发展却一直不温不火，从2019年健康保险分险种保费收入结构来看，护理保保费收入仅占 0.9%。[①] 另外,《2018—2019 中国长期护理调研报告》显示,与失能风险直接相关的长期护理保险在商业人身险中购买率最低,仅为 8.2%。[②] 由此可见,商业长期护理保险还有很大的发展空间。

表 4-2　2012—2021 年健康保险保费收入情况

时间 项目	2012	2013	2014	2015	2016	2017	2018	2019	2020	2021
保费收入（亿）	863	1123	1587	2410	4043	4389	5448	7066	8173	8804
增速（%）	24.7	30.2	41.3	51.9	67.7	8.6	24.1	29.7	15.7	7.7

资料来源：中国银行保险监督管理委员会官方网站。

其次，以 2021 前两个季度的市场规模来看，整个健康险保费收入还是以医疗保险、疾病保险为主，护理保险、失能收入保险、医疗意外保险的市场份额非常小。截至 2021 第一季度（2021Q1），人身保险公司健康保险保费收入中，医疗保险、疾病保险、护理保险、失能收入保险、医疗意外保险占比分别为 29.92%、68.46%、1.51%、0.04%、0.07%，其中医疗保险占比呈上升趋势，疾病保险中重疾险占比达 61.71%，为健康险保费收入最主要的来源。

从增速来看，2020 年第二季度（2020Q2）至 2021 年第一季度（2021Q1），医疗保险与疾病保险均保持较稳定增速，其中重疾险在 2021 年 1 月"炒停售"影响下，需求提前释放，2021Q1 较 2020Q4 增速提升了 5%，护理保险、失能收入保险与医疗意外保险因处于发展初期，基数小，占比极低，在疫情等外在因素影响下，增速波动较大。详情见表 4-3。

---

① 2019 年健康险保费收入结构：疾病保险 64.4%，医疗保险 34.6%，长护险 0.9%，失能收入保险 0.1%。资料来源：前瞻经济学人 APP 文章《中国商业健康险行业市场现状与发展趋势分析》。
② 中国保险行业协会、中国社会科学院人口与劳动经济研究所.2018—2019 中国长期护理调研报告［R］.发布稿，2020-07-17.

表 4-3 人身险公司健康险业务保费结构及增速

项目 险种	保费结构			保费同比增速		
	2020Q2	2020Q4	2021Q1	2020Q2	2020Q4	2021Q1
医疗保险	22.98%	27.27%	29.92%	16.62%	13.70%	15.32%
疾病保险	66.05%	71.17%	68.46%	13.79%	13.60%	18.33%
其中：重疾保险	59.64%	63.97%	61.71%	14.27%	13.97%	18.94%
护理保险	10.92%	1.48%	1.51%	9.69%	97.60%	-13.44%
失能收入保险	0.02%	0.04%	0.04%	-9.93%	33.86%	5.24%
医疗意外保险	0.03%	0.04%	0.07%	9.66%	5.75%	87.90%

资料来源：中国保险行业协会网站、光大证券研究所相关数据。

由于市场渗透率较低，我国商业长期护理保险面临着有效需求和供给均不足的矛盾局面。[1]

（4）经营主体

从经营主体来看，宋占军、李钰（2021）的研究表明，截至2021年7月15日，商业长期护理保险市场上，在我国86家人身保险公司中，当前只有32家保险公司正在销售相关产品，占比仅有23%。[2] 包括2家养老保险公司、3家专业健康保险公司和15家人寿保险公司。2022年有所增长，截至2022年4月，市场上共有39家保险公司在销售商业长期护理保险产品，包括养老保险、健康保险和人寿保险等三类公司。其中，人寿保险公司29家、健康保险公司7家、养老保险公司3家。分别为：安邦人寿、华泰人寿、昆仑人寿、太平养老、信诚人寿、中美联泰大都会人寿、瑞泰人寿、中国人寿、陆家嘴国泰人寿、合众人寿、和谐健康、中国人民健康保险、平安养老保险、中国人民人寿保险、信泰人寿、泰康养老、生命人寿、泰康人寿、华夏人寿。上述三类保险公司中，健康保险公司因其特有的市场优势，目前在售产品数量最多。其中，和谐健康保险公司（46个）、中国人保健康（44个）和昆仑健康保险公司（10个）

---

[1] 杨艳艳.我国商业长期护理保险发展问题研究[D].石家庄：河北经贸大学,2018.
[2] 宋占军,李钰.商业长期护理保险的实践探索与未来展望[J].中国保险,2021(08):8-11.

销售的护理保险产品，占所有长期护理保险产品总数的 78%，是人寿保险公司产品数量的 1.7 倍。

（5）产品供给

从产品供给来看，早在 2017 年，我国在售的长期护理保险产品就有 128 个。就产品类型而言，主要有万能型和传统型两种。其中，万能型产品兼具理财和护理风险保障功能。在售的万能型产品 64 个，占产品总数的 50%。就承保方式而言，团体险产品 12 个，占比 9.4%；个人险产品 116 个，占比 90.6%。就保险期间而言，短期产品 3 个，占比 2.34%；长期产品 125 个，占比 97.7%。从产品形式来看，主险 96 个，占比 75%；附加险 32 个，占比 25%。总体来看，我国商业长期护理保险供给规模不断扩大，供给主体不断增多，产品供给不断丰富，在一定程度上满足了人们的商业长期护理保险保障的需求。[①] 强化监管后相关产品出现了大幅减少的发展态势。近两年，随着形势的好转，产品供应又有所好转。宋占军、李钰的研究表明，截至 2021 年 7 月 15 日，我国现行的商业长期护理保险市场上，在售的产品共计 104 款。按照承保方式划分，个人承保和团体承保分别为 75 款和 29 款；按照产品类型划分，万能型和传统型分别为 17 款和 87 款；按照保险期间进行划分，短期和长期分别为 22 款和 82 款。目前，商业长期护理保险主要经营公司包括人保健康、昆仑健康和和谐健康等。人保健康在售产品共计 34 款，占总在售产品数量的 32.69%。另外，昆仑健康在售产品 9 款、和谐健康在售产品 8 款，分别占总产品数量的 8.65% 和 7.69%。[②] 详情见表 4-4（四款较有代表性的商业长期护理保险产品对比）。截至 2022 年一季度，在我国保险行业协会备案的长期护理保险产品共 284 个，其中在售的 93 个。[③]

---

① 王起国，扈锋. 我国商业长期护理保险的困境与出路［J］. 浙江金融，2017（10）：59-65.
② 宋占军，李钰. 商业长期护理保险的实践探索与未来展望［J］. 中国保险，2021（8）:8-11.
③ 中国保险行业协会人身保险产品信息库［EB/OL］.2017-06-29.http：//www.iachina.cn/art/2017/6/29/art_71_45682.html.

表 4-4　部分商业长期护理保险产品条款对比

产品名称	公司	投保年龄	保险期间	保险责任	给付方式
美好生活个人长期护理保险	人保健康	18周岁—60周岁	终身	护理关爱保险金 长期护理保险金 疾病身故保险金 保险费豁免	现金给付
国寿吉祥护理保险	中国人寿	28天—60周岁	至80周岁	长期护理保险金	现金给付
康福来长期护理保险	昆仑健康	28天—65周岁	5年、6年、10年、15年	疾病身故保险金 长期护理保险金 健康关爱保险金	现金给付
和谐康泰护理保险（万能型）	和谐健康	满18周岁	双方具体约定	长期护理保险金 疾病身故保险金 健康维护保险金	现金给付
合众附加长期护理保险	合众人寿	28天—55周岁	至100周岁	长期护理保险金 疾病身故保险金	现金给付
信泰百万终身护理保险	信泰人寿	30天—60周岁	终身	长期护理保险金 疾病身故保险金 护理关爱保险金	现金给付
国寿康馨长期护理保险	中国人寿	18周岁—60周岁	至80周岁	长期护理保险金 疾病身故保险金 护理关爱保险金	现金给付
太平盛世乐享人生团体长期护理保险	太平养老	女性：16周岁—59周岁；男性：16周岁—64周岁	至86周岁	长期护理保险金 老年护理保险金	现金给付

不难发现，从投保年龄上来看，现有的商业长期护理保险规定的投保起始年龄基本分为出生满28天和18周岁两种，投保年龄上限一般控制在60—65周岁。当然也有特殊情况，如和谐康泰护理保险属于万能型商业长期护理保险，满18周岁的人群均可以投保。在保险期间上，选取的四款保险产品也比较有代表性，大致分为三种类型：一种是保险公司为被保险人提供固定期间的长期护理保障，如康福来长期护理保险，投保人可以根据自身情况自行选择保障时间；第二种是规定提供长期护理保障的年龄上限，如美好生活个人长期护理保险和国寿吉祥护理保险，

分别可以承保到被保险人终身和 80 周岁；而和谐康泰护理保险则可以双方具体约定保险期间，更为灵活。在保险责任上，多为综合责任长期护理保险，以上选取的四款产品中，仅国寿吉祥护理保险承保单一的长期护理保险金责任。从保险金的给付方式来看，我国的商业长期护理保险大多采用现金给付的方式，保险公司还需要对产品给付方式不断完善和发展。[①]

3. 存在的主要问题及原因

上述分析表明，当前，我国商业长期护理保险最为突出的问题就是业务规模偏小，市场有效需求与供应均存在明显不足。

首先，从市场规模来看，作为健康险四大险种之一的长期护理保险，从近年的保费收入来看，它占整个健康险市场规模的 2% 以下。就每年 8000 多亿的健康险市场规模而言，长期护理保险的保费收入几乎可以忽略不计。以 2021 年为例，当年商业护理保险保费收入为 132 亿元，仅占健康险保费收入的 1.5%，商业护理保险保费收入并未随着健康险市场的快速扩张而增加。[②]

其次，就市场需求而言，市场上购买商业长期护理保险产品的消费者之所以不多，并非消费者不需要长期护理保障，而是因为市场环境堪忧以及该产品本身存在一定的缺陷和不足。综合来看，出现这种情况主要与四个方面的原因密切相关[③]，一是与消费者对商业长期护理保险的认知不足有关。消费者对商业长期护理保险的认知程度低是有效需求不足的重要原因。在我国，商业长期护理保险属于新型保险产品，与其他健康保险或人寿保险相比，产品数量少、市场渗透率低。[④]《2021 中国长期

---

① 张晓颖. 我国商业长期护理保险购买意愿的影响因素——以沈阳市为例 [D]. 沈阳：辽宁大学，2021.
② 朱铭来. 商业护理保险发展分析 [J]. 保险业风险观察，2022（03）：1-6.
③ 杨艳艳. 我国商业长期护理保险发展问题研究 [D]. 石家庄：河北经贸大学，2018.
④ 刘涛，孙正华. 基于国际经验的商业长期护理保险路径设计 [J]. 上海保险，2017（11）：37-39.

护理调研报告》也表明，消费者对商业护理保险产品了解较少，认可度低。仅有两成消费者了解商业护理保险投保年龄限制，而部分消费者即使购买商业护理保险之后仍未详细了解保险条款[1]。再加上保险公司在开展相关业务时，对该保险的宣传又不到位，导致消费者对商业长期护理保险的认识不充分，有些消费者甚至不知道该险种的存在。二是受传统养老及护理观念的束缚。消费者对传统养老模式和护理模式的偏好制约着其对商业长期护理保险的投保意愿。研究表明，现实中，受孝道文化的影响，大部分失能人员或需要照护的老年人对家人的依赖程度较高，当身体健康出现问题时，往往希望由家人照顾。这部分居民不愿意接受护理机构提供的服务，也很难接受商业长期护理保险给予的护理保障。三是因为大多数相关产品的投保年龄受限。研究表明，在不同的年龄阶段，长期护理风险发生率呈现出不同的走势，但60周岁之后的长期护理风险概率有急速上升的趋势[2]。因此，我们不难发现，高龄阶段的消费者必定是商业长期护理保险的主要消费者。然而我国大部分商业长期护理保险产品设定购买者的年龄为60周岁或65周岁以下。也就是说，只有60周岁或65周岁以下的消费者才可能购买到商业长期护理保险，而恰恰是60周岁或65周岁以上的长期护理保险主要消费群体被排除在了该险种的消费市场之外。这与发达国家通常将该险种的投保年龄设置为18—99岁大相径庭。这也是导致我国商业长期护理保险销售惨淡的重要原因之一。四是市场信息不对称。商业长期护理保险市场中，消费者、保险公司和医护机构之间存在着信息不对称，一定程度上影响了商业长期护理保险的健康发展[3]。消费者比保险公司更了解自己的失能情况和对护理服务的需求程度、自己的投保意图和投保后的实际行为，因而消费者在投保时可能会有意无意隐瞒自身失能状况等真实信息，使得保险公司面

---

[1] 中国保险行业协会.2021中国长期护理调研报告[R].发布稿，2021-12-30.
[2] 魏华林，何玉东.中国长期护理保险市场潜力研究[J].保险研究，2012（07）：7-15.
[3] 曹信邦.中国失能老人公共长期护理保险制度的构建[J].中国行政管理，2015（07）：66-69.

临的风险增加[①]。而保险公司对自身的经营情况、财务状况和所出售的商业长期护理保险产品的信息掌握完整度远高于消费者，因此在销售、核保、理赔等过程中可能会出现误导消费者的行为。对于医疗护理机构来说，医生比患者自己更清楚患病的严重程度以及需要怎样的护理服务；对于护理状态评级机构来说，它比保险公司更清楚被保险人的失能等级。如果医疗护理机构与消费者合谋，则会降低保险公司的利益，阻碍其对该险种的供给。这种对市场信息占有程度的不对称，很容易被商业长期护理保险的参与者所利用，从而降低市场运行的效率。

此外，《2018—2019 中国长期护理调研报告》表明，超半数受访成年人对自身失能风险持过于乐观态度，低估了未来的护理需要，产品同质化现象严重，缺乏针对性，以及保险公司缺乏参与开发商业护理保险产品的积极性等，这也是导致商业长期护理保险需求不足的主要原因。[②]

最后，就市场供应而言。市场供应不足的原因，是保险公司参与程度低。上述分析表明，目前我国所有人身险企中，只有 23% 的保险公司开展了商业长期护理保险业务。由于只有少量保险公司开展商业长期护理保险业务，因此导致市场上缺乏足够多的保险产品来满足消费者需求，这必然会降低商业长期护理保险的市场活跃度。在巨大的长期护理需求之下，商业长期护理保险的供给无法满足消费者的需求，造成市场失衡。同时，供给的不足使众多潜在需求者转投其他人寿保险或重疾险，使商业长期护理保险业务规模的扩大受到限制。

现实表明，我国商业长期护理保险面临着巨大的潜在需求，但市场有效需求却呈现出不足的情况。《2017 中国长期护理调研报告》显示，目前我国只有少数消费者投保了商业长期护理保险，并且客户大部分具有收入水平高、家中已有人需要长期护理、处于中青年年龄阶段等特征。

[①] 戴卫东. 商业长期护理保险的全球趋势及其思考［J］. 中国医疗保险，2016（10）：64-68.
[②] 中国保险行业协会，中国社会科学院人口与劳动经济研究所 .2018—2019 中国长期护理调研报告［R］. 发布稿，2020-07-17.

在此次调查当中，大部分消费者有购买商业长期护理保险的意愿，有52%的消费者表示愿意购买该险种；但在72%已购买商业人寿保险或健康保险的消费者当中，并没有人购买过商业长期护理保险[①]。《2018—2019中国长期护理调研报告》也表明，医疗护理服务的供给不足问题最为严重。[②] 也就是说，在长期护理需求逐渐攀升的背景下，商业长期护理保险的发展前景巨大，但目前尚未完全打开市场，消费者的潜在需求未能有效转化，保险市场呈现出有效需求不足的局面。

此外，《2017中国长期护理调研报告》还发现，商业护理保险目前在人们的养老规划中发挥的作用较为有限，市场存在"轻保障、轻服务""重储蓄、重理财"的问题，保障型产品的覆盖面很窄。为此，报告指出，从消费者的角度来看，其原因既有保险业自身的问题，比如消费者对商业保险信任度低；也有消费者理解偏差的问题，比如认为护理保险是医疗保险和重疾保险的替代品，或护理保险是一种理财工具，同时又有人们正常的养老规划需要。针对这些问题，报告为护理保险行业发展提出了回归"保险姓保"本源、加快产品创新、增加条款信息透明度、改善社会形象等意见建议。

尽管商业长期护理保险存在诸多这样或那样的问题，但依然有不少学者认为，传统的社会护理保险模式无法适应人口老龄化形势对护理服务的需要，而商业长期护理保险有利于丰富长期护理保险的筹资渠道，满足日益扩大的护理保险需要，同时还能扩展长期护理保险的广度和深度，因此指出护理保险的未来趋势是要越来越依靠商业性长期护理保

---

① 中国保险行业协会.2017中国长期护理调研报告［R］.发布稿，2017-12-20.
② 中国保险行业协会，中国社会科学院人口与劳动经济研究所.2018—2019中国长期护理调研报告［R］.发布稿，2020-07-17.

险[1]。此外，杨宏等（2006）[2]、张洪烨等（2006）[3]也都认为建立商业性老年护理保险制度是未来的发展趋势。

较早的研究成果认为，我国商业保险存在经验不足、成本高等问题，很难使商业长期护理广泛覆盖我国老年人群。[4]近年来，随着社会长期护理保险试点的日益深入，有关社会长期护理保险的探索更是日益丰富。

（二）社保长期护理保险

统计数据表明，我国正式迈入老龄化社会。[5]此后，随着老龄化、高龄化进程的加速，社会对长期护理保险的需求越来越迫切；与此同时，随着我国经济发展水平的不断提高、老百姓生活水平的不断改善、社会保障体系的不断成熟以及《社会保险法》的颁布等，我国大力发展社会长期护理保险已成为历史的必然选择。

梳理近二十年的文献发现，社保模式下的长期护理保险最早开始于人口老龄化较为严重的山东省青岛市。该保险最大的特点就是强调长期护理保险的社会化，即将长期护理保险由过去的商业保险转变为社会保险；由自愿保险变为强制保险。同时，为了提高长期护理保险的经办管理能力，主张公私合作，实施政府主办，但同时又引入商业保险公司承办的"管办分离"模式。该模式规定，在政、商合作过程中，政府占主导地位，政府通过公开招标引入商业保险机构；同时实行盈亏共担，商业保险机构与社保经办机构一起承担初期护理保险经办业务，并且受到

---

[1] 彭荣.关于我国开展长期护理保险的几点思考[J].浙江金融，2008（11）：37，39.
[2] 杨宏，谭博.西方发达国家老龄产业的发展经验及启示[J].经济纵横，2006（13）：65-66，75.
[3] 张洪烨，张梦琳.国外长期护理保险对我国健康保险市场的启示[J].辽宁经济，2006（05）：56-57.
[4] 戴卫东.长期护理保险制度理论与模式构建[J].人民论坛，2011（29）：31-34.
[5] 根据联合国相关标准，即当一个国家或地区60岁以上的人口占总人口的10%或者65岁以上的人口占总人口的7%，就可认定该国家或地区进入了人口老龄化阶段。相关统计数据表明，我国于2009年前后正式迈入老龄化社会。

社保经办机构的监管。[①]

1987年便步入老龄化社会的青岛市，早在2012年就已开始着手布局长期照护制度试点工作，并逐渐发展成独具特色的长期护理保险制度。通过多年的试点探索，取得了一定的成效。现如今多个试点城市，如苏州、南通、安庆、广州等，在开展长期照护制度试点时，对青岛模式就多有借鉴。[②]

张慧芳、雷咸胜通过研究指出，为积极应对老龄化和失能问题挑战，早在2006年，青岛市就开始探索医疗护理保险[③]。青岛市对长期护理保险的探索，大致可以分为三个阶段。第一阶段从2006—2011年，先后出台了老年医疗护理、医院专护等政策，从政策层面为医疗护理提供支持。第二阶段从2012—2014年，对原有政策进行整合，出台了《关于建立长期医疗护理保险制度的意见（试行）》，在全国率先开始探索建立长期护理保险制度，青岛也因此成为我国第一个引入长期护理保险的试点城市。该制度以医疗照护为主要目标，保障失能、半失能老人的"病有所护"问题。[④]第三阶段从2015年开始，以"政府令"的方式实现城乡全覆盖，重点是把护理保险延伸到农村，因为青岛市农村地区的老龄化程度和失能老人状况比城市更为严重。

从性质上看，青岛的长期护理保险制度属于强制性参保，覆盖城乡社会医疗保险的所有参保人。制度规定，正常享受基本医疗保险的参保人经过评估鉴定，符合条件的即可享受护理保险待遇。该制度在探索医疗护理保险过程中很好地把握了医疗和养老的关系，其设计核心就是把

[①] 吴海波. 社会医疗保险管办分离：理论依据、制度框架与路径选择［J］. 保险研究，2014（01）：108–113.

[②] 钟玉英，程静. 商业保险机构参与长期护理保险经办模式比较——基于北京市海淀区、青岛市的分析［J］. 中国卫生政策研究，2018，11（04）：24–28.

[③] 张慧芳，雷咸胜. 我国探索长期护理保险的地方实践、经验总结和问题研究［J］. 当代经济管理，2016，38（09）：91–97.

[④] 王宇鹏. 承办长期护理险：人保健康发挥专业优势参与社会管理［EB/OL］. 2017-08-29. http://health.people.com.cn/n1/2017/0829/c14739–29501746.htmlr.

护理服务和医疗服务适当地分开，把医疗和养老结合起来。在这个基础之上，青岛市构建了四种护理模式，分别是医院专护、护理院护理、居家护理和社区（镇村）巡护。经过几年的试点，到 2016 年，青岛市的长期护理保险试点工作可谓成绩斐然。一方面减轻了护理家庭及个人的负担，另一方面还有效推动了护理机构、护理事业的发展。

此后，吉林省长春市和江苏省南通市也开始试点长期护理保险制度。

长春市也是一个人口老龄化较为严重的城市，而且家庭结构小型化、少子化严重，导致十年前的医保制度和传统的家庭照护模式无法满足失能老人生活照料和日常护理的需求。在此背景下，在经过实地调研、数据分析，并征求参保人群、经办服务机构和专家学者等意见的基础上，2015 年 2 月初，长春市出台了《关于建立失能人员医疗照护保险制度的意见》《长春市失能人员医疗照护保险实施办法》，决定通过多种途径对长期照护进行逐步推广和实施。长春市长期照护的对象主要是完全失能人员，长期照护基金主要补偿完全失能人员的日常照料费用和医疗护理费用。保障范围主要是入住定点养老或医疗护理机构、接受长期日常照料和医疗护理的参保人。照护资金主要是从医保基金中划拨，一方面从基本医疗保险统筹基金历年结余中一次性划拨 10%，作为长期照护保险的启动资金；另一方面来源于基本医保基金的个人账户，职工医保按照 0.3% 的比例从统筹基金和 0.2% 的比例从个人账户中分别划转；居民医保按每人每年 30 元标准从居民医保基金中提取；同时财政依据长期照护运行的情况给予部分补贴。医疗照护保险制度的实施，不仅缓解了失能人员及家庭的经济负担，提高了定点机构的专业化照护水平，与此同时还推动了长期照护的产业化，扩大了相关就业需求[1]。

南通市的老龄化问题比青岛、长春还要严重，该市早在 1983 年就已经进入老龄化社会。进入 21 世纪以来，其人口老龄化问题更为突出。

---

[1] 张慧芳，雷咸胜. 我国探索长期护理保险的地方实践、经验总结和问题研究[J]. 当代经济管理，2016，38（09）：91-97.

统计数据表明，南通不仅老年人口多，而且高龄化、空巢化问题严重。因此，早在 2000 年南通市就建立了家庭病床制度，对于符合住院条件，但可以居家治疗的失能患者，由医保定点医院办理家庭病床登门治疗。2012 年，南通市出台了定点护理院管理办法，将护理院纳入医保定点范围。2013 年，启动基本照护保险的调研，并于 2015 年出台了《关于建立基本照护保险制度的意见（试行）》。其保障的对象为市区范围内的职工基本医疗保险和居民基本医疗保险的参保人员；其基金来源为个人缴纳部分、医保统筹基金筹集、政府补贴等三个渠道。制度的推行，同样也减轻了失能患者及家庭的经济负担，同时还提高了资源的利用效率和基金的使用效率、刺激了护理行业的发展。[①]

上述三个城市的试点为全国长期护理保险制度的实施奠定了基础。2016 年 6 月，人力资源和社会保障部（简称"人社部"）发布《关于开展长期护理保险制度试点的指导意见》（人社厅发〔2016〕80 号）（简称《指导意见》），确定在原有青岛、长春、南通三个试点城市基础上，新增 12 个城市开展长期护理保险试点工作，并将吉林和山东两省作为试点的重点联系省份。本次全国范围内的试点，其目标就是要"探索建立以社会互助共济方式筹集资金，为长期失能人员的基本生活照料和与基本生活密切相关的医疗护理提供资金或服务保障的社会保险制度"。并希望"利用 1—2 年试点时间，积累经验，力争在'十三五'期间，基本形成适应我国社会主义市场经济体制的长期护理保险制度政策框架"。在《指导意见》的统领下，各试点城市纷纷着手制定相关政策。到 2018 年 4 月，各试点城市结合自身经济社会发展状况和老龄化程度，纷纷制定并出台了长期护理保险的试点实施方案。[②] 详情见表 4-5。

[①] 张慧芳，雷咸胜．我国探索长期护理保险的地方实践、经验总结和问题研究［J］．当代经济管理，2016，38（09）：91-97.

[②] 刘文，王若颖．我国试点城市长期护理保险筹资效率研究——基于 14 个试点城市的实证分析［J］．西北人口，2020，41（05）：29-45.

表 4-5　各试点城市长期护理保险试点方案出台情况

地区	文件名称	执行时间
上海市	《上海市长期护理保险试点办法》	2017.07.01
青岛市	《青岛市长期护理保险暂行办法》	2018.04.01
南通市	《关于建立基本照护保险制度的意见（试行）》	2016.01.01
长春市	《关于建立失能人员医疗照护保险制度的意见》	2015.05.01
齐齐哈尔市	《齐齐哈尔市长期护理保险实施方案（试行）》	2017.10.01
苏州市	《关于开展长期护理保险试点的实施意见》	2017.06.28
安庆市	《关于安庆市城镇职工长期护理保险试点的实施意见》	2016.01.12
上饶市	《关于开展长期护理保险试点工作实施方案》	2017.07.01
荆门市	《荆门市长期护理保险办法（试行）》	2016.11.22
广州市	《广州市长期护理保险试行办法》	2017.08.01
成都市	《成都市长期照护保险制度试点方案》	2017.02.13
重庆市	《重庆市长期护理保险制度试点意见》	2017.12.11
宁波市	《宁波市长期护理保险制度试点方案》	2017.12.28
石河子市	《关于建立长期护理保险制度的意见（试行）》	2017.01.01
承德市	《关于建立城镇职工长期护理保险制度的实施意见》	2016.11.23

2017 年，国务院印发的《"十三五"国家老龄事业发展和养老体系建设规划》进一步要求探索建立长期护理保险制度，鼓励商业保险公司开发适销对路的长期护理保险产品和服务，满足老年人多样化、多层次长期护理保障需求，提出了建立多层次长期护理保险体制的要求。此后，越来越多的城市加入到了长期护理保险的试点行列。

2019 年 3 月，政府工作报告中明确提出要"扩大长期护理保险制度试点，让老年人拥有幸福的晚年"；同年 4 月，国务院印发的《关于落实〈政府工作报告〉重点工作部门分工的意见》（国发〔2019〕8 号）中明确由国家医保局牵头，扩大长期护理保险制度试点。2020 年 9 月，国家医疗保障局和财政部颁布的《关于扩大长期护理保险制度试点的指导意见》（医保发〔2020〕37 号）指出，探索建立长期护理保险制度，是党中央、国务院为应对人口老龄化、健全社会保障体系作出的一项重要部署。近年来，部分地方积极开展长期护理保险制度试点，在制度框架、政策标准、运行机制、管理办法等方面进行了有益探索，取得初步成效。为贯彻落实党中央、国务院关于扩大长期护理保险制度试点的决策部署，进一步深入推进试点工作。国家决定在原试点城市基础上，新增14个试点城市，拟进一步深入推进长期护理保险制度试点工作，力争在"十四五"期间基本形成长期护理保险制度政策框架，并推动建立健全多层次长期护理保障制度。在上述政策的推动下，截至2021年底，全国已有49个城市加入到了试点行列；值得注意的是，除试点城市外，全国还有近50个非试点城市也开始试行长期护理保险制度。

实践表明，长期护理保险的实施，对于破解重度失能老人的护理需求问题、减轻失能家庭的经济负担以及拓展就业渠道等，均起到了积极作用。建立长期护理保险制度，不仅是满足我国养老服务需求、应对人口老龄化的需要，更是促进养老服务业发展、扩大内需、增加就业、实现经济结构转型升级的需要。

二、试点现状

自2016年6月7日人力资源和社会保障部办公厅发布《关于开展长期护理保险制度试点的指导意见》（人社厅发〔2016〕80号）以来，我国长期护理保险试点工作已实施7年有余。7年多来，在全国各级医疗保障部门、相关商业保险公司、各类医疗护理机构、第三方评估机构及其他社会组织、团体的共同努力下，取得了一定的成就。全国各试点地区基本实现了全员覆盖，应保尽保。从而有效达成了《指导意见》所要求的"保障失能人员基本生活权益，提升其生活质量，增进人民福祉，促进社会公平正义，维护社会稳定"[①]的预期目标，较好地解决了试点地区失能人群的基本护理问题，有效减轻了试点地区失能家庭的经济负担和事务性压力，一定程度上提高了失能人员的健康水平和生活质量。对

[①] 人力资源社会保障部办公厅.关于开展长期护理保险制度试点的指导意见［EB/OL］.2016-06-27.http：//www.mohrss.gov.cn/gkml/xxgk/201607/t20160705_242951.html.

于应对人口老龄化、促进社会经济发展起到了积极作用。具体而言，在以下八个方面取得了初步成效。

（一）试点地区

2016年6月27日发布的《指导意见》指出，此前，我国已在山东青岛、吉林长春、上海、江苏南通等地探索了长期护理保险相关工作。在此基础上，按照党的十八届五中全会精神和"十三五"规划纲要提出的"探索建立长期护理保险制度"和"开展长期护理保险试点"的任务部署，经广泛征询地方意见，决定将河北省承德市、吉林省长春市、黑龙江省齐齐哈尔市、上海市、江苏省南通市以及苏州市、浙江省宁波市、安徽省安庆市、江西省上饶市、山东省青岛市、湖北省荆门市、广东省广州市、重庆市、四川省成都市、新疆生产建设兵团石河子市等15个城市确定为长期护理保险制度试点城市，并将吉林和山东两省作为试点重点联系省份[①]。由此可见，如果以城市为单位，第一批长期护理保险制度试点城市实质为35个。详情见表4-6。

表4-6 长期护理保险第一批试点城市

序号	省份	试点城市
1	河北省	承德市
2	吉林省	长春市、吉林市、通化市、松原市、梅河口市、珲春市
3	黑龙江省	齐齐哈尔市
4	上海市	上海市
5	江苏省	苏州市、南通市
6	浙江省	宁波市
7	安徽省	安庆市
8	江西省	上饶市
9	山东省	济南市、青岛市、淄博市、枣庄市、东营市、烟台市、潍坊市、济宁市、泰安市、威海市、日照市、临沂市、德州市、聊城市、滨州市、菏泽市

---

① 人力资源社会保障部办公厅.关于开展长期护理保险制度试点的指导意见［EB/OL］.2016-06-27.http：//www.mohrss.gov.cn/gkml/xxgk/201607/t20160705_242951.html.

续表

序号	省份	试点城市
10	湖北省	荆门市
11	广东省	广州市
12	重庆市	重庆市
13	四川省	成都市
14	新疆生产建设兵团	石河子市

为了贯彻落实党中央、国务院关于扩大长期护理保险制度试点的决策部署，进一步深入推进试点工作，经国务院同意，国家决定进一步扩大长期护理保险制度的试点范围，旨在力争在"十四五"期间，基本形成适应我国经济发展水平和老龄化发展趋势的长期护理保险制度政策框架，推动建立健全满足群众多元需求的多层次长期护理保障制度。

为此，2020年9月，国家医保局会同财政部印发了《关于扩大长期护理保险制度试点的指导意见》，决定在原有试点城市基础上，新增14个试点城市。[①]详情见表4-7。

表4-7 长期护理保险第二批试点城市

序号	省份	试点城市（地区）
1	北京市	石景山区
2	天津市	天津市
3	山西省	晋城市
4	内蒙古自治区	呼和浩特市
5	辽宁省	盘锦市
6	福建省	福州市
7	河南省	开封市
8	湖南省	湘潭市
9	广西壮族自治区	南宁市
10	贵州省	黔西南布依族苗族自治州

① 国家卫生健康委员会老龄健康司.2020年度国家老龄事业发展公报［EB/OL］.2021-11-03.https：//www.shantou.gov.cn/stswsj/gkmlpt/content/1/1985/mpost_1985897.html#3521.

续表

序号	省份	试点城市（地区）
11	云南省	昆明市
12	陕西省	汉中市
13	甘肃省	甘南藏族自治州
14	新疆维吾尔自治区	乌鲁木齐市

值得注意的是，除上述国家规定的试点地区外，全国还有很多地方自发地开展了长期护理保险试点工作。据不完全统计，至2019年底，全国至少有近50个非试点城市开始试行长期护理保险制度。50个城市中，山东省、吉林省、浙江省全省各市均陆续开展了相关试点工作。此外，深圳、韶关、潮州、汕头、惠州、佛山、中山、肇庆、茂名、云浮、秦皇岛、唐山、保定、廊坊、沧州、石家庄、邢台、福州、宁德、厦门、延安等地也陆续开展了相关工作。[1]也就是说，到目前为止，全国实际上至少有上百个城市正在开展相关试点工作。

（二）参保对象

1. 参保人群

参保人群的多寡直接反映试点城市长期护理保险的推广程度。全国各地的参保人群主要包括两大类，即城镇职工医疗保险参保人员和城乡居民医疗保险参保人员。试点初期，《指导意见》建议，长期护理保险在试点阶段原则上要覆盖城镇职工基本医疗保险参保人员；但同时各试点城市也可以根据各地实际情况确立自己的覆盖范围。在该政策的引导下，15个试点城市的参保人群大致分为两类情况，即齐齐哈尔市等8个试点城市的参保对象为城镇职工基本医疗保险参保人员，青岛等6个试点城市的参保对象为城镇职工和城乡居民基本医疗保险参保人群。此外，还有一个地区例外，即长春，其参保对象为城镇职工基本医疗保险和城

---

[1] 刘文，王若颖. 我国试点城市长期护理保险筹资效率研究——基于14个试点城市的实证分析[J]. 西北人口，2020，41（05）：29-45.

镇居民基本医疗保险参保人员，农村居民基本医疗保险参保人员没有纳入长期护理保险参保对象。也就是说，大多数试点地区根据《指导意见》的规定，即其参保对象为城镇职工基本医疗保险参保人员。[①]详情见表4-8。

表4-8　长期护理保险第一批试点城市参保人群

序号	试点城市	参保人群
1	齐齐哈尔市	城镇职工基本医疗保险参保人员
2	承德市	城镇职工基本医疗保险参保人员
3	宁波市	城镇职工基本医疗保险参保人员
4	广州市	职工社会医疗保险参保人员
5	安庆市	城镇职工基本医疗保险参保人员
6	上饶市	城镇职工基本医疗保险参保人员
7	重庆市	城镇职工基本医疗保险参保人群
8	成都市	城镇职工基本医疗保险参保人员
9	青岛市	城镇职工医疗保险参保人员、城镇居民医疗保险参保人员
10	南通市	职工基本医疗保险、居民基本医疗保险参保人员
11	苏州市	职工基本医疗保险、城乡居民基本医疗保险参保人员
12	上海市	职工基本医疗保险参保人员或60岁及以上城乡居民基本医疗保险参保人员
13	荆门市	基本医疗保险参保人员
14	石河子市	城镇职工基本医疗保险、户籍居民基本医疗保险参保人员
15	长春市	城镇职工基本医疗保险、城镇居民基本医疗保险参保人员

2016—2019年，3年多的试点初见成效，但并未达到试点预期，资金筹集、失能评估、护理服务等方面还存在较多问题亟待解决。在此背景下，国家决定进一步扩大试点范围，充分积累经验后，再将长期护理保险制度推向全国。2020年，国家决定将北京市石景山区、天津市等14个地区纳入新的试点范围。至此，全国试点地区由第一轮的15个增加

---

① 不过值得注意的是，试点2年后，部分地区扩大了试点范围。如2019年，上饶通过扩面，将试点人群由城镇职工基本医疗保险参保人员进一步扩大到了全体城乡居民基本医疗保险参保人员。

到了第二轮的 29 个。如果加上山东、吉林两省的全覆盖，实质试点城市远超此数。详情见表 4-9。

表 4-9　长期护理保险第二批试点城市

序号	省份	试点城市（地区）
1	北京市	石景山区
2	天津市	天津市
3	山西省	晋城市
4	内蒙古自治区	呼和浩特市
5	辽宁省	盘锦市
6	福建省	福州市
7	河南省	开封市
8	湖南省	湘潭市
9	广西壮族自治区	南宁市
10	贵州省	黔西南布依族苗族自治州
11	云南省	昆明市
12	陕西省	汉中市
13	甘肃省	甘南藏族自治州
14	新疆维吾尔自治区	乌鲁木齐市

新增的 14 个试点城市中，有 11 个城市的参保对象为城镇职工基本医疗保险参保人员，只有北京石景山区和呼和浩特市的参保对象为城镇职工和城乡居民基本医疗保险参保人员。详情见表 4-10。

表 4-10　两批次试点城市参保对象

第一批试点城市（地区）	第二批试点城市（地区）	参保对象
安庆、齐齐哈尔、承德、宁波、重庆	天津、晋城、盘锦、福州、开封、湘潭、南宁、黔西南州、昆明、汉中、乌鲁木齐	城镇职工基本医疗保险参保人员
长春、青岛、上海、苏州、石河子、荆门、成都、上饶、南通、广州	石景山区、呼和浩特	城镇职工和城乡居民基本医疗保险参保人员

资料来源：根据试点城市公布的相关政策文件整理而来。

值得注意的是，所谓城乡居民基本医保参保人员在某些地区并非指全体城乡居民，如上海市和北京市还将年龄设为参保条件。上海市将长期护理保险参保人群分为城镇职工医疗保险参保人群和60岁及以上的城乡居民医疗保险参保人群两类，并没有实现城乡居民的全覆盖[①]；北京市在原先城镇职工医疗保险参保人员的基础上，将城乡居民基本医疗保险的参保人员（不含学生、儿童）纳入长期护理保险参保范围。两市都将农村居民、无业或非常规就业者（非老年失能人员）等群体排除在了保障范围之外。

从上述试点范围可知，当前，我国社会长期护理保险覆盖面还有一定的限度，难以满足全体国民对长期护理保险的需求。

2. 参保人数

参保人数直接反映长期护理保险制度的试点成效。参保人数越多，说明制度的推广越好、社会认可度越高。从制度真正落地以来，参保人数基本上呈现出一年一台阶的发展趋势。总体而言，随着试点范围的不断扩大，参保人数也随之日益增长，呈现出逐年增长的发展态势。国家医保局网站的相关数据显示，2017—2021年，全国参保人数分别为6.4万、25.5万、9815万、10800万和14000万。2021年与2017年相比，短短5年间，足足增长了2187倍，年复合增长率超过200%。随着参保人数的增长，受益人数或称享受待遇人数也日益增长。由于资料残缺，目前能掌握的最早数据起于2019年。至2019年6月底，青岛等15个试点城市和吉林、山东2个重点联系省的参保人数达8854万人，享受待遇人数42.6万，年人均基金支付9200多元。实践中，对符合规定的长期护理费用，长期护理保险支付水平总体控制在70%左右，个人负担30%左右[②]；又

[①] 马广博，张盼盼. 安徽省长期护理保险筹资水平精算研究[J]. 南京医科大学学报（社会科学版），2022，22（01）：47-54.

[②] 车丽，孙修涵. 长期护理保险试点城市参保人数达8854万 我国探索使用失能评估标准作为待遇享受准[EB/OL]. 2022-04-23. tps://baijiahao.baidu.com/s?id=1649992994993765502&wfr=spider&for=pc.

过了半年左右，到2019年底，15个试点城市和2个重点联系省份的参保人数增加到了9815万人，享受待遇人数也随之增加到了110万人。2020年，参保人数和享受待遇人数再一次双双实现新突破。至2020年底，15个试点城市和2个重点联系省份参保人数1.08亿人，累计136万人享受到了失能待遇。2020年，基金收入196.1亿元，基金支出131.4亿元；长期护理保险护理服务机构4845个；护理服务人员数19.1万人。[①]2021年，随着长期护理保险试点范围扩大及宣传力度的进一步加大，参保人数和享受待遇人数也再一次实现新突破。至2021年6月底，全国49个试点城市参保人数达1.34亿，累计享受待遇人数也达到了破纪录的152万人。至2021年底，参保人数更是超过1.4亿人，累计160多万失能群众获益。与此同时，同年实现基金收入260.6亿元，基金支出168.4亿元；定点服务机构6819个、护理服务人员30.2万人，年人均减负超过1.5万元。至2022年3月底，长期护理保险制度试点覆盖49个城市、1.45亿人，累计有172万人享受待遇。详情见表4-11。

表4-11 长期护理保险参保及享受待遇人数基本情况

年份	参保人数	享受待遇人数	资料来源
2017	15个试点城市和吉林、山东2个重点联系省份的参保人数达3800万人	不详	易永英：《人社部：长期护理保险制度试点成效初显参保人数已超3800万》，《证券时报》2017年11月1日第4版
2019	15个试点城市和吉林、山东2个重点联系省份的参保人数达9815万人	110万人	国家医疗保障局对《十三届全国人大三次会议第3503号建议的答复》医保函〔2020〕103号
2020	15个试点城市和吉林、山东2个重点联系省份参保人数1.08亿人	136万人	国家卫生健康委员会：《2020年度国家老龄事业发展公报》

---

① 国家医疗保障局.2021年全国医疗保障事业发展统计公报［EB/OL］.2022-06-08.http：//www.nhsa.gov.cn/art/2022/6/8/art_7_8276.html.

续表

年份	参保人数	享受待遇人数	资料来源
2021	49个试点城市参保人数达1.44亿人	160万人	国家医疗保障局：《2021年全国医疗保障事业发展统计公报》
2022.03	49个城市参保人数达1.45亿人	172万人	国家医疗保障局网站

那么，到底什么样的人员最终能得到赔付呢？各地政策对此有不同的规定。如广州市规定：参保人员因年老、疾病、伤残等原因，生活完全不能自理已达或预期将达六个月以上，病情基本稳定且符合相关条件的，可申请评估，经长护评估后按规定享受长期护理保险待遇[1]。上海市则规定，享受长护险待遇的是评估等级达到二级至六级的60周岁及以上群体。[2]

（三）承办主体

为了实现"降低制度运行成本，提升社会资源使用效率，增强失能人员获得感"的目标，我国社会性长期护理保险采取的是"政府购买服务"的运作模式或者叫"政府主导、社会参与"的运作方式。具体由政府做好顶层设计，包括制定好相关政策、开展好资金筹集、做好服务监管等，然后交由专业的保险公司及护理机构来共同打理相关业务，以此充分发挥了保险公司及护理机构的专业优势。其中，保险公司作为长期护理保险的具体承办者，它所扮演的是政府代理人的角色，在长期护理保险的运行过程中发挥着不可替代的作用。其职责主要包括收取保费、制定失能等级评定标准并评定失能对象[3]、开展核保理赔及资金支付、开展相关业务的稽核审查、参与设计护理保障方案、建设长期护理保险信息系统、

---

[1] 广州市医保局.广州市长期护理保险试行办法（穗医保规字〔2019〕8号）[EB/OL].2021-01-01.https://baike.baidu.com/item/95/56022194.

[2] 上海市人民政府办公厅.关于印发《上海市长期护理保险试点办法》的通知[EB/OL].2021-12-20.https://www.shanghai.gov.cn/gwk/search/content/d433625980cf4b8d8a4256e44d18622a.

[3] 制定失能等级评定标准、评定失能对象两方面的工作可能由保险公司自行承担，也可能由保险公司交给第三方承担。

开展相关政策宣传等。2016年6月颁布的《关于开展长期护理保险制度试点的指导意见》(人社厅发〔2016〕80号)指出,要"积极发挥具有资质的商业保险机构等各类社会力量的作用,提高经办管理服务能力"。为此,试点初期,通过保险公司主动申报、政府依规筛查,最终选择了中国人寿、太平洋寿险等不足八家公司参与承办该业务。由于采取的是地方招标方式,因此,各地选择的承办公司并不一致。后随着试点范围的日益扩大、参保人数的稳步增长,承办主体也出现了逐步增多的发展趋势。至2019年上半年,已有太平洋寿险、中国人寿、泰康人寿等10家保险公司参与长期护理保险经办业务[1];同年年底,新增了4家保险公司参与该业务,从而使得15个试点城市有14家商业保险公司参与长期护理保险项目的具体经办[2]。大约两年后,2021年3月,随着试点范围的扩大,全国49个试点城市,除天津、呼和浩特、福州和山西晋城没有招标外,参与其他25个城市相关业务的保险公司共16家,其中全国性保险公司10家,区域性保险公司6家。分别为:人保财险、太保寿险、太保产险、人保健康、中国人寿、平安养老、泰康养老、太平养老、大地保险、中华联合、东吴人寿、利安人寿、锦泰保险、诚泰保险、爱心人寿、吉祥人寿。[3]2022年7月,又新增了2家公司参与该业务,分别为国宝人寿和安诚财险。至此,全国已有18家保险公司参与该业务,其中全国性保险公司10家,区域性保险8家。[4]

至2022年7月,全国有近200家保险公司,为何仅有18家公司参

---

[1] 2019年上半年我国长护险保费收入止跌回升呈现同比正增长[EB/OL].2019-09-30. https://finance.sina.com.cn/stock/relnews/hk/2019-09-30/doc-iicezzrq9391409.shtml?dv=2&source=cj.

[2] 国家医疗保障局对《十三届全国人大三次会议第6268号建议的答复》(医保函〔2020〕51号)[EB/OL].2020-09-22.http://www.nhsa.gov.cn/art/2020/9/22/art_26_3619.html.

[3] 佚名.摸底长护险试点:16家险企参与、覆盖逾1.2亿人,仍有多个难题待解[EB/OL]. 2021-03-19.https://finance.sina.com.cn/tech/2021-03-19/doc-ikkntiam5415650.shtml

[4] 佚名.长护险试点六年:18家险企参与、覆盖1.45亿人,投标管理等多重问题待改善[EB/OL].2022-07-21.https://m.thepaper.cn/baijiahao_19118718.

与该项目？究其原因，一方面是因为政府对参与该项目的相关企业提出了一些较高要求。比如要求相关保险公司具有经办基本医疗保险或承办大病保险的经验，同时还要具备为项目所在地提供专业化服务的能力，而且偿付能力要充足、公司治理良好等。很显然，上述规定必然将为数不少的保险经营主体排除在了经营资质之外。也就是说，并非任何保险公司都有资质参与该项目。另一方面，经营该项目的诸多不确定性更是让众多保险公司望而却步。由于缺乏相关业务经验数据，再加上开创性工作太多，如需要构建相关数据库、测算失能概率、制定失能等级评定标准、强化与护理机构的合作、筹集护理资金、征缴护理费用、确定支付标准、测算成本利润、构建专业化经营团队等，诸如此类的问题，都可能让很多保险公司放弃选择该业务。此外，低价投标等无序竞争情况也影响了部分公司参与该项目的意愿。近年来甚至还出现了个别公司参与后又退出的情况。一言以蔽之，上述情况都是导致参与公司不多的原因。

为了规范保险公司的经营，2021年5月28日，中国银保监会办公厅印发《关于规范保险公司参与长期护理保险制度试点服务的通知》(以下简称《通知》)，这是银保监会首次对保险行业参与制度试点服务工作进行规范和指导的文件。《通知》对保险公司专业服务能力、项目投标管理、经营风险管控、信息系统建设、护理机构管理等方面提出明确要求。此外，还要求加大日常监管，规范经营服务行为，明确重点查处和整治的问题。毋庸置疑，规范保险公司参与长期护理保险服务，必将有助于进一步推动保险业做好长期护理保险制度试点服务工作，规范保险公司经营服务行为，推动行业发挥专业优势参与社会治理。相信下一步将会有更多的保险主体参与该业务，履行社会责任，增强参保民众的获得感和幸福感。

（四）筹资机制

资金来源的可靠性和资金的充裕程度是长期护理保险制度实现可持续健康发展的根本基础，而多元化、稳定的筹资渠道则是长期护理保制度建立和运行的可靠保障。[①]为此，各试点地区在《指导意见》所规定的"以收定支、收支平衡、略有结余"的筹资原则指导下，明确了与地方经济社会发展水平和保障水平相适应的筹资机制。

1. 筹资渠道

长期护理保险基金从何而来？对此，《指导意见》指出，"可通过优化职工医保统账结构、划转职工医保统筹基金结余、调剂职工医保费率等途径筹集资金"。这为资金筹集渠道与筹资方式指明了方向，即可重点围绕现有医保基金做文章。但现实表明，在现有医保基金并不富裕的背景下仅围绕医保基金做文章显然是不够的，还必须结合其他筹资方式，才可能确保所筹集的资金既充足又有可持续性。为此，《指导意见》进一步指出，要"逐步探索建立互助共济、责任共担的多渠道筹资机制"。对比各试点地区的筹资方式，大多数地区都以《指导意见》为依据，规定长期护理保险基金主要通过三种方式进行综合筹资，分别为：个人缴费、从职工或居民医保统筹基金或个人账户结余中划转、财政补助，如上海、安庆、承德、荆门、南通、开封、汉中等地；也有的试点地区除通过用人单位、个人、财政筹集外，还接受企业、单位、慈善机构等社会团体和个人的捐助，如宁波、上饶、石河子、苏州、湘潭、南宁、昆明等地；少数试点地区则通过从职工社会医疗保险统筹基金划拨，或通过调整基本医疗保险统筹基金和个人账户结构进行筹集，单位和个人无须缴费，如广州、长春、青岛、成都、重庆、齐齐哈尔等地。由此可见，目前试点的长期护理保险，其资金主要来源于个人缴费、单位缴费和政府财政补贴。其中，个人和企业缴费部分大多是依托医疗保险基金，从个人、单位的医疗保险统筹基金中进行划转。详情见表4-12。

[①] 刘文，王若颖. 我国试点城市长期护理保险筹资效率研究——基于14个试点城市的实证分析[J]. 西北人口，2020，41（05）：29-45.

表 4-12　各试点地区长期护理保险筹资渠道比较

序号	试点地区	筹资方式
1	上海、安庆、承德、荆门、南通、石景山区、晋城、开封、汉中	综合个人缴费、从职工或居民医保统筹基金结余中划转、财政补助等三种方式进行筹资
2	宁波、上饶、石河子、苏州、天津、呼和浩特、福州、湘潭、南宁、黔西南州、昆明	通过用人单位、个人、财政和福彩体彩公益金收入等多渠道筹集；同时，接受企业、单位、慈善机构等社会团体和个人的捐助
3	广州、长春、成都、青岛、重庆、齐齐哈尔	从职工社会医疗保险统筹基金中划拨，或通过调整基本医疗保险统筹基金和个人账户结构进行筹资，单位和个人不需单独缴费

资料来源：根据上海、成都、青岛、苏州、石河子、长春、上饶、南通、荆门、广州、承德、安庆、宁波、齐齐哈尔、重庆、石景山区、天津、晋城、呼和浩特、福州、开封、湘潭、南宁、黔西南州、昆明、汉中等 26 个试点地区的试点方案整理而来。

比较上述三种筹资方式不难发现，第一、二种筹资渠道更为多样化，尤其是以宁波为代表的第二种筹资方式将社会资金也纳入了筹资渠道，进一步拓宽了筹资门路，创新了筹资方式。但上述两种筹资模式的缺点在于，因为个人需在原有社保缴费基础上再缴纳长期护理保险基金费用，这势必会增加个人负担，由此可能引发个人的不理解，乃至出现反感和抵触情绪，进而影响筹资规模与筹资进程。通过第三种筹资方式筹资，个人虽无须缴费，但政府也不给予补贴，其可持续性必然难有保障，可能遭遇难以预料的挑战，同时与当前我国政府部门要求降费率的基调也不符。

2. 筹资方式与筹资标准

实践表明，在明确筹资渠道的基础上科学合理地厘定筹资标准，对于提升长期护理保险的保障能力具有十分重要的意义。筹资标准过高，一定程度上必定会增加个人、单位或财政负担，从而引起不必要的社会矛盾与冲突；筹资标准过低，则必然会影响制度的保障水平，老百姓的获得感、幸福感以及制度的预期效果必然大受影响，同时也不利于制度的可持续发展。为此，各试点地区以《指导意见》为蓝本，结合地方经济发展水平、护理需求、护理服务成本以及护理保障范围和水平等因素，遵照"以收定支、收支平衡、略有结余"的原则，确定了各自的筹资方式与筹资标准。详情见表 4-13。

表 4-13　各试点地区长期护理保险筹资方式与筹资标准比较

筹资方式	试点地区	筹资标准
定额筹资	安庆	每人每年 30 元，其中医保统筹基金划转 20 元，个人缴纳 10 元
	南通	每人每年 100 元，其中个人缴纳 30 元，医保统筹基金划转 30 元，政府补助 40 元
	上饶	每人每年 100 元，个人缴纳 40 元，医保统筹基金划转 30 元，单位缴纳 30 元
	齐齐哈尔	每人每年 100 元，单位缴纳 50 元，城镇职工医保统筹基金划转；个人缴纳 50 元，从个人账户资金中划转
	天津	单位每人每年缴纳 120 元，从职工基本医疗保险费中按月划转，个人每人每年缴纳 120 元，从城镇职工大额医疗救助费中按月划出
	黔西南州	每人每年 90 元，单位缴纳 45 元，从职工基本医疗保险费中按月划转；个人缴纳 45 元，从个人账户资金中划；财政补助 10 元
	汉中	每人每年 100 元，个人缴费 50 元，从个人账户划转；单位筹资 30 元，从职工基本医疗保险统筹基金划转；财政补助 20 元。困难退休人员个人缴费部分由个人和财政各分担 50%
比例筹资	承德	上年度参保人员工资总额的 0.4%，其中个人负担 0.15%，政府补助 0.05%，城镇职工医保基金划转 0.2%
	荆门	上年度居民人均可支配收入的 0.4%，其中个人承担 37.5%，医保统筹基金划拨 25%，财政补助 37.5%
	青岛	不超过当年居民社会医疗保险费筹资总额的 10%，从居民社会医疗保险基金中划转
	苏州	不高于上年度全体常住居民人均可支配收入的 0.3%；个人与政府共同承担，政府补助不低于个人缴费标准
混合筹资	宁波	在职职工个人按本人基本医疗保险缴费基数的 0.1% 按月缴费，单位缴纳 0.2%；灵活就业人员、失业人员按本人基本医疗保险缴费基数的 0.3% 按月缴费；退休人员按城乡居民上年度可支配收入的 0.1% 缴费
	上海	参加职工医保的，以职工医保费为基数，单位和个人各缴 0.1%，退休人员不缴费；参加城乡居民医保的 60 周岁及以上的人员，按略低于上一类人员的人均筹资水平筹资，个人缴费占总筹资额的 15% 左右；其余部分由市、区财政按照 1∶1 比例分担

续表

筹资方式	试点地区	筹资标准
混合筹资	成都	单位缴费，从职工医保统筹基金中按月划拨0.2%。个人缴费，40岁（含）以下的从职工医保个人账户中按月划拨0.1%；40岁以上的从职工医保个人账户中按月划拨0.2%；退休人员从职工医保个人账户中按月划拨0.3%
	长春	参加城镇职工医保的，从医保统筹基金中划转0.5%；参加城镇居民医保的，每人每年从医保基金中划转30元
	石河子	按社保平均缴费基数或城乡居民可支配收入的1%左右进行缴费。参加职工医保的，按15元/人每月的标准从职工医保统筹基金中划转；参加居民医保的，18周岁及以上的参保人按24元/人每年的标准从居民医保统筹基金中划转
	重庆	职工以个人职工医保缴费为基数，单位和个人各缴0.1%；个人以上年度在职职工医保平均缴费为基数，从职工医保个人账户按每月0.2%划转，医保一档参保人员在缴纳医疗保险费时一并缴纳，医保二档参保人员从其医保个人账户中代扣代缴；退休人员以上年度在职职工医保平均缴费为基数，按每月0.2%划转，医保基金承担0.1%，个人承担0.1%；个人身份参保和职工医保退休人员每年缴纳122元
	广州	试点初期为定额筹资，规定每人每年130元，均从医保统筹基金中划转。新规规定参保人无须缴纳费用。职工参保人员，单位缴费费率：在职参保人员、失业人员、灵活就业人员、退休延缴人员、退休人员均为0.05%；个人缴费费率：满35周岁至未满45周岁参保人员为0.02%；满45周岁至退休前参保人员、退休延缴人员为0.08%；享受职工医保退休待遇参保人员为0.12%。居民参保人员，年满18周岁的在校学生个人缴费和财政补助各为0.03%；年满18周岁的其他城乡居民个人缴费和财政补助各为0.12%
	石景山区	城镇职工参保人员，由单位和个人共同分担，单位每年缴纳90元，从职工基本医疗保险统筹基金中划转；个人每年缴纳90元，从职工基本医疗保险个人账户中划转；灵活就业人员每年缴纳90元，由个人按年度缴纳。城乡居民参保人员，由财政和个人共同分担。城乡居民财政每年缴纳90元，由政府财政补助划转，个人缴纳90元，符合城乡居民基本医疗保险个人缴费财政全额补助条件的人员，其参加长期护理保险个人缴费部分由财政全额补助

续表

筹资方式	试点地区	筹资标准
混合筹资	晋城	单位缴费，以单位缴纳职工基本医疗保险缴费基数为基数，每月按 0.15% 的比例从职工基本医疗保险统筹基金中划转。个人缴费，以个人缴纳职工基本医疗保险缴费基数为基数，在职职工以 0.15% 的比例按月从个人账户中划拨，灵活就业人员以 0.3% 的比例每年从个人账户中划转；退休人员（含灵活就业退休人员）以本人退休工资为基数，以 0.15% 的比例每年从个人账户中划转。财政补助，以退休人员（含灵活就业退休人员）个人退休工资为基数，按 0.15% 的比例补助
	呼和浩特	职工参保人员，单位缴费部分以职工基本医疗保险单位缴费基数为基数，按 0.2% 的比例从单位缴费中划出；个人缴费部分以个人缴纳基本医疗保险费基数为基数，按 0.2% 的比例从个人账户中代扣代缴；退休人员按养老金的 0.2% 从个人账户资金中代扣代缴，无个人账户的由个人按养老金的 0.2% 按年度缴纳；单建统筹的职工，由个人按基本医疗保险缴费基数的 0.2% 按年缴纳；财政每人每年补助 10 元。城乡居民参保人员，每人每年 70 元，城乡居民个人缴费 10 元；从城乡居民医疗保险费中划转 50 元；财政补助 10 元
	福州	职工参保人员，单位缴纳部分按职工基本医疗保险缴费基数的 0.125% 缴纳，从基本医疗保险费中划拨。个人按基本医疗保险缴费基数的 0.125% 缴纳，从职工医保个人账户中按月代缴。退休人员按基本医疗保险划入个人账户计算基数为缴费基数（无计算基数的或基数低于 1000 元的按 1000 元为缴费基数），由个人按 0.125% 的比例，从职工医保个人账户中按月代缴。灵活就业人员单位职工以基本医疗保险缴费基数，按 0.25% 的比例缴纳，其中单位缴纳部分从缴纳的基本医疗保险费中划拨；个人按 0.125% 的比例，从职工医保个人账户中代缴
	开封	每人每年 120 元，在职职工单位缴纳 60 元／年，从单位缴纳的基本医疗保险费中按月划转，个人缴纳 60 元／年从基本医疗保险个人账户中按月扣缴。退休人员按照每人 60 元／年，从职工基本医疗保险统筹基金中按月划转。个人按照每人 60 元／年从基本医疗保险个人账户中按月扣缴。无个人账户按照 60 元／年从职工基本医疗保险统筹基金中按年度划转。个人缴费部分按 60 元／年征收。困难退休人员，财政按照 60 元／年对个人缴费部分补助
	湘潭	在职职工单位缴纳部分以上年度职工工资总额（单位基本医疗保险年缴费基数）为基数，按 0.12% 的费率缴纳；个人缴纳部分以本人上年度工资收入（个人基本医疗保险年缴费基数）为基数，按 0.12% 的费率缴纳。退休人员以本人上年度养老退休金收入总额为基数，按 0.24% 的费率缴纳。灵活就业人员以上年度湖南省全口径城镇单位就业人员平均工资为基数，按 0.24% 的费率缴纳

续表

筹资方式	试点地区	筹资标准
混合筹资	南宁	在职职工单位和参保人员个人缴费同等比例分担，缴费比例分别为0.15%，个人部分从个人账户划转。退休人员按照上年度个人基本养老金或退休金作为缴费基数，按照缴费比例0.15%缴纳，每月从划入职工医保个人账户的金额中扣缴。灵活就业人员和在领取失业保险金期间的失业人员以个人当期参加职工基本医疗保险缴费基数为基数，按照缴费比例0.30%缴纳长护险保费，每月从划入职工医保个人账户的金额中扣缴
	昆明	在职职工保费由单位和个人共同承担，分别为基本医疗保险缴费基数的0.2%；灵活就业人员保费由个人缴纳，费率为基本医疗保险缴费基数的0.4%，皆从城镇职工基本医疗保险统筹基金和个人账户基金中划转，退休人员，个人缴费部分按医疗保险个人账户划账基数的0.2%，从个人账户划转；财政补助部分，按医疗保险个人账户划账基数的0.2%进行缴费补助

资料来源：根据上海、成都、青岛、苏州、石河子、长春、上饶、南通、荆门、广州、承德、安庆、宁波、齐齐哈尔、重庆、石景山区、天津、晋城、呼和浩特、福州、开封、湘潭、南宁、黔西南州、昆明、汉中等26个试点地区的试点方案整理而来。

表4-13表明，试点地区的筹资方式大致可以分为三种类型。一是定额筹资，即不区分参保人群类别，规定每人每年确切的筹资数额，如安庆、南通、上饶等地。该筹资模式相比而言简单易行，但缺点是筹资标准难以确立且筹资标准难以适应形势变化发展需要。二是比例筹资，即所有参保人员的筹资额以个人工资总额、居民人均可支配收入或是居民社会医疗保险费筹资总额为基数，按照一定的比例确定筹资标准，如承德、荆门、青岛、苏州等地。该筹资标准充分考虑了地方实际，尤其是地方经济发展水平，缺点是比例的测算存在较大的难度。三是混合筹资，即将参保人员分为不同的参保群体，不同的参保群体，或以社保缴费基数，或以居民可支配收入为基数，按照一定的比例，采取不同的标准进行筹资，如宁波、上海、成都、长春、石河子等地。该筹资方案充分考虑了不同人群对长期护理保险的实践需求，其缺点在于筹资方式过于复杂，存在等级差异或有失公平现象，容易引起不必要的误解乃至社会矛盾。

尽管每一种筹资方式都存在缺陷与不足，但总体而言采取第三种筹资方式，即混合筹资的要比采取定额和比例筹资的要好得多，这一定程度上也反映了混合筹资方式更为科学性与可行性。

（五）保障情况

1. 保障条件

所谓"保障条件"，是指各保障对象在何种失能状态下才可能获取长期护理保险所提供的保障待遇，它所强调的是保障的深度与强度。

从现有试点方案来看，大多数试点地区规定，参保人员必须在"重度失能"的状态下，才可能获得保障待遇。那么，到底哪种状态才算是重度失能呢？有些地区规定了明确的量化标准，如广州、荆门、承德等地。以广州为例，广州依据日常生活活动能力评定量表（Barthel 指数评定量表）作为评估依据。此量表只有 10 项指标，评分结果不高于 40 分（含 40 分）或经诊断为痴呆症（中、重度），且参保人员日常生活活动能力评定不高于 60 分（含 60 分）的人群即可享受基本生活照料；参保人员达到上述标准且符合以下情形之一的，可享受医疗护理待遇：长期保留气管套管、胃管等管道，需定期处理的；疾病、外伤等导致的瘫痪（至少一侧下肢肌力为 0—3 级）或非肢体瘫的中重度运动障碍，需长期医疗护理的；植物状态或患有终末期恶性肿瘤（呈恶病质状态）等慢性疾病，需长期医疗护理的；经长期护理评估认定的其他符合享受医疗护理待遇的情况。还有的地方以自制标准来判断是否能获取长期护理保险所提供的保障待遇，如上海采用《上海市老年照护统一需求评估调查表》进行现场评估。主要依据身体健康状况来评定，涵盖两个维度：自理能力和疾病轻重。自理能力包括日常生活活动能力、工具性日常生活活动能力、认知能力，对应的权重分别为 85%、10%、5%；疾病轻重是指患有慢性阻塞性肺病、肺炎、帕金森病、糖尿病等 10 种患病率比较高的疾病，对每种疾病的局部症状、体征、辅助检查、并发症 4 个分项按权重分别赋予30%、30%、30%、10%。①比如江西上饶，采取的是自制标准。

有的地区只是要求符合Barthel指数评定量表重度失能标准，但这个标准如何评定、如何量化，试点方案并没有具体说明，如安庆、南通等地；另外一些地区所列明的保障条件则更为含糊，只是规定"生活完全不能自理、需要长期护理的重度失能人员"，长期护理保险制度可为其提供相应的保障。此外，成都还对参保时间作了相应的限定，要求参保人员必须连续缴费2年（含）以上并累计缴费满15年才能享受相应的待遇。详情见表4-14。

表4-14　各试点地区长期护理保险保障条件比较

类型	保障条件	试点地区
精准型	Barthel指数评定不高于40分（含40分）及患有痴呆症（中、重度）且Barthel指数评定不高于60分（含60分）的参保人员	广州
	Barthel指数评定低于40分（不含40分）的参保人员	荆门、承德、南宁、黔西南州、汉中
	60周岁及以上、经评估失能程度达到评估等级二级至六级且在评估有效期内的参保人员	上海
	按照《北京市石景山区扩大长期护理保险制度试点失能评估量表》，评估总分低于40分（含）为重度失能	石景山区
清晰性	符合Barthel指数评定量表12重度失能标准，生活不能自理、需要长期护理的参保人员	安庆、南通、宁波
	经医疗机构或康复机构规范诊疗、失能状态持续6个月以上，经申请通过评估认定的重度失能参保人员	晋城、齐齐哈尔、天津、重庆、呼和浩特（含中度）、福州、开封、湘潭、昆明
模糊性	生活不能自理、需长期护理的重度失能人员	成都、长春、上饶、石河子、苏州、青岛

资料来源：根据上海、成都、青岛、苏州、石河子、长春、上饶、南通、荆门、广州、承德、安庆、宁波、齐齐哈尔、重庆、石景山区、天津、晋城、呼和浩特、福州、开封、湘潭、南宁、黔西南州、昆明、汉中等26个试点地区的试点方案整理而来。

---

① 长护险系列研究报告 | 上海长期护理保险研究报告［EB/OL］.2020-05-14.https://www.cn-healthcare.com/articlewm/20200514/content-1113060.html?appfrom=jkj

2. 保障对象

保障对象与参保对象是两个不同的概念。从前文分析可知，参保对象的范围较广，几乎所有的基本医保参保对象都可成为长期护理保险的参保对象，它是一个比保障对象大得多的概念。因为保障对象强调的是哪些参保对象可纳入长期护理保险的保障范围，它所强调的是保障的广度与宽度。也就是说，并非所有的参保对象都是保障对象，事实上保障对象只是参保对象的一小部分，只有符合失能评定标准的参保人群才最终会被认定为"保障对象"。

人社部印发的《指导意见》规定，长期护理保险制度以长期处于失能状态的参保人群为保障对象。那么，到底哪些长期处于失能状态的参保人群可以纳入长期护理保险参保对象？《指导意见》并没有给出明确意见和建议，只是指出"原则上主要覆盖职工医保参保人群"；但同时又指出"试点地区可根据自身实际，随制度探索完善，综合平衡资金筹集和保障需要等因素，合理确定参保范围并逐步扩大"。为此，各试点地区根据自身实际情况和失能等级评定标准，确定了保障对象必须满足两个条件，一是保障对象必须为失能人员，二是保障对象必须为参保人群。根据参保人群在参保范围方面存在的差异，大致可以将保障对象分为三种类别：第一类规定，凡是参加了城镇职工基本医疗保险和城乡居民基本医疗保险的参保人员，只要满足失能的条件，就可纳入长期护理保险的保障范围，如上海、荆门、南通、青岛、苏州、石河子等试点地区[①]，均属于此类别；第二类规定，长期护理保险可为城镇职工和城镇居民基本医疗保险的参保人员提供保障，只要城镇职工和城镇居民基本医疗保险的参保人员失能，就可认定为保障对象，如长春；第三类则规定，只有参加了城镇职工基本医疗保险的人员，才同步参加长期护理保险，其

---

① 上海的情况与成都、荆门、南通、青岛、苏州、石河子又有所不同，上海将长期护理保险的参保对象分为两类，一类为职工基本医疗保险参保人员，一类为居民医保参保人员。但上海同时又规定，只为60周岁及以上的城乡居民提供长期护理保险保障。

失能对象才可认定为保障对象，如成都、上饶、广州、承德、安庆、宁波等地区。详情见表4-15。

表4-15 各试点地区长期护理保险保障对象

序号	试点地区	保障对象
1	上海、荆门、南通、青岛、苏州、石河子、石景山区、呼和浩特	城镇职工基本医疗保险、城乡居民基本医疗保险参保人员中的失能人员
2	长春	城镇职工基本医疗保险、城镇居民基本医疗保险参保人员中的失能人员
3	成都、上饶、广州、承德、安庆、宁波、重庆、齐齐哈尔、天津、晋城、福州、开封、湘潭、南宁、黔西南州、昆明、汉中	城镇职工基本医疗保险参保人员中的失能人员

资料来源：根据上海、成都、青岛、苏州、石河子、长春、上饶、南通、荆门、广州、承德、安庆、宁波、齐齐哈尔、重庆、石景山区、天津、晋城、呼和浩特、福州、开封、湘潭、南宁、黔西南州、昆明、汉中等26个试点地区的试点方案整理而来。

表4-15表明，除成都、上饶、广州、承德、安庆、宁波等5个试点地区完全遵循了《指导意见》外，其他试点地区都不同程度地扩大了保障对象范围，尤其是上海、荆门、南通、青岛、苏州、石河子等地区，把所有失能的社保参保人群都纳入了长期护理保险的参保范围。

3. 保障内容

《指导意见》规定，长期护理保险制度重点解决重度失能人员基本生活照料和与基本生活密切相关的医疗护理等所需费用。各地区以上述规定为依据，制定了各自的保障制度。从现有试点方案的保障内容来看，无论是护理形式还是服务内容，都存在一定的差异。详情见表4-16。

表4-16 各试点地区长期护理保险护理服务内容与服务形式比较

项目	类别	试点地区
护理形式	机构护理、居家护理	苏州、南通、宁波、荆门、上海、承德、成都、上饶、齐齐哈尔、重庆、石景山区、天津、晋城、呼和浩特、福州、开封、黔西南州、昆明、汉中
	机构护理、居家护理、社区护理	青岛、上海（修订后）

续表

项目	类别	试点地区
护理形式	机构护理	安庆、长春、湘潭、南宁（含异地居住护理）
服务内容	包括但不限于清洁照料、睡眠照料、饮食照料、排泄照料、卧位与安全照料、病情观察、心理安慰、管道护理、康复护理及清洁消毒等项目	苏州、南通、成都、承德、宁波、荆门、齐齐哈尔、石景山区、福州、南宁
	包括但不限于定期巡诊、处置和护理各种管道、基础护理、专科护理、特殊护理、营养指导、心理咨询、社区康复治疗、卫生宣教、临终关怀等	青岛、石河子
	基本生活照料（日常照料）、医疗护理	广州、长春、上海（修订后）、晋城、呼和浩特、南宁
	没有明确护理内容，或护理服务内容由长期护理保险经办机构与协议护理服务机构通过服务协议约定	上饶、安庆、天津、开封、湘潭、黔西南州、昆明、汉中
	仅对住院医疗护理服务内容作了规定，即参照职工医保的诊疗项目、医疗服务设施和用药范围执行	上海
	"8+4+3"机构护理服务项目包和"6+3"居家护理服务项目包，包括但不限于整理床单位、协助更衣、口腔清洁、手和足部清洁、头面部清洁梳理、帮助进食/水、压力性损伤（压疮）预防和护理、沐浴、留置尿管护理、人工肛门便袋护理、协助用药等项目	重庆

资料来源：根据上海、成都、青岛、苏州、石河子、长春、上饶、南通、荆门、广州、承德、安庆、宁波、齐齐哈尔、重庆、石景山区、天津、晋城、呼和浩特、福州、开封、湘潭、南宁、黔西南州、昆明、汉中等26个试点地区的试点方案整理而来。

上述情况表明，从护理形式来看，可谓大同小异，大多数地方都以机构和居家护理为主；青岛的护理形式最为全面，除机构和居家护理外，还增加了社区巡护；而安庆、长春等地则只提供机构护理。再就服务内容而言，除上饶、安庆、天津、开封、湘潭、黔西南州、昆明、汉中没有明确服务内容或护理服务内容由长期护理保险经办机构与协议护理服务机构通过服务协议约定外，其他21个试点地区都规定了具体的服务内容，或粗或细、或详或略；青岛、石河子等地规定服务内容主要以"医疗护理"为主，其他地区则既包括"医疗护理"，也包括"基本生活照料"。

4. 保障水平

从保障水平来看，各试点地区的共同点在于：对于符合享受待遇条件的人员，属于长期护理保险支付范围及支付标准以内的费用，除个别地区（如上饶）没作规定外，绝大多数地区均不设起付线，由长期护理保险基金按比例支付。如广州市规定：属于长期护理保险基金支付范围和支付标准以内的基本生活照料费用及经核定的医疗护理费用，不设起付线，由长期护理保险基金按以下规定支付：入住长期护理定点机构享受长期护理保险的，按75%的比例支付；居家建床接受长期护理定点机构服务的，按90%的比例支付。对基本生活照料费用按相应的支付比例支付，纳入支付范围的费用限额标准为：机构护理不高于每人每天120元（包括床位费，不高于每人每天35元），居家护理不高于每人每天105元。对经核定的医疗护理费用按项目及相应支付比例支付，基金最高支付限额为每人每月1000元。上海则规定，基金按照机构服务85%和社区居家服务90%分别给予支付。详情见表4-17、表4-18。

表4-17 广州市长期护理保险服务项目的支付标准

服务类别	收费标准	支付标准	支付比例
基本生活照料费用	按照接受护理保险的地点	机构护理≤120元/人/天（包括床位费，不高于35元/人/天）	长期护理险基金：75% 个人自付：25%
		居家护理≤105元/人/天	长期护理险基金：90% 个人自付：10%
医护保险费用	按项目	≤1000元/人/月	入住长期护理定点机构，长期护理保险基金支付75%；居家接受服务，长护险基金支付90%

资料来源：广州市医保局，《广州市长期护理保险试行办法》，2021-01-01。

表 4-18　上海市长期护理保险服务项目的支付标准

服务类别	收费标准	支付标准	支付比例
社区居家服务费	服务人员类型	职业护士：80元/小时 医疗护理员：65元/小时 养老及健康护理员：40元/小时	长期护理保险基金：90% 个人自付：10%
养老机构服务费	服务对象的评估等级	评估等级二或三级：20元/天 评估等级四级：25元/天 评估等级五或六级：30元/天	长期护理保险基金：85% 个人自付：15%

资料来源：上海市人民政府办公厅，《上海市长期护理保险试点办法》，2021-12-20。

不同点在于：各地在封顶线以及基金支付比例的设定等方面可谓千差万别。就封顶线而言，有的按天确定支付限额，有的按月确定支付限额，还有的没有规定限额；基金支付比例方面，40%—90%不等，可谓差距悬殊，也有部分地区对基金支付比例没作具体规定，如荆门、宁波、上饶等地。详情见表4-19。

表 4-19　各试点地区长期护理保险保障水平基本情况

试点地区	护理形式	支付标准
广州[①]	机构护理	每人每天不高于120元（包括床位费，不高于每人每天35元），基金支付比例75%
	居家护理	长期护理三级的失能人员，职工参保人员每人每天105元、居民参保人员每人每天50元；长期护理二级的失能人员，职工参保人员每人每月900元、居民参保人员每人每月450元；长期护理一级的失能人员，职工参保人员每人每月300元、居民参保人员每人每月200元
成都	机构护理	基金支付比例70%
	居家护理	基金支付比例75%
安庆	医疗机构护理	不超过50元/天，基金支付比例60%
	养老机构护理	不超过40元/天，基金支付比例50%
	居家护理	750元/月
南通	医疗机构护理	基金支付比例60%

① 广州规定，对经核定的医疗护理费用按项目及相应支付比例支付，基金最高支付限额为每人每月1000元。

续表

试点地区	护理形式	支付标准
南通	养老机构护理	基金支付比例50%
	居家护理	12000元/月
承德	医疗机构护理	60元/天，基金支付比例70%
	养老机构护理	50元/天，基金支付比例70%
	居家护理	40元/天，基金支付比例70%
苏州	医疗机构护理	基金支付比例60%
	养老机构护理	基金支付比例60%
	居家护理	普通护理员标准每小时40元，长期护理保险支付37.5元，参保人员个人承担2.5元；医疗护理员标准为每小时50元，长期护理保险支付47.5元，参保人员个人承担2.5元
长春	养老或护理机构护理、医疗护理	参加职工医保的基金补偿比例为90%
		参加居民医保的基金补偿比例为80%
荆门	医疗机构护理	不超过150元/天
	养老机构护理	不超过100元/天
	全日居家护理	不超过100元/天
	非全日居家护理	不超过40元/天
宁波	医疗机构护理	70元/天
	养老机构护理	50元/天
	居家护理	50元/天
青岛	医疗专护、机构护理、居家护理、社区巡护	参保职工报销比例为90%
	医疗专护、机构护理、社区巡护	一档缴费成年居民、少年儿童和大学生报销比例为90%
	社区巡护	二档缴费成年居民报销比例为40%
上海	养老机构照护	基金支付比例85%
	居家上门照护	基金支付比例90%
	社区日间照护	基金支付比例85%
上饶	机构护理	定额支付
	居家自主护理	按规定金额予以支付
	居家上门护理	限额支付
石河子	机构护理	每人每月不超过750元，基金支付比例70%

续表

试点地区	护理形式	支付标准
石河子	居家护理	每人每月不超过 750 元，基金支付比例 70%
	居家自行护理	25 元/日
	非协议服务机构护理	25 元/日
齐齐哈尔	医养护理服务机构	每人每日 30 元，基金支付 75%
	养老护理服务机构	每人每日 25 元，基金支付 70%
	居家护理	每人每日 20 元，基金支付 70%
重庆	居家个人护理	每人每天 40 元
	居家上门护理	每人每天 50 元
	机构护理	每人每天 50 元
石景山区	机构护理	每人每天 90 元，基金支付 70%
	机构上门护理	每小时支付 90 元，基金支付 80%，每月支付上限为 30 小时
	居家护理	由家政护理员（或亲属）提供护理服务，每小时 60 元，基金支付 70%，每月支付上限为 30 小时；由护理人员上门服务，每小时支付 90 元，基金支付 80%，每月上门服务 12 小时
天津	机构护理	每人每天 70 元，基金支付 70%
	居家护理	每人每月 2100 元，基金支付 75%
晋城	居家自主护理	每人每天 30 元，基金全额支付
	居家上门护理	每人每月 1500 元（50 元/天），基金支付 70%
	居家和上门叠加护理	居家护理部分每人每日 15 元，基金全额支付；机构上门护理部分每月 1000 元/月（33 元/天），基金支付 70%
	机构护理	每人每天 100 元，基金支付 70%
呼和浩特	居家护理	职工：中度每人每月 750 元，重度一级每人每月 1050 元，重度二级每人每月 1350 元，重度三级每人每月 1650 元。城乡居民：中度每人每月 600 元，重度一级每人每月 750 元，重度二级每人每月 1050 元，重度三级每人每月 1350 元
呼和浩特	机构护理	职工：中度每人每月 900 元，重度一级每人每月 1200 元，重度二级每人每月 1500 元，重度三级每人每月 1800 元。城乡居民：中度每人每月 600 元，重度一级每人每月 750 元，重度二级每人每月 1050 元，重度三级每人每月 1350 元

续表

试点地区	护理形式	支付标准
福州	居家护理	每人每月1800元，基金支付85%
	机构护理	每人每月1800元，基金支付75%
开封	机构护理	每人每月1900元，基金支付65%
	居家上门护理	每人每月1500元，基金支付75%
	居家自主护理	每人每月900元，支付参保人员450元，支付护理服务机构450元
湘潭	医疗机构护理	二级及以上医疗机构支付100元/人/天，一级及以下医疗机构支付80元/人/天，基金支付70%
	养老机构护理	50元/人/天，基金承担70%
	机构上门护理	40元/人/天，基金承担80%
南宁	机构上门护理	基金支付75%，个人支付25%
	入住机构护理	基金支付70%，个人支付30%
	异地居住护理	基金支付60%，个人支付40%
黔西南州	机构护理	每人每月1000元，支付给护理机构
	居家上门护理	每人每月900元，支付给护理机构
	居家自主照料	每人每月200元，支付给参保人员
	居家自主照料叠加居家上门护理	每人每月1100元，900元支付给护理机构，200元支付给参保人员
昆明	根据自身需求选择医养结合机构护理、养老机构护理、居家护理	每月支付限额不超过2600元
汉中	医疗机构	每人每月1200元（包含护理床位）
	养老机构	每人每月1100元（包含护理床位）
	机构上门护理	每人每月800元
	居家护理	每人每月450元

资料来源：根据上海、成都、青岛、苏州、石河子、长春、上饶、南通、荆门、广州、承德、安庆、宁波、齐齐哈尔、重庆、石景山区、天津、晋城、呼和浩特、福州、开封、湘潭、南宁、黔西南州、昆明、汉中等26个试点地区的试点方案整理而来。

此外，必须说明的是，不同的护理服务方式，政府给予的补贴各不相同。以上饶为例，上饶市人民政府办公厅 2016 年 12 月颁布的《关于印发开展长期护理保险试点工作实施方案》（饶府厅字〔2016〕122 号）规定：若选择居家自主护理，政府将每月补贴失能家庭 450 元；若选择机构上门护理，政府将每月补贴护理机构 900 元（另加 300 元护理器械租赁费）；若选择机构内护理，则政府将每月补贴护理机构 1080 元。①

5. 保障范围

所谓保障范围，通俗而言就是指"支付范围"，即哪些费用长期护理保险予以支付，哪些不予考虑。

机构护理背景下，所涉及费用通常包括床位费、护理服务费、护理设备使用费、护理耗材费、治疗费、药品费以及鉴定评估费等相关费用；居家自主护理背景下，其相关费用除床位费外，其他费用与机构护理所产生费用基本一致。那么，是不是所有的相关费用都应该由长期护理保险来承担呢？答案是否定的。从各地的试点方案来看，支付与不支付费用，各地所制定的政策可谓千差万别。

首先，从可支付费用来看，大致可以分为三种情况：第一种情况所规定的支付费用范围相对较广，除药品及治疗费外，床位费、护理费、耗材费、设备费等均可纳入支付范围，如广州、苏州、南通、安庆、长春、荆门、上饶等地；第二种情况所规定的支付费用范围比第一种情况略小，除床位、药品及治疗费外，服务费、耗材费、设备使用费等纳入了支付范围，如成都、青岛等地；第三种情况所规定的支付费用范围最小，只有护理费用一项纳入了支付范围，其他费用均不予考虑，如承德、宁波、上海、石河子等地。可支付费用不同，表面上看只是支付范围大小不一，但实际上反映的是各试点地区保障水平的差异广度与强度。

再从不予支付费用来看，各试点地区通常规定"社会医疗保险、工伤保险、生育保险等其他社会保险或社会福利制度支付的费用以及其他

---

① 上饶市人民政府办公厅. 关于印发开展长期护理保险试点工作实施方案 [EB/OL]. 2016-12-1.http://www.zgsr.gov.cn/doc/2016/12/08/152030.shtml.

应当由第三人依法负担的费用"不在长期护理保险支付范围之内；与此同时，有的试点地区还将残疾人保障、军人伤残抚恤、精神疾病防治等国家法律规定范围的护理项目和费用也纳入长期护理保险支付范围之外，如承德、石河子等地。由此可见，各试点地区在不予支付费用方面，所制定的政策基本一致，只是在个别细节方面略有差异。

就资金给付形式而言，针对不同的服务形式（详情见表4-20）主要存在两种差异化给付方式：一是单纯提供服务，不提供现金赔付，如青岛、长春、南通、齐齐哈尔、上饶、荆门、成都、宁波、石河子及承德等地区；二是服务与现金相结合，如上海、苏州、安庆、广州、重庆等地区。

表4-20 各地长期护理保险具体服务方式

序号	试点城市	服务方式
1	上海市	社区居家照护、养老机构照护、住院医疗护理
2	青岛市	针对失能人员：医护、院护、家护、巡护；针对失智人员：长期护理、日间照护、短期照护
3	南通市	医疗机构照护、养老机构照护、居家照护
4	长春市	定点医疗机构照护
5	齐齐哈尔市	医养护理服务及养老护理服务机构护理、居家护理
6	苏州市	医疗及养老服务机构护理、社区居家护理
7	安庆市	医疗及养老服务机构护理、上门护理
8	上饶市	机构护理、居家护理
9	荆门市	居家护理、养老机构护理、医院护理
10	广州市	机构护理、居家护理
11	成都市	机构护理、居家护理
12	重庆市	试点方案中未说明
13	宁波市	专业机构护理、养老机构护理
14	石河子市	机构护理、上门护理、居家自行护理
15	承德市	医疗机构或护理服务机构护理、养老机构护理

资料来源：根据试点城市公布的相关政策文件整理而来。

最后就支付水平而言，除石河子、宁波和重庆外，其他地区的支付水平都因服务形式的不同而存在差异。大部分地区机构护理的支付水平高于居家护理，这样的地区共有 20 个。长春和呼和浩特暂未提及居家护理；承德、南通、安庆、上饶、黔西南州和汉中这 6 个试点的机构护理给付金额或比例大于居家护理，其余试点的居家护理报销金额或对应比例都是大于等于机构护理的。详情见表 4-21。

表 4-21　长期护理保险试点地区给付方式

支付方式	机构护理与居家护理的赔付比较	试点地区
定额给付	机构护理＞居家护理	安庆、承德、南通、黔西南州、上饶
	机构护理＜居家护理	苏州
	机构护理＝居家护理	重庆、宁波
比例给付	机构护理＜居家护理	成都、福州、广州、荆门、南宁、开封、盘锦、天津、上海、湘潭、乌鲁木齐
	机构护理＝居家护理	晋城、昆明、青岛、齐齐哈尔、石景山区
混合给付	机构护理＝居家护理	石河子
限额给付	机构护理＞居家护理	汉中
备注	暂未提及居家护理	长春（定额给付）、呼和浩特（限额给付）

资料来源：根据试点城市公布的相关政策文件整理而来。

（六）运行现状

长期护理保险运行机制的构建，关键在于首先必须厘清经办、承办及护理等三大相关机构之间的关系，尤其要建立经办机构与承办机构（即第三方管理机构）的有效工作衔接机制，然后在此基础上强化责任意识，明确三者的功能定位。通过强化三者合作与互动，以此共同推动长期护理保险制度的有效运行。为此，各试点地区对经办机构、承办机构以及护理机构的认定和管理，均作了明确规定。

1. 经办机构

经办机构是指负责长期护理保险日常管理与服务的机构。试点阶段实施的长期护理保险作为新型社会保障制度，具体应该由哪个机构来经办，《指导意见》并没有给出明确的答案。但从试点地区颁发的试点方案来看，负责经办长期护理保险业务的通常为两类机构：一是社会保险经办机构，如成都、南通、青岛、石河子、苏州、石景山区等地；二是医疗保险经办机构，如上饶、安庆、广州、荆门、宁波、上海、长春、重庆、齐齐哈尔、天津、承德、晋城、呼和浩特、福州、开封、湘潭、南宁、黔西南州、昆明、汉中等地。众所周知，医疗保险经办机构实质上也属于社会保险经办机构，只不过指明医疗保险经办机构经办长期护理保险比指明社会保险经办机构经办长期护理保险更具体，更具有可操作性。详情见表4-22。

表4-22 各试点地区长期护理经办机构情况

序号	试点地区	经办机构	经办内容
1	成都、南通、青岛、石河子、苏州、石景山区	社会保险经办机构	资金筹集、人员评定、待遇支付和管理服务等
2	上饶、安庆、广州、荆门、宁波、上海、长春、重庆、齐齐哈尔、承德、天津、晋城、呼和浩特、福州、开封、湘潭、南宁、黔西南州、昆明、汉中	医疗保险经办机构	基金筹集、支付、待遇审核和日常管理等

资料来源：根据上海、成都、青岛、苏州、石河子、长春、上饶、南通、荆门、广州、承德、安庆、宁波、齐齐哈尔、重庆、石景山区、天津、晋城、呼和浩特、福州、开封、湘潭、南宁、黔西南州、昆明、汉中等26个试点地区的试点方案整理而来。

2. 承办机构

长期护理保险是我国多层次社会保障体系的重要组成部分，是社会保险"五险"基础上的"第六个险种"。不过与现行社会保险"五险"不同的是，长期护理保险通常采取委托管理或是政府购买服务的方式，由政府委托第三方专业机构具体承办该业务。该模式的主要特点为：政府是长期护理保险制度的制定者和推广人，负责整个制度的设计和规划，包括保障人群、保障范围、保障程度、保费确定、缴纳方式、护理服务、护理对象等，均由政府确定。政府做好顶层设计和规划后，然后再通过购买服务的方式委托第三方专业机构来经营。政府不参与保费的收缴、失能等级评估标准的制定、失能的测评与认定、保额的支付等。这些工作均交给商业的保险公司来经营。而第三方专业机构的选择则通过招标的方式产生。这种模式至少有两方面的好处：一是可以减轻政府的工作压力，节约政府成本，政府无须像经营其他社会保险那样投入大量的人力、物力和财力；二是可以充分发挥专业机构的专业技能，有效提高长期护理保险的经办效率。那么，何谓第三方专业机构呢？《指导意见》指出，为提高经办管理服务能力，"在确保基金安全和有效监控前提下，积极发挥具有资质的商业保险机构等各类社会力量的作用"。也就是说，所谓第三方专业机构，通常就是指商业保险公司，如上饶、长春、承德、广州、荆门、宁波、青岛、上海、石河子、苏州等地，都明确规定委托商业保险机构承办长期护理保险业务。一般而言，商业保险机构为社会保险经办机构或政府购买服务的商业保险经办机构。不过值得注意的是，商业保险公司并非唯一的第三方专业机构，如成都规定"通过购买服务方式委托给商业保险或相互健康保险等机构经办管理"长期护理保险业务；也有的地方并未明确规定第三方专业机构的具体指向，只是笼统地规定委托有资质的专业机构或第三方参与承办长期护理保险业务，如安庆、南通等地。

就第三方专业机构的职责而言，主要以承办申报受理、等级评定、费用审核、结算支付、稽核调查、服务管理、信息系统建设与维护等业务为主。

3. 护理机构

如果说经办机构是制度的顶层设计者，承办机构是制度的执行者，那么护理机构就是制度的有效参与者。长期护理保险能否实现可持续健康运行，护理机构所发挥的作用不可替代。因此，各试点地区对护理机构的资质、准入条件都有明确的规定。一般都会要求护理机构至少必须满足四个基本条件：一是要获相关部门批准，且具备从事长期护理服务的条件和能力；二是证照经营范围或业务范围须有居家养老、照护服务内容，且有固定的经营场所；三是护理服务人员应符合行业规范，应当是受聘于护理服务机构的执业医生、护士，以及参加养老护理员、医疗护理员、健康照护等职业培训合格的人员；四是要有健全的护理服务工作制度，包括服务范围、服务质量、护理要求、值班制度、收费处理等。详情见表 4-23。

表 4-23　各试点地区长期护理机构情况

试点地区	护理机构
上饶	医疗机构、护理机构、社区卫生服务机构、专业养老机构、符合长期护理保险定点机构准入条件的机构
安庆	医疗机构（护理机构）、养老机构、残疾人托养机构
成都	医院、护理院、社区卫生服务中心、乡镇卫生院、各类养老服务机构、能够提供居家照护服务的其他服务机构
广州	医疗机构、养老机构、家庭服务机构、社区居家养老服务机构
长春	医疗服务、养老和护理、符合定点医疗照护机构基本条件的机构
荆门	社区卫生服务中心（站）、乡镇卫生院
南通	医院、护理院、社区卫生服务中心、养老服务机构
宁波	有条件为重度失能人员提供护理服务和生活照料的机构
青岛	专业护理服务机构、社区定点医疗机构和二级及以上住院定点医疗机构
上海	养老机构、社区养老服务机构以及医疗机构（如护理站等）
石河子	养老服务机构、护理院、其他商业护理服务机构、老年护理机构、养老服务机构
苏州	医院、护理院、社区卫生服务中心、各类养老服务机构、提供居家护理服务的其他服务机构
齐齐哈尔	医养护理服务机构、养老护理服务机构
重庆	长期护理机构
承德	医疗机构、养老服务机构、社区卫生服务机构
石景山区	护理院、护理站、养老院、养老照料中心和社区养老服务驿站等机构
天津	养老机构、医疗机构，以及与街道办事处（乡镇人民政府）、民政等部门签订运营本市社区养老服务设施合同的其他企事业单位、社会组织
晋城	各级综合医院、专科医院和基层卫生服务机构，具备专业护理能力的非营利社会组织（养老院、敬老院、福利院、护理服务公司等）
呼和浩特	医疗机构、养老服务机构、医养结合机构、居家和社区养老综合服务中心等
福州	基本医疗保险定点医疗机构、养老服务机构护理机构
开封	医疗机构、养老机构、护理服务机构
湘潭	医疗卫生机构、养老服务机构
南宁	医疗机构、护理院（站）、各类养老护理服务机构和居家护理服务机构
黔西南州	医疗机构、社区卫生服务机构、护理服务机构
昆明	医养结合机构护理、养老机构护理

续表

试点地区	护理机构
汉中	医疗机构、养老机构、护理机构、残疾人托养机构、社区及居家照护机构

资料来源：根据上海、成都、青岛、苏州、石河子、长春、上饶、南通、荆门、广州、承德、安庆、宁波、齐齐哈尔、重庆、石景山区、天津、晋城、呼和浩特、福州、开封、湘潭、南宁、黔西南州、昆明、汉中等26个试点地区的试点方案整理而来。

上述有关经办、承办及护理机构的相关规定表明，为确保长期护理保险制度的健康有序运行，各试点地区在制定长期护理保险实施方案时，既遵循了《指导意见》，同时也结合了地方需求与特色。管理模式方面，大多数试点地区都采取了委托第三方经办服务的新型管理服务模式，即引进有资质的商业保险机构参与长期护理保险经办工作。

就护理机构的发展现状而言，截至2020年底，全国共设有国家老年疾病临床医学研究中心6个；设有老年医学科的二级及以上综合性医院2642个，同比增加467个；设有临终关怀（安宁疗护）科的医院510个，同比增加147个。全国医疗卫生机构与养老服务机构建立签约合作关系的共有7.2万对；两证齐全的医养结合机构共有5857家，同比增加1062个，增长22.15%。截至2021年第二季度末，我国提供住宿的养老机构共计39085个，较2020年同期增加3271个，增长9.13%；养老床位数共计495.1万张，同比增加45万张，增长10%。

（七）护理模式

1. 模式分类

49个试点地区的实践表明，长期护理保险背景下，目前全国各地主要有三种护理服务模式可供选择。分别为：居家自主护理、居家上门护理和机构内护理。

所谓"居家自主护理"，又称为"居家亲情护理"，是指失能人员不离开家庭，由其直系亲属（通常为父母、子女或配偶）、社会护理人员或其他亲朋好友乃至左邻右舍等，为其提供必要的护理服务。在此模式下，失能人员可以在居家的情况下，主动或被动地接受来自亲朋好友提供的各种护理服务。服务内容通常包括个人卫生护理、居室卫生护理、饮食起居护理、日常生活护理等几个方面。有关研究表明，目前试点地区大概有69.8%的失能人员选择的是该护理服务模式[1]。笔者的调研发现，在江西上饶地区，选择居家护理服务模式的失能人员占比甚至比全国还要高出3.4个百分点，达到了73.2%[2]。由此可见，居家护理是目前大多数失能家庭的首选。

所谓"机构上门护理"，通常又称为"居家上门护理"或"社区护理"，是指失能人员无须离开家庭，由养护机构（所谓养护机构，包括但不限于老年养护院、敬老院、老年公寓、社会福利院、日间照料中心、失能康复中心、专业护理院、医养结合型医疗机构等）派遣专业的护理员或护工登门到访失能家庭，为失能人员提供个人卫生、居室卫生、日常生活照料以及医疗护理等护理服务。与居家护理的区别在于，他们的护理对象是一致的，但提供护理服务的护理人员完全不同。居家护理主要由失能人员的亲朋好友为其提供护理服务，而上门护理的护理人员为机构派遣人员，即护理员或护工。与机构内护理服务相比，两者在护理内容方面存在一定的差异。受护理条件的限制，居家上门护理的护理服务内容相对更简单，而且其护理时间也较机构内护理时间更短。调研表明，目前选择该护理服务模式的失能对象相对较少，占比不超过5%。

所谓"机构内护理"，是指失能人员必须离开家庭，长期居住到养护机构，接受养护机构提供的各种专业护理服务。在此模式下，为失能人员提供护理服务的是护理员（通常又称为"护工"）。一般而言，这些人大多数都接受过较为系统的专业护理培训，具有较失能人员家庭成员更为专业的护理技能。因此，他们提供的服务内容除个人卫生、居室卫生、饮食起居、日常生活护理外，通常还包括基础性医疗护理，如生命

---

[1] 中国医疗保险.一图纵览，长护险15个首批试点城市政策及成效[EB/OL].2020-05-09.中国网医疗频道，http://med.china.com.cn/content/pid/176633/tid/1026.
[2] 吴海波，朱文芝，沈玉玲，等.机构护理服务供需矛盾问题研究——基于上饶市长期护理保险试点扩面的调查[J].卫生经济研究，2020，37（09）：43-46.

体征检测（如及时检测失能人员的体温、脉搏、呼吸、血压等生命体征，并记录存档）以及血糖监测（如遵医嘱对失能人员实施血糖监测，并将结果口头告知护理对象或其家属，并做好记录存档）等。调研表明，目前选择该护理服务模式的失能人员大约占总失能对象的 20% 左右。相比居家自主护理而言，还是有较大的差距。

上述三种护理服务模式的选择率表明，居家护理模式的选择率最高，其次为机构内护理，而机构上门护理的选择率最低。[①]

2. 模式比较

（1）居家自主护理的优缺点分析

居家护理作为选择率最高的一种护理模式，其优点显而易见，但缺点同样也不容忽视。

首先，就优点而言，调研表明，居家护理的优点主要体现在三个方面。第一，有利于节约失能家庭的护理成本。在居家护理模式下，为失能人员提供护理服务的通常是其直系亲属，失能人员无须额外支付护理人员的劳务费用。对于绝大多数失能人员而言，这是他们选择该居家模式的主要原因。毕竟，对于一个拥有长期失能人员的家庭而言，尽可能节省护理开支、降低生活成本才能维持家庭正常运转。第二，能有效保护失能人员的个人隐私。由于很多失能人员需要全方位护理，而护理过程中可能会暴露个人的隐私部位。而受传统观念的影响，大多数人都难以接受将隐私部位暴露于陌生人面前，而居家护理过程中提供护理服务的多为亲属，一定程度上缓解了隐私暴露的难堪与尴尬。第三，能够较好地维护失能家庭人伦与孝道。尊老爱幼是中华民族的优良传统，对于绝大多数家庭而言，子女孝敬老人、赡养老人，父母抚养子女等，被认为是天经地义的事情。如果一个家庭将其失能的老人或其他家庭成员送往机构接受护理，通常会被社会诟病为"不孝"或"不义"。因此，不是

---

① 吴海波，沈玉玲，张珺茹. 城乡失能人员护理服务模式比较研究［J］. 护理研究，2021，35（13）：2291-2294.

在万不得已的情况下，面对家庭失能成员，大多数家庭都会选择自行照料，而不是送往机构。综上，不难看出，居家护理既节省了失能家庭的护理开支，又较好地保护了失能人员的隐私，同时也维护了失能家庭的人伦与孝道。

再就缺点而言，主要体现在两个方面。第一，护理效果堪忧。居家护理模式下，由于为失能人员提供护理服务的通常为失能人员的家属，这些护理人员大多数没有接受过系统化专业护理培训，护理专业知识明显不足、能力有限、水平偏低。除了简单的日常生活照料可以满足外，有时连常规性基本护理都知之甚少。家庭成员所提供的与其说是"专业护理"，还不如说是最基本的"生存照料"。其效果之优劣，可想而知。因此，我们会发现，在通常情况下，这种护理其实只是在维持失能人员的生命而已，其生活质量、健康状况、康复效果等均堪忧。第二，增加失能家庭的事务性负担和精神压力。对于一些完全无法自理的失能人员而言，其家庭必须安排专人为其提供服务，而且这种服务可能是长期、无止境的。这势必会给家庭带来巨大的事务性压力与精神负担。轻者可能影响家庭经济状况，使家庭陷入经济危机；重者则严重影响家庭其他成员的生活，让家庭成员陷入绝望境地。

（2）机构上门护理的优缺点分析

机构上门护理，又称为"社区护理"，该护理模式具有居家护理的某些特点，同时又兼具机构内护理的某些特质，在一定程度上可以说是上述两种护理模式的融合与创新，兼具两种模式的优点，但也会伴随一些难以调和的缺点与不足。

首先，优点方面，兼具居家护理与机构内护理特色的机构上门护理，其优点主要体现为：一是失能人员能享受到较为专业的护理服务。与机构内护理一样，机构上门护理模式为失能人员提供照护服务的也是机构派遣的专业护理人员。相比失能人员的直系亲属而言，这些接受过专业培训的护理人员，其护理知识、护理技能、护理水平肯定要技高一等。二是失能人员能享受到更多的个人自由。由于无须离开家庭，失能人员只要在自己家中就能接受来自养护机构的专业服务，相比于机构内护理而言，失能人员具有更多的人身自由，加上有亲情相伴，通常也不用承担太多的思想压力。

其次，缺点方面，调研表明，机构上门护理的缺点主要体现在三个方面。一方面，与机构内护理一样，该模式下失能家庭同样也得承担一笔数目不小的护理费用，对于大多数失能家庭而言，这笔费用未必能应对自如。另一方面，受护理人员流动性影响，护理时间、护理项目未必能得到充分保障，护理流程也未必能准确到位，在此情况下，护理质量必然深受影响。此外，护理人员上门过程中面临的交通、意外等种种风险，也可能给护理工作的稳定性带来诸多不确定因素。

（3）机构内护理的优缺点分析

虽然目前选择居家护理模式的失能人员更多，但从长远来看，机构内护理和机构上门护理应该是未来为失能人员提供长期照护的主导模式，尤其是机构内护理值得期待，其优点明显，但缺点同样值得重视。

一方面，优点显而易见。相比于居家护理及机构上门护理而言，机构内护理的优点主要体现在两方面。其一，护理效果通常会更好。在机构内护理模式下，为失能人员提供照护服务的是机构内的专职护理人员。这些护理人员通常都接受过较为系统、专业的护理培训，一般而言，均具有良好的护理技能，尤其是基本医学知识的培训使他们更加懂得如何针对不同的失能人员提供个性化、专业化的护理服务，加之配备较完善的护理设备和较优越的护理条件（除基本硬件护理条件外，机构通常还提供精神慰藉、心理辅导等体现机构软实力的增值服务）。因此，机构内护理服务的效果相比于其他两种模式而言，通常会更优更好。其二，可以大大减轻失能家庭的事务性负担。在此模式下，对失能人员的照顾，可完全交由机构内的专职护理人员来承担，失能家庭只要做好沟通、协调和后勤补给工作即可，而无须参与失能人员的护理服务，这势必大大减轻失能家庭的事务性负担。

另一方面，缺点也不容忽视。机构内护理的优点虽然显而易见，但在现有状况下，机构内护理的发展也面临诸多困境和瓶颈。具体表现为：其一，价格不菲的护理费用势必增加失能家庭的经济负担。相比于居家护理而言，选择机构内护理的失能家庭必须要承担一笔数目不小的护理费用，包括床位费、照护费、康复费、水电费等。这对于需要长期照护的失能家庭而言，其经济压力之大，可想而知。其二，失能人员的个人隐私难以得到充分保障。失能人员不得不面对陌生人的照护，生理隐私的暴露通常会让失能人员深感尴尬与不安。其三，失能人员的个人自由受到限制。为了加强对失能人员的管理，养护机构通常会制定各种规章制度强化对失能人员的控制与约束，这势必会对失能人员的人身自由带来一定的影响。其四，个性化的餐饮需求无法满足。机构内护理模式下，机构为失能人员提供的通常是标准化配餐服务，个性化餐饮服务难以得到充分保障。

上述情况比较表明，三种护理服务模式均有其优点，但同时也都存在一定的缺点和不足。三种模式的优劣，通过表4-24能窥其概貌。

表4-24 三种护理模式基本情况比较

项目 护理模式	护理 场所	护理 人员	护理 费用	护理 内容	护理 水平	护理 效果
居家护理	居家	失能人员亲属	无须费用	基本生活照料	较差	较差
机构内护理	机构	机构内的护理员	费用较高	生活与医疗护理并重	较好	较好
机构上门护理（社区护理）	居家	机构派遣的护理员	费用一般	生活与医疗护理并重	一般	一般

3. 护理内容

（1）居家自主护理服务内容

由于提供护理服务的护理人员各不相同，因此不同的护理模式下护理人员提供的护理服务内容往往是千差万别的。就居家自主护理而言，众所周知，其护理人员多为家庭成员，由于大多数家庭成员未接受过专业的护理培训，他们所掌握的护理技能极为有限，因此他们所能提供的护理内容也多以基本生活照料为主，其目的多半只是保障失能人员的基本生存权。

（2）社区居家护理服务内容

为保障失能人员基本生活照料和与基本生活密切相关的医疗护理，各试点城市根据自身经济发展状况和失能老人护理要求，制定了适合本市长期发展的相关政策。[①]通过梳理广州、青岛、苏州、上海等4个试点城市长期护理保险相关政策，发现各地的社区居家护理（部分城市为居家上门）均包括基本生活照料和医疗护理服务，4个试点城市亦推出了社区日间照护服务，目前仍处于先行试点、逐步推广阶段。

首先以广州为例，2020年12月广州市发布《广州市长期护理保险试行办法》一文指出，将居家上门护理服务分为生活照料服务与医疗护理服务两大类。根据失能等级不同将居家上门护理服务中生活照料服务分为A、B、C三类，失能等级不同享受的护理服务时长也有所不同，即失能等级越高，享受护理时间越长，并将生活照料服务项目分为基础照料项目和按需照料项目。而医疗护理服务主要为专项护理服务项目。详情见表4-25。

再来看看青岛的情况。青岛市作为最早开展长期护理保险试点城市之一，在2021年发布的《青岛市长期护理保险办法》指出，居家护理服务不仅包含基本的护士巡诊、功能维护（康复训练）等医疗护理服务，还包括健康管理、慢性病维持性治疗、安宁疗护、临终关怀等其他照护服务，较其他城市更为完善。其中慢性病维持性治疗、安宁疗护、临终关怀在我国起步较晚，是其他试点城市所欠缺的，值得其他试点城市积极探索。[②]

苏州市的情况与广州、青岛又有所不同。苏州市颁布的《关于开展

---

① 姚红，罗力，蒋曼，等.长期护理保险中社区居家服务的思考[J].中国卫生资源，2019，22（01）：47-51.
② 姚红，罗力，蒋曼，等.长期护理保险中社区居家服务的思考[J].中国卫生资源，2019，22（01）：47-51.

长期护理保险试点第二阶段工作的实施意见》指出，居家护理服务的服务对象为中重度失能人员，服务项目包含居家生活护理服务项目和居家医疗护理服务项目。但护理内容更偏重于居家生活护理服务，包含22项基本生活护理服务，而医疗护理所涉及的服务项目较其他城市更为单薄，仅包含15项专业服务项目。

上海市社区居家护理早在长期护理保险试点前就已积累一定经验。2013年，上海市推出的高龄老年人医疗服务项目、社区家庭病床服务以及医养结合类服务体系就是上海市社区居家护理的前身。[①] 2021年，《上海市长期护理保险试点办法》将社区居家护理细化为居家上门护理和社区日间照护，其服务项目均包含基本生活照料和常用临床护理。此外，仍有部分城市在积极探索适合当地的社区居家护理模式，以不断满足失能老人的基本需求。

表4-25　4个试点城市长期护理保险社区居家护理服务内容

试点城市	服务内容
广州市	基础照料项目：房间、卫生间清洁及安全；毛巾、洗脸盆、便器清洁；室外活动；床单位整洁；协助移动；穿衣/更衣；面部清洁、梳头和口腔清洁；床上温水擦浴/协助淋浴；床上洗头；剃胡须和理发；会阴部及肛周清洁；手、足部清洁；睡眠护理；环境与安全；心理慰藉
	按需照料项目：喂饭（经口进食者）；管饲（经鼻、经口、胃造瘘注食）；协助安全用药；压疮预防及护理；协助更换体位、拍背；预防肺部感染；协助肢体功能活动；失禁护理；床上使用便器；留置尿管护理；尿潴留护理；尿排泄障碍者护理；肠胀气、便秘护理；粪便嵌塞护理
	专项护理服务项目：吞咽障碍护理、肢体功能障碍护理、造瘘护理、认知障碍（失智症）护理、认知障碍（失智症）护理
青岛市	生活照料：饮食照料、排泄照料、清洁照料、口腔清洁、会阴护理、擦浴、洗澡照料、更换一次性尿袋肛袋、人工取便、肠胀气护理、便秘护理、失禁护理、协助更换体位、协助肢体被动活动及指导、居室消毒、安全保护或安全转移、其他基本生活照料项目

---

① 姚红，罗力，蒋曼，等.长期护理保险中社区居家服务的思考［J］.中国卫生资源，2019，22（01）：47-51.

续表

试点城市	服务内容
青岛市	医疗护理：护士巡诊、生命体征监测、各种注射（输液）、动静脉血标本采集、二便标本采集、换药、叩背排痰、雾化吸入、吸痰护理、鼻饲管置管、鼻饲管护理、口腔护理、导尿、膀胱冲洗、留置导尿护理、尿潴留护理、灌肠、物理降温、口服给药、眼/耳/鼻给药、阴道给药、直肠给药、皮肤外涂药、造瘘口护理、其他护理
	功能维护：语言训练、吞咽训练、床上移动训练、站立训练、轮椅转移训练、行走训练、认知能力训练、日常生活能力训练、肢体摆放及指导、翻身训练及指导、叩背排痰指导、预防压疮指导、预防噎食吞咽障碍指导、预防跌倒、坠床、烫伤指导、其他康复项目（物理治疗、康复及中医民族医诊疗项目）
	其他服务：药物管理和服用督导、陪同就医、健康管理、慢性病维持性治疗、安宁疗护、临终关怀、精神慰藉等
苏州市	医疗护理：生命体征监测、血糖监测、留置尿管护理、人工肛门便袋护理、胃造瘘管管饲、压疮预防及指导、康复锻炼、物理降温、氧气吸入、雾化吸入、药物喂服、协助滴眼/耳/鼻、胰岛素笔注射、直肠给药、保留灌肠
	居家护理：头面部清洁、梳理、洗发、口腔清洁、协助进食/水、协助鼻饲进食、协助翻身叩背排痰、协助床上移动、整理床单位、指/趾甲护理、手/足部清洁、温水擦浴、协助沐浴、协助更衣、协助如厕、排泄护理、人工取便术、会阴护理、协助皮肤用药、借助器具移动、协助进行简单的肢体锻炼、失禁照护及指导、安全防护及指导
上海市	基本生活照料：头面部清洁/梳理、淋浴、口腔清洁、协助更衣、温水擦浴、洗发、手/足部清洗、指/趾甲护理、会阴护理、晨间护理、晚间护理、药物管理、生活自理能力训练、协助进食/水、失禁护理、床上使用便器、压疮预防护理、移动安全护理等
	常用临床护理：生命体征监测、导尿、鼻饲、吸氧、肌肉注射、服药、压疮伤口换药、皮下注射、物理降温、造口护理等

资料来源：根据广州、青岛、苏州、上海等4个试点城市的相关文件归纳总结而来。

此外，为了提高居家上门护理水平，众多试点地区还根据自身的经济状况和护理人员现状，纷纷探索制定适合本地区的社区居家护理政策，最大程度上减轻失能家庭经济和事务压力，更加科学地推动长期护理保险高质量发展。

（3）机构护理服务内容

机构护理服务内容方面，各试点地区虽然不尽相同，但仔细分析，其实大同小异。以广州为例，机构护理服务项目包括基本生活照料和医疗护理。其中，基本生活照料又包括环境与安全、生活护理、对非禁食失能人员协助进食/水、口服给药、卧位护理、排泄护理、心理慰藉、失智护理（内含抑制行为护理、游荡/走失行为护理、攻击行为护理、精神行为问题护理、语言功能维护、定向力功能维护、运动功能维护），共8大项目37小项内容。医疗护理则包含口腔护理、运动疗法、减重支持系统训练、电动起立床训练、平衡功能训练等30个项目。

再以上饶为例，其护理内容大致包括生活照料、非治疗性护理和功能维护三大内容。详情见表4-26。

表4-26 上饶市机构护理服务项目清单

类型	序号	服务项目	服务内容
生活照料	1	理发	为服务对象进行清洁、剪短头发
	2	沐浴或擦浴	在保障安全的情况下，根据自理能力及皮肤完整性选择适宜的全身清洁方式（沐浴、盆浴、坐浴、床上擦浴等）
	3	洗发	根据自理能力选择适宜洗头方式、头部清洁
	4	头面部清洁、梳理	让护理对象选择舒适体位，帮助其清洁面部和梳头，为男性护理对象剃须
	5	指/趾甲护理	根据病情、意识、生活自理能力以及个人卫生习惯，选择合适的工具对指/趾甲进行处理
	6	手/足部清洁及指导	根据护理对象的病情，手、足部皮肤情况，选择适宜的方法给予清洗手和足部，并指导护理对象家属正确掌握该项服务技能
	7	口腔清洁及指导	根据自理能力选择口腔清洁方式（协助使用牙刷、漱口、棉棒/棉球擦拭），使用棉球清洁口腔过程中注意棉球使用方法，防止误吸，并指导护理对象家属正确掌握该项服务技能
	8	帮助进食/水及指导	根据护理对象的状态、饮食种类、液体出入量、自行进食能力，选择恰当的餐具、进餐体位、食品类让护理对象摄入充足的水分和食物，并指导护理对象家属正确掌握该项服务技能
	9	整理床单位	为护理对象采用适宜的方法整理床单位
	10	借助器具移动	根据护理对象情况和需求，选择适宜的移动工具（轮椅、平车等），帮助护理对象在室内或住宅附近进行移动

续表

类型	序号	服务项目	服务内容
生活照料	11	会阴清洁及指导	根据会阴部有无伤口、有无大小便失禁和留置尿管等，帮助护理对象完成会阴部的擦洗或冲洗，水温适宜、动作轻柔、保护隐私，并指导护理对象家属正确掌握该项服务技能
	12	排泄护理及指导	为大小便失禁者进行护理。为发生便秘的服务对象经肛门使用开塞露、直肠栓剂。为大便嵌顿者给予人工取便。造瘘术后者提供人工肛门便袋护理（不包括耗材），并指导护理对象家属正确掌握该项服务技能
	13	协助翻身叩背排痰及指导	根据护理对象的情况、有无手术、引流管、骨折和牵引等，选择合适的翻身频次、体位、方式帮助护理对象翻身拍背，促进排痰，并指导护理对象家属正确掌握该项服务技能
	14	协助更衣及指导	指导正确穿脱衣裤方法，根据自理能力协助（帮助）穿脱衣裤
	15	协助如厕及指导	根据护理对象状态，选择轮椅、助行器、拐杖等不同的移动工具，协助老人如厕，并指导护理对象家属正确掌握该项服务技能
	16	床上使用便器及指导	根据护理对象生活自理能力及活动情况，帮助其在床上使用便器，满足其需求，并指导护理对象家属正确掌握该项服务技能
	17	人工取便术及指导	用手取出护理对象嵌顿在直肠内的粪便，并指导护理对象家属正确掌握该项服务技能
非治疗性护理	18	压伤护理	采取正确的方法，对已发生压伤的护理对象根据压伤等级进行相应护理
	19	协助用药	协助口服用药，发现用药异常情况及时告知；协助使用外用药（开塞露、直肠栓剂、皮肤擦剂等）
	20	留置导尿管护理及指导	保持尿管通畅，定期更换尿袋，保持尿道口清洁；留置尿管期间，妥善固定尿管及尿袋，并指导护理对象家属正确掌握该项服务技能
	21	鼻饲及指导	遵医嘱从胃管内灌注适宜的流质食物、水分和药物，并指导护理对象家属正确掌握该项服务技能
	22	药物管理	根据护理对象的自理能力代为保管药品、分发药品
	23	灌肠	遵医嘱将灌肠液经肛门灌入肠道，软化粪块、刺激肠蠕动、促进排便、解除便秘、清洁肠道
	24	导尿（女性）	遵医嘱将导尿管经由尿道插入到膀胱，引流出尿液。导尿分为导管留置性导尿及间歇性导尿两种
	25	精神慰藉	根据需求给予日常生活指导。根据病情及需求，给予相应疾病的健康指导和精神慰藉、心理疏导等

续表

类型	序号	服务项目	服务内容
功能维护	26	临终关怀	给予护理对象及家属心理疏导,对护理对象出现的临终并发症给予相应的干预措施
	27	预防压伤及指导	对存在压伤风险的护理对象采取定时翻身、气垫减压等方法预防压伤的发生。为护理对象提供心理支持及预防压伤护理的健康指导,并指导护理对象家属正确掌握该项服务技能
	28	预防噎食吞咽障碍指导	指导护理对象家属正确选择进食/水器具,对分割食物、进食/水的体位及方法给予指导。对护理对象及家属进行进食/水安全教育,提高自我防范意识。护理对象家属正确掌握噎呛、误吸、窒息的应急处理方法
	29	安全防护及指导	根据护理对象情况,结合居家环境及设施状况,对护理服务给予防坠床、跌倒、吞咽障碍等安全风险防范指导
	30	生活自理能力训练	训练护理对象进食方法、个人卫生、穿脱衣裤鞋袜等日常生活自理能力,提高生活质量。为关节活动障碍的护理对象进行被动运动,促进肢体功能的恢复
	31	关节护理	使用正确的手法方式对护理对象的关节进行缓慢被动运动,预防肌肉及关节的萎缩和退化
	32	床上移动训练	根据护理对象的情况,恢复独立或者辅助从床的一侧转移到另一侧或从仰卧位转移到侧卧位能力的训练
	33	床椅转移训练	根据护理对象的情况,恢复独立或者辅助由床上移动到轮椅或由轮椅移动到床上能力的训练
	34	站立训练	根据护理对象的情况,恢复独立或者辅助从坐位转移到站立位能力的训练
	35	行走训练	根据护理对象的情况,恢复独立或者辅助步行能力的训练
	36	语言训练	根据护理对象的情况,训练其语言能力,提高言语发音清晰度、流畅性,以更好地与他人沟通交流
	37	吞咽训练	根据护理对象的情况,训练其吞咽能力
	38	认知能力训练	根据护理对象的认知情况,训练其记忆力、定向力等

(八)监管体系

1. 基金监管

基金的来源及其基金的充足性与安全性对于长期护理保险的健康运

行具有十分重要的意义。加强基金监管不仅是维护长期护理保险平稳运行的需要，同时也是确保基金的稳定性与安全性的需要。为此，相关制度规定，长期护理保险基金监管参照现行社会保险基金有关制度执行。基金单独建账，单独核算。建立健全基金监管机制，创新基金监管手段，完善举报投诉、信息披露、内部控制、欺诈防范等风险管理制度，确保基金安全。

2. 服务监管

此处的服务是一个较为宽泛的概念。既包括政府对保险公司的服务，也包括保险公司对失能家庭、失能人员、护理机构及第三方评估机构的服务，同时还包括护理服务机构、护理人员对失能家庭和失能人员的服务。这三种服务之间是一种环环相扣的关系，既相互影响又相互促进，缺少任何一环或任何一环工作不到位都可能给整个制度的健康运行带来意想不到的负面影响。因此，强化服务监管是提高失能人员及失能家庭满意度的需要，同时也是明确长期护理保险各参与主体职责分工的需要，对于制度的运行与发展具有十分重要的意义。

为此，相关政策从五个方面提出了服务监管要求。一是要进一步探索完善对护理服务机构和从业人员的协议管理和监督稽核等制度。二是要按规定做好参保缴费和待遇享受等信息的记录和管理。三是要建立健全长期护理保险管理运行机制，明确保障范围、相关标准及管理办法。四是要引入和完善第三方监管机制，加强对经办服务、护理服务等行为的监管。五是要加强费用控制，实行预算管理，探索适宜的付费方式。

3. 经办监管

为了减轻政府负担、提高经办绩效，与商业长期护理保险不同，社会长期护理保险采取的是委托经办模式，即委托有资质的社会力量（通常为商业保险公司）参与经办服务，充实经办力量。为了确保经办质量、提高经办绩效并保证经办服务不违规、不走样，大多数试点地区均同步建立了绩效评价、考核激励或风险防范机制，为提高经办管理服务能力和效率提供了制度保障。同时，各试点地区还健全了经办规程和服务标准，优化了服务流程，加强了对委托经办机构的协议管理和监督检查。目前，全国总计有 28 家商业保险公司参与了社会性长期护理保险经办业务，对长期护理保险试点工作的健康运行发挥了不可替代的作用。为了进一步规范商业保险公司的经办行为，部分试点地区从"激励"的角度出发，在充分考虑服务人口、机构运行成本、工作绩效的基础上，进一步提升了经办服务费；同时还明确了经办服务费支付方式，即从长期护理保险基金中按比例或按定额支付。下一步，各试点地区还应该加快长期护理保险系统平台建设，推进"互联网+"等创新技术应用，逐步实现与协议护理服务机构以及其他行业领域信息平台的信息共享和互联互通。

第五章 长期护理保险试点存在的主要问题及原因

开展长期护理保险试点工作是近年来我国应对人口老龄化、破解老年失能及其他失能问题的重大创新举措。该工作自2016年6月试点以来，已在东、中、西部全国28个省、自治区、市的49个城市全面展开，这其中既有上海、广州、重庆、天津、成都、苏州等一线城市，也有长春、青岛、宁波、福州、昆明、南宁等二线城市，同时还有乌鲁木齐、呼和浩特、南通、上饶、湘潭、开封、荆州、承德、安庆、石河子、汉中、盘锦、齐齐哈尔、晋城等三、四线城市。通过试点，各地在管理、保障、服务等方面积累了诸多成功经验，形成了政府、保险公司、护理机构及失能人员多方共赢的良好局面。一方面，有效减轻了各级政府负担，使政府主管部门能从日常纷繁复杂的经办事务中解脱出来，从而集中精力做好政策设计、资金筹集、服务监管、制度优化、制度落地及协调各方利益主体（包括保险机构、护理机构、失能人员及其家属等）之间的关系等工作。另一方面，充分发挥了保险公司及护理机构的专业优势，降低了制度运行成本，提升了社会资源使用效率，增强了广大失能人员及其家庭的安全感、获得感和幸福感。与此同时，保险公司通过参与经办服务，经营管理水平得到了很好的锻炼，自身专业化服务能力与服务水平得到了进一步的改善和提升；护理机构的护理技能与服务意识也得到了明显发展和提高。尽管如此，仅有6年试点经历的社会性长期护理保险在我国依然尚属新生事物，在实际探索和实践过程中暴露出了诸多亟待破解的痛点与难题。

一、存在的主要问题

从全国各地的试点实践来看，当前，长期护理保险在实施和推广过程中主要存在以下几个方面的问题：民众对长期护理保险的认知程度还有待提高、失能等级评估标准和护理服务等级评估标准还有待优化、多元化筹资机制尚待形成、保障方面的问题亟待破局、护理方面的问题较为突出、非公平性问题值得重视，等等。要解决这些问题，关键要总结试点经验，深挖产生问题的原因。

（一）民众对长期护理保险的认知程度待提高

判断民众对长期护理保险认知程度的高低，依据有三个方面。

一是看民众是否了解并熟悉长期护理保险。考察评估民众对长期护理保险的熟悉程度，首先必须看他们是否知晓该保险，或者是否听周边亲戚朋友向其宣传、介绍过该保险。然而，现实表明，作为老龄化社会的一项重要制度探索，长期护理保险的普及度仍然不高，老百姓对于长期护理保险的认知还不够充分。实际生活中，很多民众并不了解长期护理保险，熟悉就更无从谈起。很多民众对于"什么是长期护理保险？长期护理保险有何作用？为什么要购买长期护理保险？如何购买长期护理保险？"等诸如此类的基本问题，或者一知半解，或者知之甚少。2019年，笔者在江西某试点地区对4个行政村1600余名农村居民的调查表明，知晓、了解或熟悉该保险的不足30%。对34名潜在失能人员家属的调查表明，仅有2人听说过长期护理保险，而且对长期护理保险的功能与作用也知之甚少；其他32人则根本就没听说过长期护理保险，更不知道它能提供哪方面的风险保障。过低的认知度可能给后续参保带来一些意想不到的影响，可能参保不积极，也可能会抵触和甚至拒绝。近年来，在各级政府的大力推动下，随着试点不断深入，老百姓对长期护理保险的认知度有所提升，但对于"长期护理保险有何作用？"之类的专业问题，大多数城乡居民还是一知半解，说不出一个所以然来。

二是看民众是否接受长期护理保险。具体而言，就是要看民众的长期护理保险购买率有多高。购买率越高，说明民众对该保险的接受度、认可度越高，否则就越低。《2016中国长期护理调研报告》显示，有七成以上的老年人由于各种身体原因而有不同程度的护理服务需求，然而高达45%的老年人希望在家由家人或亲属照料；而且经济条件越好，老人就越希望在家或在熟悉的环境中养老[1]。受此观念的影响，能接受长期护理保险的民众有多少，可想而知。《2018—2019中国长期护理调研报告》的调查结果更是直接表明，截至2019年底，成年人中长期护理保险的购买率仅为8.2%，详情见表5-1。也就是说，接受调查的成年人中只有不到10%的人购买了该保险。由此可见，民众对长期护理保险的接受度还有很大的提升空间，同时也说明，长期护理保险在社会保障体系中的作用发挥得还远远不够。[2]

表5-1　成年人商业人寿保险购买率情况　　　　　　　　单位：%

险种 年龄	医疗保险	重疾保险	人寿保险	年金保险	长期护理保险
30—34岁	57.0	40.6	44.0	50.3	8.4
35—39岁	57.1	40.4	45.8	50.1	9.0
40—44岁	54.4	38.3	43.1	49.8	9.0
45—49岁	54.3	38.2	40.9	48.3	7.0
50—54岁	51.7	34.2	36.7	49.6	9.7
55—59岁	52.3	35.9	34.7	47.8	6.1
整体	55.0	41.7	37.9	49.6	8.2

资料来源：《2018—2019中国长期护理调研报告》。

---

[1] 中国保险行业协会.2016中国长期护理调研报告[R].发布稿，2016-12-30.
[2] 中国保险行业协会，中国社会科学院人口与劳动经济研究所.2018—2019中国长期护理调研报告[R].发布稿，2020-07-17.

三是看民众对失能风险是否有充分的认识。何谓风险？风险就是我们日常生活照料面临的各种不确定性因素。随着年龄的增长以及各种意外的发生，我们每个人都将面临各种难以预料的失能风险。那么，是不是我们每个人都能充分认识可能面临的失能风险及其带来的负面影响呢？事实表明，情况不容乐观。2020年，中国保险行业协会、中国社会科学院人口与劳动经济研究所通过对23个已开展长期护理保险制度试点的城市民众（包括60岁及以上老年人和30—59岁成年人）的调查发现，66%受访成年人对自身失能风险持乐观态度。也就是说，有三分之二的调查对象很大程度上低估了自己未来可能面临的风险及其对长期护理的需要。与此同时，调查还发现，尽管超过一半的成年人认为必须在年轻时就进行护理规划，但更多人认为规划的执行较为困难。[1] 护理规划的重要性和可行性之间的这一矛盾，最直接的结果就是导致与失能风险密切相关的商业长期护理保险的购买率极低，以至于该险种成了商业健康险中销售额几乎可以忽略不计的一款产品。上述调查表明，很多民众对自身可能面临的失能风险认识并不充分。

（二）失能等级和护理服务等级评估标准待完善

1. 失能等级评估标准待优化

众所周知，长期护理保险的保障对象为失能人员，但失能是一个较为笼统、宽泛的概念。事实上并非所有的失能人员都能得到长期护理保险提供的保障。那么，什么样的失能人员才可能得到相应的保障呢？这就需要对失能人员进行等级评估，明确只有达到一定等级且符合评估标准的失能人员才可能得到长期护理保险提供的失能损失保障。

当前，国内可供评估投保人失能等级的全国性标准主要有四个，分别为：2011年国家标准化管理委员会、民政部、中国残联联合发布的《残疾人残疾分类和分级》（GB/T 26341-2010）国家标准、2013年民政部发

---

[1] 中国保险行业协会，中国社会科学院人口与劳动经济研究所.2018—2019中国长期护理调研报告［R］.发布稿，2020-07-17.

布的《老年人能力评估》(MZ/T 039-2013)行业标准、2020年国家卫生健康委员会发布的《老年人能力评估标准表（试行）》以及2021年国家医保局、民政部共同出台的《长期护理失能等级评估标准（试行）》。国际标准则重点以 Barthel 指数评估量表为主。

此外，各试点地区根据地方实际并结合国家的指导性意见，也制定了一些自己的等级评估标准。但各地的失能等级评估标准缺乏统一性。首批15个试点城市中，过半地区采用 Barthel 指数评估量表作为失能等级评估的标准，但划分标准还不够细化，评估的主观性较大，实际操作起来仍有难度；苏州、上海、成都以及大部分第二批试点城市采用各地自行制定的评价系统；重庆、晋城、盘锦、南宁、开封则未制定地方化的评估标准。[①]各试点地区的失能评估依据与标准的多样化使得长期护理保险制度难以维持公平性原则。比如江西上饶市，通过自制的失能等级评估标准将失能人员分为7个等级，其中，一、二级为轻度失能人员，三、四级为中度失能人员，五、六、七级为重度失能人员。只有五、六级失能人员才可能得到相应的赔付。轻中度失能人员不予赔付较容易理解，为什么七级重度失能人员也被排除在了保障之外呢？其理由是归属这一级别的失能人员已不适合长期护理，而是需要住院治疗。住院治疗属于基本医疗保险的保障范围，因此无须长期护理保险给予相应的保障。其他试点地区也出台了一些类似的地方标准。这些地方标准各有其特色，但其问题也非常明显，主要表现为：各自为政的评估标准必然会导致各地对失能等级认定的不统一，这势必会给将来在全国范围内推广长期护理保险埋下隐患。而就国家标准而言，同样也存在一定的缺陷与不足。比如评估指标不够具体、指标赋值不够精准、测评的可操作性不强、相关标准之间的有效衔接还不够顺畅等。

一言蔽之，失能等级评估是长期护理保险实施过程中的关键环节，

---

① 汪之羽，张梓楠，刘妍.长期护理保险实施现状与发展模式优化研究［J］.现代金融，2021（04）：15-18.

是确保长期护理保险制度顺利实施推广的重要保证，同时更是认定护理对象的重要前提和基础。但自该工作开展以来，失能等级评估方面一直存在着诸多问题①。具体表现如下：

（1）等级划分不统一。等级划分不统一主要表现在两个方面：一是失能等级划分分值不统一，即便是均使用 Barthel 指数评估量表作为等级评估依据的地区，其等级划分分值也有所不同，绝大多数地区以 60 分为衡量标准，而济南和长春则分别以 50 分、40 分为衡量标准②。二是失能保障范围不统一，如苏州、广州等地将中度和重度失能人群纳入保障范围，而上饶等地则仅保障重度失能人群。

（2）等级评估机构不权威。一方面，从机构属性来看，现有失能等级评估机构大致包括政府部门（劳动能力鉴定中心、长期护理保险资格委员会、长期护理保险经办机构）和商业保险公司两大类③。由上述兼具"裁判员"和"运动员"双重角色的机构来承担失能等级评估工作，很难保障评估结果的客观性和公正性。另一方面，从评估人员来看，多数地区只是规定了评估人员数量，对评估人员资质没有做严格要求。若委派非专业或无医护知识储备人员进行失能等级评估，必定难以保证评估结果的科学性和可靠性。

（3）等级评估依据欠科学。当前我国统一的失能等级评估标准为 2021 年国家医保局、民政部共同出台的《长期护理失能等级评估标准（试行）》，该标准目前还在试行阶段，还存在许多不足之处。因此，目前大多数地区以 Barthel 指数评估量表作为评估依据。Barthel 指数评估量表运用广泛、认可度较高，能大致评估出失能人员失能等级。但从实施效果来看，也存在诸如评估内容过于简单的问题，可能会将部分失能者排除

---

① 朱文芝，陈天玉，吴海波.长期护理保险失能等级评定标准优化研究[J].上海保险，2019（10）：40-43.
② 谭睿.我国长期护理保险制度的实践及思考[J].卫生经济研究，2017（5）：54-60.
③ 荆涛，陈秦宇.我国试点城市长期护理保险经验及启示[J].中国保险，2018（12）：11-16.

在外；评估方法以问卷形式为主，势必会带有一定的主观性问题。少部分地区（如上海、青岛等）选择自行制定评估量表，其问题同样不容忽视。如青岛采用 Barthel 指数评估量表加医疗护理需求的判定标准，极可能将长期护理保险误解为医疗护理，导致政策的错位。[①]

（4）等级评估内容不完善。Barthel 指数评估量表是目前试点地区使用最多的评估标准，但 Barthel 指数评估量表的缺点不容忽视，它只是简单地将进食、洗澡、修饰、穿衣等 10 项反映生活自理能力的指标作为失能等级评估依据，无法保证评估内容的丰富性和多元化。为此，有必要将感知能力、认知能力、情绪行为等方面的内容囊括其中，以保证评估内容的多角度和全面性。

（5）评估技术应用未普及。评估技术的应用主要体现在评估工具的运用方面。评估工具指评估过程中所用的辅助性小型可移动工具，如测评失能人员握力的张力器、测量失能人员视力的近距离视力表等。实践中几乎所有试点地区都未提及应用了相关的仪器、工具来辅助评估工作，只是通过与失能人员及其家属进行简单的沟通交流来收集评估信息。这样的评估方式存在一定主观性，受人为因素影响较大，无法保证所采集信息的准确性、可靠性和真实性。

上述问题的存在，势必给投保人失能等级评估工作带来诸多不确定性风险，从而影响长期护理保险的可持续、高质量健康发展。在此背景下，尽快优化失能等级评估标准可谓势在必行。

2.护理服务等级评估标准待建立

由于现实生活中失能人员的失能程度存在差异，因此，为不同的失能人员提供的护理服务也必然有所差别。在此背景下，构建护理服务等级评估标准可谓迫在眉睫。

（1）护理服务划分等级的依据

失能的差异性是护理服务划分等级的根本依据。失能是一个较为系

[①] 陈诚诚.老年人长期照护等级评估工具发展综述［J］.中国医疗保险，2017（4）：8-11.

统化、演变式的概念，它并不是单纯指人体某一种功能的永久丧失，而是指某一阶段内（可能是一两年，也可能是一辈子），人体因为年老、疾病、伤残、意外、智障等原因而导致若干器官的衰败或损害，从而影响其生活自理的一种生理上的突变现象。这种突变现象并不是一成不变的，经过外部干预，部分失能有可能最终复常，当然，更多的失能将伴随失能人员终身。就其性质而言，它包括部分失能、局部失能和全部失能几种情况。失能性质不一样，对护理的需求也必然有所差别。

护理服务之所以需要划分等级，其根本原因就是因为失能老人的失能程度不一，有轻度、中度和重度之分，为其提供的护理服务也必然有所不同。因此，护理服务在划分等级之前，首先要做的就是对失能老人的失能程度划分等级，再来确定不同等级护理服务的项目、内容、时间、频次等，从而为差别化、精准化护理服务的提供奠定基础。

（2）护理服务划分等级的必要性[①]

一是明确护理机构职责定位的需要。所谓护理机构，是指为广大失能人员提供护理服务的各种康复、疗养及医疗等机构。就其性质而言，既有各级政府主办的公立机构，也有企业或个人创办的民营机构。从当前我国护理机构的发展现状来看，相关机构可谓花样百出，其名称更是五花八门。但这些机构职能相近，都是为失能人群提供不同等级的护理服务。具体而言，相关机构包括但不限于专业护理机构、医疗护理机构（含康复医院）、医养结合型机构、养老机构（包括乡镇养老院/敬老院、老年公寓、高端养老中心）、社区养护中心、残疾人托养中心、日间照料中心、社会福利院等。不同的机构自身条件与能力各不相同，在护理服务的提供方面具有不同的优势与特色。有的擅长生活照料，有的擅长意外护理，有的擅长疾病看护。护理服务划分等级的目的，实质上也就是要让护理机构明确自己的职责定位，引导专业的机构做专业的服务。

[①] 吴海波，张珺茹，沈玉玲.长护险背景下失能人群机构护理等级评定标准研究[J].上海保险，2020（11）：39-44.

二是提供精准化护理服务的需要。众所周知，导致失能的原因是多方面的，既有疾病、年老方面的原因，也可能是因为伤残、意外所致。因此，失能的表现形式也多种多样。因疾病、年老方面的原因导致的失能，通过科学、专业的护理，部分失能人员是可以恢复一定基本自理能力的，其生活质量能够得到相应的改善。而因为伤残、意外所导致的失能，往往具有不可逆转性，护理只能让其活得更有尊严，对于恢复其自理能力基本无帮助。由此我们认为，面对不同的失能人群，只有将护理服务划分等级，才能真正为其提供精准、有效的服务。

三是提高护工护理服务水平的需要。如果护理服务不分等级，也就意味着护工必须是万能的，他（她）能够为失能人员提供任何需求的护理服务。然而，现实生活中的护工不可能是万能的，每个护工所掌握的技能都是有限的。而且市场需求的通常是专业人才，而不是万能人才。将护理服务划分等级的目的，其实就是要将"万能型"护工转变为"专业型"护工，从而有效提高其护理能力与服务水平。

四是提升护理服务效率的需要。不同的失能人员，应该给予不同的服务。张三需要的服务，未必适合李四。如果每个人的服务都千篇一律，这就必然意味着对某些人而言，有些服务必定是多余的或者无效的。如果在失能人群划分等级的基础上，根据不同的等级提供不同的护理服务，不仅能有效提高服务效率，而且还能节约服务成本，将无效的服务项目排除于服务内容之外。

（3）护理服务划分等级的紧迫性

一是政策要求。2016年6月人社部发布的《关于开展长期护理保险制度试点的指导意见》指出，建立健全对护理服务机构和从业人员的协议管理和监督稽核等制度。明确服务内涵、服务标准以及质量评价等技术管理规范，建立长期护理需求认定和等级评估标准体系。上述规定，为护理服务划分等级提出了明确要求。

二是市场需求。由于失能程度的差异性决定了市场对护理服务的需求也必然是千差万别的。不同等级的失能人员，必然希望机构能提供服务内涵、服务标准存在差异化的护理服务，以便其获取更为精准、实用的护理服务。

三是机构诉求。当前，为失能人员提供护理服务的各种机构可谓千差万别，有满足大众化需求的中低端护理机构，也有满足更高需求的高端护理机构，同时还有满足特定需求的专门性护理机构；有国有的，也有民营的，同时还有混合所有制企业。不同的护理机构不仅性质不同、条件各异，其护理服务水平、护理能力也存在明显差异。正是这种差异决定了护理机构的护理服务供给必然存在差异性。因此，从自身发展现状来看，机构本身也有护理服务划分等级的诉求。

此外，护理服务划分等级也是精准评估失能等级的需要。评估标准是确保失能等级划分科学合理的前提和基础，构建规范、科学、合理的失能等级评估标准是保障失能人员基本权益的重要制度保障。要精准划分失能人员失能等级，制定科学合理的失能等级评估标准是关键。如何明确轻度、中度和重度失能人群的界限，如何保证评估工作的公平公正，均需要从源头抓起，而失能等级评估标准就是这个源头和基础。

然而从当前的试点现状来看，全国目前还没有统一的护理服务等级评估标准，这不仅不利于提高精准化护理服务，同时也不利于提高护理服务效率。

（三）多元化筹资机制待建立

资金筹集是长期护理保险制度的基础与核心，合理确定筹资水平或根据经济发展与人口结构及时调整筹资水平等，均是提高筹资效率、确保长期护理保险资金池稳定、可持续的关键，也是进一步扩大长期护理保险试点范围的基本要求。试点期间，各试点地区均按照"以收定支、收支平衡、略有结余"的原则确定了筹资水平，但目前的资金筹集多依附于医疗保险基金的划转，缺乏独立性，存在筹资水平较低、与地区经济发展及人口结构不匹配等问题，且各地实行"一城一策"的筹资安排，筹资效率存在较大的差异性。具体而言，筹资方面主要有四大问题亟待解决。

首先，个人、单位和政府在筹资过程中的角色定位不够明确。个人、单位和政府在筹资过程中各自应该扮演怎样的角色，实际上是一个有关个人、单位和政府在筹资过程中的功能定位问题，即不同的参与主体在筹资过程中各自应该发挥怎样的作用。其中主要包含两方面的问题：第一，个人在长期护理保险基金筹资过程中是否应该承担起应有的责任？也就是说，个人是否应该出资。从减轻群众负担、提升老百姓获得感、促进制度顺利推广的角度而言，个人不承担任何费用无疑是最好的选择。但对于医保基金结余不足的地区而言，完全不考虑个人筹资是不现实的选择。第二，如果个人出资，那么，其出资比例占多少为宜？即资金来源以个人出资为主，还是以单位或政府出资为主。要解决以上问题，关键要明确具体通过何种渠道进行筹资。不同的筹资渠道，个人、单位和政府扮演的角色各不相同。如果是采取"优化职工医保统筹账户结构、划转职工医保统筹基金结余、调剂职工医保费率"等途径进行筹资，很显然，单位和政府将发挥主导作用，个人无须在基本医保之外额外缴费；如果探索"互助共济、责任共担"的多渠道筹资机制，个人则必须承担相应的责任。但作为社保的重要组成部分，制度设计的初衷是要尽可能地解决参保群众的长期护理问题，减轻其经济负担。基于上述考虑，因此，我们认为，长期护理保险应该在尽量不增加个人负担的前提下，在单位给予适当补贴的基础上，充分发挥单位在筹资过程中的主导作用，个人出资则只能起到从属或辅助作用；其出资多寡，可根据保障水平及地方经济发展状况而定，出资额原则上以不超过筹资总额的30%为宜。

其次，不同筹资渠道在筹资过程中发挥的作用各不够清晰。长期护理保险作为社会保险的一种，其筹资渠道通常以单位筹资为主、个人筹资为辅，政府是否出资，则视情况而定。也就是说，单位、个人和政府是社会保险的三大重要筹资渠道，尤其是单位筹资至关重要。从制度的科学性、合理性与可行性来看，上述筹资渠道并无不妥之处。但问题在于，长期护理保险是原有社会保险基础上的新增险种，前五个险种原本就给单位和个人带来了不小的负担，在当前政府要求为企业减负、为个人减压的基调下，如果还是将筹资渠道局限于个人、单位和政府，显然是不合理的，也是缺乏长远考虑的。在此背景下，我们认为，进一步拓宽筹资渠道，充分发挥社会筹资的应有作用是关键。即在规划好单位、个人与政府筹资的基础上，通过吸收社会捐款、慈善社会捐助以及彩票发行等方式筹资，必定是长期护理保险资金筹集的最好选择。

再者，对筹资方式的选择还不够科学合理。面对筹资的重要性与不确定性，到底是采取定额筹资，还是比例筹资，抑或是混合筹资更为科学合理？这其实是一个貌似简单，但实际需要深思熟虑的问题。因为任何一种筹资方式的背后，都蕴含制度设计者有关地方经济社会发展现状与长期护理保险能否实现可持续健康发展的现实考量。因此，各地在制定筹资方式时，既要考虑筹资的方便性，也要考虑筹资的可行性。定额筹资简单直接，可操作性强，筹资额明确稳定；其缺点是不易体现地方经济社会发展水平或社会保障程度。与定额筹资相比，比例筹资则有利于统一长期护理保险筹资标准，筹资额能够随着收入水平或是基本医保基金的变动适时调整；其缺点也正在于与收入水平或基本医保关系密切，难以形成独立的筹资机制。混合筹资则充分考虑了筹资额与保障范围、保障质量与保障水平之间的关系，同时也考虑到了人群差异；其缺点是筹资比例的测算较为复杂。一言以蔽之，任何筹资方式都有其特色与优势，同时也存在一定的缺点与不足。因此，单纯依托某一种方式进行筹资，既不科学也不合理。根据现实需求，在充分考虑地方经济社会发展实际与基本医保发展现状的基础上，通过多样化、叠加式手段进行筹资才是明智的选择。

最后，筹资标准的确立还不够合情合理。每人每年到底应该筹集多少资金比较合适，《指导意见》并未给予明确的说明，也未提供测算依据，只是提出"根据当地经济发展水平、护理需求、护理服务成本以及保障范围和水平等因素，按照以收定支、收支平衡、略有结余的原则合理确定"。那么，到底什么是"合理确定"？《指导意见》并未提供可操作性细则。当前的筹资标准至少有两大问题比较突出。一是筹资标准差异大。

现有试点方案结合护理需求、服务成本、保障水平及自身经济发展状况等确定了等级不同、差异化较大的筹资标准，少的每人每年几十元，多的每人每年一百余元，二者差距十分明显。根据社会保障状况或地方经济发展差异确定筹资标准并没有什么不妥，但从长远来看，过大的筹资差异不利于城乡医保统筹发展。二是筹资标准普遍偏低。现有试点方案表明，虽然长期护理保险的筹资标准不一致，但筹资水平偏低的现象在大多数地区却普遍存在。从青岛、长春等前期试点地区的实践来看，全国长期护理保险发生率为0.3%，按照60%的实际报销比例，长期护理保险的平均筹资水平应在150元左右。对比现有试点方案，除广州、上海外，大多数试点地区的筹资水平都低于测算目标。

此外，筹资渠道还未能统一、相关制度筹资机制衔接不够紧密、筹资细则还有待完善、评估机制还未建立等问题也值得关注和重视。

（四）护理方面的问题较为突出

6年多的试点表明，长期护理保险能否实现高质量发展，护理模式的科学与否及护理能力的高低是关键。当前，我国各种模式的护理服务还处于起步阶段，还存在诸多亟待解决的现实问题。具体表现在以下几个方面。

1. 三种护理模式待调整

正如前文所述，通常有三种护理模式可供失能人员及其家属选择，分别为：居家亲情护理（又称居家自主护理）、机构上门护理（又称社区护理）和机构内护理。从当前三种护理模式的发展现状来看，均存在的一定的发展瓶颈与障碍，而这些瓶颈及障碍如果得不到及时解决，势必会给未来城乡失能人员的长期护理问题带来诸多消极影响。

（1）居家亲情护理面临的瓶颈、障碍及其影响

居家亲情护理的护理人员通常为失能人员较为亲近的亲属，如父母、子女、配偶、兄弟姐妹等。因此对于居家亲情护理而言，最大的问题在于其护理人员的非专业性。虽然部分为失能人员提供护理服务的亲属可能接受过一些专业指导，但这些指导往往是破碎的、阶段性的、非系

的。这也就意味着该护理模式难以改变失能人员的失能现状。由于得不到专业护理服务，随着时间的推移，失能人员可能会面临失能恶化的风险。现实表明，家族成员所提供的护理服务，通常情况下是延续失能人员的生命，很难改变其基本失能状况，更别说实现失能状况的逆转。与此同时，该模式下家庭成员给予失能人员专人护理，很大程度上会给失能家庭带来巨大的事务性负担和精神压力，甚至导致"一人失能、全家失业"的悲惨局面。这也就是为什么有人会认为，失能老人选择居家养老面临着专业医护服务不足的问题，需要引入机构型的、集中式的、专业化的服务来解决这些痛点。①

（2）机构内护理面临的瓶颈、障碍及其影响

从现有的发展状况来看，机构内护理面临的发展瓶颈和障碍主要体现在三个方面：（1）机构供给不足、分布不均且可及性差。《2017年社会服务发展统计公报》显示，截至2017年末，我国拥有各类养护机构3.7万家，拥有床位约500万张，无法满足每年600万—800万的护理市场需求。而且这些养护机构主要分布在县城以上的城市地区，乡镇及农村地区分布不多。在此背景下，对于来自乡村地区的失能人员而言，机构的分布不均必然带来机构护理可及性差的问题。（2）护理能力不高、水平偏低且标准欠缺。相比于居家护理模式下的家庭成员而言，机构内护理模式下的护理人员在护理知识方面虽然具有一定的专业性，但相对于医疗机构的护士而言，还是有不小的差距。机构内护理模式下的护理人员大多并非科班出身，他们当中的大多数人只是在选择该职业后开始接受相关护理培训。在国家并未出台相关失能护理标准和护理内容的情况下，各机构出于快速盈利及节省成本的考虑，不大可能投入太多的时间和精力培养"护理精英"。这就意味着机构内护理模式下护理人员的护理能力和护理水平总体而言还是偏低的，医疗护理知识的欠缺，是制约护

---

① 郭晋晖. "十四五"养老床位增至900万张　应对老龄化还有这些量化指标[N]. 第一财经，2022-03-18.

理人员护理能力和护理水平发展进步的根本。(3)护理人员不足、流动性大且性别比例失衡。有关资料显示，目前我国每年大约有 600 万—800 万失能半失能人员会选择由机构提供护理服务。按照较为理想的失能人员与护理人员的配比 4∶1 计算，我国养护机构至少需要 150 万—200 万护理人员才能基本满足市场需求。然而当前我国各类养护机构护理员不足 50 万人，市场供需失衡之严重可见一斑。而且这支以女性为主体、主要来源于经济欠发达地区的护理人员流动性特别大，三年以上的留存率不足 20%。

（3）机构上门护理面临的瓶颈、障碍及其影响

机构上门护理目前面临的发展瓶颈与障碍，与机构内护理有较大的相似性。该护理模式同样也面临机构供给与分布、护理能力与水平以及护理人员数量与流动性三个方面的问题。除此以外，该模式还有另外两方面的瓶颈及障碍值得重视：一是护理人员上门的交通费用（包括交通工具的购买、使用和维修保养费等）该如何分摊？是由机构还是失能人员承担，还是二者分摊？二是护理人员在上门过程中面临的各种风险如何处理？比如发生交通意外等。这些风险看似发生率不高，但一旦发生就可能给机构带来不可预估的损失。上述瓶颈、障碍如果无法得到及时解决，机构上门护理的可行性会大打折扣。

2. 护理服务能力待提高

（1）居家护理服务能力待提高

居家护理服务方面有两个问题亟待解决。一是对居家护理模式的选择欠合理。调查表明，由于受经济偏好、传统观念、个人隐私及自尊心等多重因素的影响，现实生活中选择机构上门护理和机构内护理的并不多。2019 年，我们在江西上饶地区某自然村的调查表明，全村 34 名潜在失能人员中，仅有 1 户家庭有意选择机构上门护理，3 户家庭有意选择机构内护理，其他 30 户家庭，也就是 88.24% 的家庭均选择了居家亲情护理。过多的家庭选择居家亲情护理，其结果必然影响护理机构的发展。一个貌似巨大的护理市场，其开发难度之大，可能远远超出创业者

的想象。没有护理对象当然也就意味着没有市场，护理机构的发展积极性必然因此深受影响。二是居家护理服务能力待提高。居家亲情护理是指由失能人员的亲朋好友（以配偶、父母及子女居多，同时还包括其他亲属、邻居或住家保姆等）为失能人员提供的护理服务。这是当前城乡各类失能人员选择最多的护理模式。调查表明，目前，近90%的失能人员及其家庭最终会选择居家亲情护理。凡选择居家亲情护理的，保险公司通常会采取现金补贴的方式给予失能家庭相应的保障。以试点地区江西上饶为例，目前的补贴标准是每月450元。表面上看，失能家庭拿到现金补贴后一定程度上可以减轻其经济负担，但值得注意的是，由于护理人员护理技能的欠缺，这种护理方式并不一定能很好地改善失能人员的失能状况，因此也不大可能提高其生活质量。原因很简单，因为提供护理服务的亲朋好友并没有因为拿到现金补贴而提高护理水平与服务质量。调查表明，绝大多数失能人员的亲属根本就不具备最基本的护理知识，他们当中的绝大多数也未接受过任何正规、系统的护理知识培训。他们所提供的与其说是专业的护理服务，还不如说是简单的生活照料。

（2）机构护理服务能力待改善

一方面，机构护理服务资源难以满足现实需求。首先，护理机构的总体数量严重不足，尤其是专业性较强的大型或连锁型护理机构太少。[①]我国虽然早在20世纪90年代就已进入了老龄社会，但居家亲情护理意愿一直占主导地位，民众的机构护理意识始终不强，结果导致我国机构护理市场起步较晚，迄今还处于起步和摸索阶段。以在机构护理中扮演重要角色的养老机构为例，据《2020年度国家老龄事业发展公报》显示，截至2020年底，全国注册登记的养老机构仅3.8万个，床位仅488.2万张；社区养老照料机构和设施29.1万个，社区养老服务床位仅332.8万张；长期护理保险定点护理服务机构4845个。而全国每年有4000多万失能

---

① 孙可，孙超，胡慧秀.护理工作场所暴力发生率及对个体睡眠质量的影响[J].中国医院管理，2019（06）：62-63+66.

老人需要照料，扣除居家护理人员，至少也需要 1000 万—15000 万张床位才能满足基本需求，其缺口之大，可想而知。

其次，乡村护理机构问题尤为突出。乡村护理机构的问题主要体现在三个方面。一是机构数量不足。2019 年，我们在江西上饶某自然村的调查表明，一个村域范围 12 平方公里、人口 3200 余人的乡村，仅有 2 个总面积不足 200 平方米、全部医护人员仅为 3 人的村卫生室。村域范围 5.6 平方千米、人口 4600 余人的另一个行政村，也只有 3 个总面积不足 300 平方米、全部医护人员同样也为 3 人的村卫生室。另外，两个村所在乡镇还各自有 1 个乡镇卫生院和 1 个乡镇养老院。除此以外，乡镇范围内基本无其他养护机构。机构不足，床位自然也捉襟见肘。同样以江西某试点地区为例，通过创建、改建与引进相结合的方式，2019 年底，该地区仅有定点护理机构 34 家，可提供床位不足 2000 张，平均每家护理机构可提供床位不足 70 张。调查同时表明，由于受经济偏好、传统观念、个人隐私以及自尊心等多重因素的影响，面对补贴对象的不同和补贴金额的差异，现实生活中有意愿选择居家自主护理的家庭要明显多于其他两种方式。在我们调查的 41 名重度失能人员中，有 30 户即 73.17% 的相关家庭均表示会选择居家自主护理。也就是说，扩面后还将有 30% 左右的家庭会选择居家上门护理和机构内护理。以此为依据，我们大致能推算出扩面后该地区将有多少重度失能人员将选择机构护理。调查表明，在该试点地区 780 余万城乡居民中，目前大约有 9%，也就是 7 万左右的失能半失能人员。这其中符合长期护理保险保障范围的重度失能人员大约有 2.7 万（按 3.82‰ 的重度失能率计算）。他们当中尽管大多数人会选择居家护理服务，但依然有近 30%，也就是 8000 名左右的重度失能人员将会选择机构护理服务。考虑到重度失能人员护理需求的长期性，这也意味着未来该地区至少需要准备 8000 张左右的床位才能满足不断增长的机构护理服务需求；如果再加上部分中度失能人员的机构护理需求，则所需床位数必将远远超过 8000 张，有可能突破 1 万张，甚至更多。然而我们发现，2000 张左右的床位供应与 8000 张以上的床位需求可谓相距甚远。经过两年多的努力，这种情况有所改观，截至2021年10月，该地区定点护理服务机构增加到了73家，服务床位也提高到了6405张，护理服务人员2752名，辅具适配服务定点机构3家[①]。但仅从床位而言，离8000张以上的床位需求还是有一定的差距。这种情况不仅在江西的农村如此，全国其他地方也不例外，据《2021年我国卫生健康事业发展统计公报》数据显示，截至2021年末，全国2.96万个乡镇共设3.5万个乡镇卫生院，床位141.7万张，卫生人员149.2万人；全国49万个行政村共设59.9万个村卫生室。在村卫生室工作的人员136.3万人，其中执业（助理）医师47.6万人、注册护士19.3万人、持乡村医生证的人员和卫生员69.1万[②]。这也就是说，平均每家乡镇卫生院仅有卫生人员42.63人、床位40.49张；平均每个行政村仅设有1.22家村卫生室，每个村卫生室平均仅有2.28个工作人员，床位则更是少得可怜。二是护理机构结构不合理。护理机构通常包括医疗机构、养老机构、专业护理机构（主要包括护理院、福利院、残疾人托养中心）和社区卫生机构等。然而调查表明，乡村护理机构存在结构很不合理的现象。目前，我国广大的农村所拥有的护理机构主要以并不专业且条件简陋的村卫生室、乡镇卫生院和乡镇养老院等低端医疗机构和养老机构为主；专业性较强且有一定规模的中高端专业护理机构和医养结合型医疗机构基本为空白。而在未来长期护理保险扩面情况下真正能发挥较大作用的应该是这些有一定规模且专业性较强的护理机构。三是护理机构可及性差。当前，我国大多数护理机构都分布在大中型城市，广大的乡村，尤其是偏远农村地区很少有专业护理机构分布，导致乡村地区的护理服务可及性差。[③]与城市不同，农村人口居住比较分散，且交通的便利性和交通工具的可及性远不

---

① 洪怀峰."长护险"让养老更有保障[N].江西日报2021-10-14（09）.
② 国家卫生健康委员会.2021年我国卫生健康事业发展统计公报[EB/OL].2022-07-12. http：//www.gov.cn/xinwen/2022-07/12/content_5700670.htm.
③ 李珍.关于完善老年服务和长期护理制度的思考与建议[J].中国卫生政策研究,2018(08):1-7.

如城镇。调查表明，江西某试点地区 ZF 村 22 名潜在失能人员中，其家庭所在地距离村卫生室不足 3 公里的有 13 人，占比 59.09%；另外 40% 多的失能人员家庭所在村庄距离最近的村卫生室均超过 3 公里。其中，距离 3—5 公里的有 6 人，占比 27.27%；距离 5—10 公里的为 0，但有 3 个家庭距离村卫生室超过 10 公里，占比 13.64%。这 22 名潜在失能人员距离乡卫生院与养老院则基本上都超过 8 公里，离县城所在地的护理机构则更远，均超过 20 公里。如此远的距离，机构基本上无法做到派人上门提供服务。在绝大多数农村失能家庭选择居家自主护理的情况下，该局面也就意味着，面对失能，农村现有护理机构基本束手无策。QY 村的情况虽然比 ZF 村略好，但护理机构的可及性问题同样也不容乐观。四是护理机构的护理服务能力待提高。以村卫生室为例，调查表明，无论是软件还是硬件条件，都难以满足基本的护理服务需求。卫生室不仅设备设施简陋，卫生条件差，医护人员的稳定性也堪忧。由于村卫生室的"赤脚医生"属体制外人员，其收入来源除政府给予少量的政策性补助外，大多数都要自负盈亏。近年来，由于农村交通条件日益改善，越来越多的村民通常会选择条件更好的乡镇或者县医院就医，村卫生室的病源流失明显。在此背景下，村医的收入难以为继，其稳定性因此深受影响。乡镇卫生院的条件虽然好于村卫生室，但由于乡镇卫生院人手不足、护工欠缺、床位有限，目前也无法提供合格的护理服务。乡镇养老院同样也面临人手不足的问题，所调查的 3 家乡镇养老院包括院长在内都只有 4 名工作人员，而且乡镇养老院目前只接受具有自理能力的老人，没有条件，也根本不考虑为失能人员尤其是重度失能人员提供护理服务。

另一方面，机构护理服务质量待改善。长期护理保险的实施能否达到预期效果，关键要看失能人员及其家属的获得感与满意度。长期护理保险的实质不在于给予失能人员多少现金补助是有限的，而在于提供优质、高效、便捷的护理服务；因为长期护理保险的最终目的是要改善失能人员的失能状况、提高失能人员的生活质量，要通过护理服务使其生活得更加健康、更加幸福、更加温暖、更有尊严。实践表明，现金补助是有限的，并不能解决根本问题，也很难增加失能人员及其家属的获得感。因此，要想通过长期护理保险提升失能人员及其家属的获得感，关键在于政府部门能否提供优质、高效、便捷的护理服务，包括服务形式、服务内容、服务时间、服务频次、服务价格等。然而，当前的问题是，专业护理机构的专业性不高。由于当前国家并没有制定统一的机构护理服务标准，导致专业护理机构所提供的护理服务时间、护理服务内容、护理服务形式等缺乏保障，专业机构的不专业行为时有发生。此外，护理人员的稳定性较差且整体素质偏低，一定程度上也影响了机构护理服务的效果。

（3）护工方面的问题较为突出

护工又称"护理人员"。护理服务工作做得好不好，是否有足够多的高素质护工是关键。然而，当前护工问题还非常突出，主要体现为：护工供需失衡严重、护工流失率高、护工职业素养偏低、护工年龄及性别结构不合理（大多数护工年龄偏大且男女比例严重失衡）、护工招聘难等。

第一，护工供需失衡严重。护工供需失衡问题主要体现在两个方面。一方面，护工的市场供应严重不足。从我国目前占主导地位的乡镇养老院/敬老院、专业护理机构、老年公寓和医院结合型养护医院等四大类养护机构来看，护工的市场供应总体情况不容乐观。至少有四组数据可以说明当前我国护工的供应现状。首先，《2020年民政事业发展统计公报》显示，截至2020年末，全国共有注册登记的养老机构3.8万个。[1] 国家卫生健康委员会的统计数据表明，截至2021年底，全国另有两证齐全（指具备医疗机构执业许可或备案，并进行养老机构备案）的医养结合机构共有6492家。[2] 此外，全国还有许多地方开展的照护机构，例如社会福

---

[1] 中华人民共和国民政部.2020年民政事业发展统计公报［EB/OL］.2021-09-10.https：//images3.mca.gov.cn/www2017/file/202109/1631265147970.pdf.
[2] 国家卫生健康委员会.2021年我国卫生健康事业发展统计公报［EB/OL］.2022-07-12.http：//www.gov.cn/xinwen/2022-07/12/content_5700670.htm.

利院等。这些机构目前聘请的护理员大约为 40 万人。由此可推断，平均每个养护机构聘请的护理员不足 10 人。其次，另一组数据表明，截至 2021 年底，长期护理保险定点服务机构共 6819 个，护理服务人员 30.2 万人[①]，即平均每家定点护理服务机构仅有护理服务人员 44.28 人。第三组数据表明，养老护理行业的护工供给存在巨大缺口。2021 年 5 月，国家卫生健康委员会医政医管局局长焦雅辉表示，我国对养老护理员的需求多达 600 多万，但目前仅有 50 多万名从事养老护理的服务人员，远不能满足失能、半失能老年人的照护需求。由于长期以来的社会偏见，养老护理从业者一直存在学历、技能水平低，年龄偏高等问题[②]。最后，2019 年现场的调查数据表明，几乎所有的护理机构（包括养老机构、乡镇卫生院、村卫生室等）都反映存在护理人力不足的问题。特别是在专业护理人员、健康管理师、心理咨询师、营养师、康复辅具技师及医疗护理人员等方面普遍存在人力不足。按照经验数据，失能人员与护理人员配比一般来说是 4∶1 较为合理。就江西某试点地区某县某村而言，全村在有 22 名潜在失能人员的情况下，至少应该配备护理服务人员 5 名，但实质上两个村卫生室仅配备了 1 名并不十分专业的护理服务人员，也就是说，失能人员与护理服务人员配比为 22∶1，与基本要求相距甚远；就算加上乡镇卫生院及养老院护理服务人员，同样也远远满足不了基本需求。调查表明，扩面后，如果按照失能人员与护理服务人员 4∶1 计算，整个上饶将至少要配备 5000（760 万 × 0.3%/4 = 5700）名护理人员，而实际上该试点地区现有护理人员（不包括医院护士）不足 500 人，其缺口之大可想而知。总之，两个行政村的情况表明，长期护理保险扩面后，将面临的一个棘手问题是，由于护理人员严重不足，政府面临"有支付

---

① 国家医疗保障局. 2021 年全国医疗保障事业发展统计公报［EB/OL］.2022-06-08.http：//www.nhsa.gov.cn/art/2022/6/8/art_7_8276.html.
② 齐鲁壹点. 全国失能老人超 4000 万，"老人助浴师"成热门新职业［EB/OL］.2022-03-18. https：//baijiahao.baidu.com/s?id=1727601193353011186&wfr=spider&for=pc.

能力，却无服务能力"的尴尬局面[①]。

此外，现实生活中还有不少流动性护理人员。他们有的自发组成一个组织，依靠团体力量接单，共同分取收益；而大多数流动护理员不属于任何机构，他们依靠散发或张贴各种小广告承接业务。这一部分护理员大致有10万—15万人左右。但值得注意的是，流动护理员绝大多数驻守在医院，驻守在护理机构的相对较少。因此，当前养护机构的护理员也就在50万上下。由于受职业素养限制，他们所能提供的护理服务主要以简单的生活照料为主，对于失能、半失能人员所需要的专业护理服务及心理疏导等方面的需求则难以满足。

另一方面，护工的市场需求却十分旺盛。截至2020年11月1日零时，全国60周岁及以上老年人口26402万人，占总人口的18.70%；全国65周岁及以上老年人口19064万人，占总人口的13.50%；全国老年人口抚养比为19.70%，比2010年提高7.80个百分点，人口老龄化程度日益加深[②]。伴随着老龄化趋势的加剧，再加上由于疾病、失智、先天残疾、意外伤害等原因而导致的失能状况，据有关数据，全国失能、半失能人员数量早已突破4000万。而且受老龄化日趋严重的影响，每年新增失能、半失能人员还将进一步扩大。随着失能人口数量的日益增长，护工的市场需求也呈现出"井喷式"发展态势，一"工"难求的局面日趋普遍。

上述情况表明，当前我国护理市场存在严重的供需矛盾问题，尤其是护工的供需失衡现象非常严重，4000余万失能、半失能人员却仅对应50万护工的现实表明，护工的供应远远无法满足市场需求；更为值得注意的是，供应与需求之间的差距还有不断扩大的发展趋势。破解护工供需失衡问题，可谓到了迫在眉睫的地步。

第二，护工流失率高。当前，在养老机构或其他护理机构做护工的，

---

① 吴海波，朱文芝，沈玉玲，等.机构护理服务供需矛盾问题研究——基于上饶市长期护理保险试点扩面的调查[J].卫生经济研究，2020，37（09）：43-46.
② 国家卫生健康委员会老龄健康司.2020年度国家老龄事业发展公报[EB/OL].2021-11-03.https://www.shantou.gov.cn/stswsj/gkmlpt/content/1/1985/mpost_1985897.html#3521.

主要有三种：一是年龄偏大且通常无一技之长的农村务工人员或城市低收入人员，他们因为难以找到"理想的"工作而无奈选择当护工；二是收入偏低且年纪大的退休或将退休人员；三是跟随子女到大城市生活的农民。真正科班出身而自愿选择当护工的少之又少。也就是说，大多数护工都是把护理工作当作一份临时工作，把它当事业来看待的屈指可数。这就决定了护工的从业寿命不会太长、稳定性差、流失率高。调查表明，此类情况即便是专业机构也不例外，只有少数高端、大型医养结合型养老机构和专业护理机构相对较为稳定。

第三，护工职业素养偏低。2019 年，我们在江西上饶的调查显示，护工的文化程度普遍偏低，超过九成的护理人员只有初中或小学文化水平。这些大多数来自偏远农村且年龄偏大的护工甚至还有不少是文盲，他们当中拥有高中及以上文化程度的可谓少之又少。调查同时还显示，上饶市现有护理机构的护理人员在从事该职业前大多数都没有接受过护理相关知识培训。较为系统的职业培训主要发生在入职前一两个月；入职后的职业培训虽然还是有，但大多数机构只是偶尔安排，且培训形式多为单位内的帮带交流，即刚入职人员向经验充足的护理人员学习。在此背景下，导致超五成的护理人员对疾病护理知识、生命体征观察知识等护理相关专业知识的了解不甚清楚。总之，当前我国各机构护理人员无论是业务能力还是专业水平，均有待提高。

第四，护工的年龄、性别结构不合理。一方面，护理人员的年龄结构不合理。我们在江西某试点地区的调查表明，大多数护理人员的年龄偏大。在接受调查的 367 名护理人员中，年龄最小的 34 岁，最大 66 岁，中位数为 48.64 岁，74.73% 的护理人员的年龄处于 45—59 岁之间，45 岁以下的年轻护理人员仅有 58 人，占比 15.8%。机构负责人普遍希望能够聘用到年轻人，实现护理服务人员的专业化和年轻化，但现实情况不容乐观。调查表明，部分大型专业护理机构提供的待遇甚至可以与北、上、广、深等大城市相媲美，但高强度的工作压力、压抑的工作环境、不顺畅的晋职通道和偏低的社会认可度还是让大多数年轻人对护工这一职业敬而远之。另一方面，护理人员的性别结构不合理。护理人员中女性占比高达87.17%，男性占比仅为12.83%，女性明显多于男性，男护工奇缺的现象一目了然；且男性护理服务人员相对较多地分布在敬老院性质、床位较多的养老服务机构中。

此外，护工招聘难也是一个制约行业发展的主要因素，应该引起有关部门高度重视。

除上述问题外，当前，我国护理市场还有一大问题不容忽视，即面对失能程度不一的护理对象，护理服务通常等级不明甚至等级不分。且不说居家护理毫无等级可言，就连机构护理也往往忽视了对服务划分等级的必要性。机构给不同失能人员提供的服务在项目、内容、依据、频率和时间等方面的差别并不明显，有的甚至千篇一律。这样的服务不仅简单、单一，而且缺乏针对性，难以达到"提高失能人员生活质量、维护失能人员生命尊严、为失能人员提供精准服务"的服务要求与目的。

（五）非公平性问题值得重视

监督评估的目的在于考察制度的实施有没有达到预期效果，长期护理保险背景下的护理服务是否符合基本规范，筹资、保障、价格、支付、管理等是否存在不合理现象。然而现实表明，国家及地方均发布了试点制度与政策，却并没有真正将监督评估提上议事日程，还未能构建科学合理的监督评估制度，结果导致长期护理保险制度在实施过程中出现了一些非合理性问题。如公平性问题就是其中之一。具体而言，长期护理保险制度的非公平性问题主要体现在四个方面[①]。

一是部分地区参保人群还未实现全覆盖。当前，绝大多数的试点地区的长期护理保险仅覆盖了重度失能参保人群，通常失智人群及中度失能人员均被排除在外，覆盖人群有待拓展。如上海市的长期护理保险覆盖人群是60岁以上、参加职工医保和居民医保、评估等级达到二级至

---

① 刘春雪，李军山．从公平性角度剖析我国长期护理保险问题[J]．中国医疗保险，2022(05)：30-35．

六级的群体。这就意味着60岁以下城乡居民医疗保险参保人群未纳入长期护理保险参保范围。也就是说，对于低龄失能群体以及广大农村地区的失能人群该如何保障，是上海市长期护理保险需要进一步完善的地方。再以广州为例，可享受广州长期护理保险待遇的人群仅限于因年老、疾病、伤残等原因造成的生活不能自理的职工医保参保人员（包括阿尔茨海默病和部分失智患者）。这也就是说，居民参保人群不在保障范围内。众所周知，我国居民参保人群才是基本医保覆盖的主要群体，主体部分人群被排斥在了保障之外，制度的公平性从何谈起？此外，不少地区未将失智人员、中度失能人员纳入保障范围。如承德、齐齐哈尔、上饶都只保障重度失能人员；长春保障重度失能且必须是入住机构的人员；南通和青岛虽然将中度失能人员纳入保障范围，但也是保障中度、中偏重度的失能人员。[1]

二是城乡护理资源配置不均衡问题较为突出。从目前的情况来看，试点地区护理资源配置主要集中在城镇地区，尤其是县城以上的城市较为集中，农村地区的护理资源相对匮乏。这种现象势必会导致农村参保人群无法就近享受到高质量的护理服务，从而造成实物给付过程中的冲突和矛盾。[2]此外，地区间护理资源的不均衡也非常明显。总体而言，东南沿海省份以及北京、上海、天津等地区的照护资源和护理水平要明显比中、西部地区高几个档次。[3]尽管部分地区实施了城乡统筹的长期护理保险试点模式，但由于农村地区的长期护理服务供给能力不足，导致农村地区的失能人员获得长期护理服务的可及性差，获得医疗服务资源的难度较大。[4]护理资源分配不均的最直接后果就是，在护理资源配置较好

---

[1] 李元，邓琪钰.基于模糊综合评价法的老年长期照护保险制度实施效果分析[J].人口与经济，2019（06）：82-96.
[2] 周延，孙瑞.社保模式下实物给付型长期护理保险发展瓶颈及对策[J].西南金融，2020（05）：54-63.
[3] 贾志琴.社会医疗保险公平性研究[J].中国经贸导刊（中），2019（09）：124-125.
[4] 刘欢，胡天天.医疗补偿与健康保障公平视角下的长期护理保险政策效应[J].老龄科学研究，2022，10（02）：37-53.

的地区，失能人员所能获取的护理数量与质量均较好；相反，在护理资源配置不足的地区，失能人员所能获取的护理服务必然较低，服务质量必定较差。

三是待遇支付距离公平性还有不小的差距。《指导意见》中规定："根据护理等级、服务提供方式等制定差别化的待遇保障政策，对符合规定的长期护理费用，基金支付水平总体上控制在70%左右，具体待遇享受条件和支付比例，由试点地区确定。"从表5-2可以看出，第一批试点地区的费用支付方式差别较大，且支付水平普遍不高，保障水平有限。

表5-2 试点地区长护险服务形式及待遇给付

试点城市	医疗机构护理	养老及护理机构护理	居家亲情护理
承德	70%（限额60元/人/天）	70%（限额50元/人/天）	70%（限额40元/人/天）
长春	无具体说明	职工医保90%；城镇居民医保80%（有支付限额）	无具体说明
齐齐哈尔	无具体说明	医养护理服务机构：60%（限额30元/人/天）；养老护理服务机构：55%（限额25元/人/天）	50%（限额20元/人/天）
上海	根据医保相关规定执行	85%（约定支付标准）	90%（限定服务次数及时间）
苏州	重度失能26元/人/天；中度失能20元/人/天	重度失能26元/人/天；中度失能20元/人/天	重度失能30元/人/天；中度失能25元/人/天
南通	70%（限额60元/人/天）	70%（限额50元/人/天）	70%（限额40元/人/天）
宁波	40元/人/天	40元/人/天	无具体说明
安庆	60%（限额50元/人/天）	50%（限额40元/人/天）	分服务项目按标准支付（限额750元/人/月）
上饶	1080元/人/月	1080元/人/月	上门护理：900元/人/月；自主护理：450元/人/月
	失智者与失能者待遇一致		

续表

试点城市	医疗机构护理	养老及护理机构护理	居家亲情护理
青岛	职工医保90%；一档城乡居民医保80%（限额170元/人/天）	职工医保90%；一档城乡居民医保80%（限额65元/人/天）	社区巡护：职工医保90%、一档城乡居民医保80%（限额1600元/人/年）、二档城乡居民医保40%（限额800元/人/年）；居家医疗护理：职工医保90%（限额50元/人/天）
	失智专区：职工医保90%，一档城乡居民医保80%（一档不能选择日间照护，长期照护限额65元/人/天，日间照护限额50元/人/天、短期照护限额65元/人/天）		
荆门	70%(限额150元/人/天)	75%(限额100元/人/天)	全日居家护理：80%（限额100元/人/天）；非全日居家护理：100%（限额40元/人/天）
广州	75%（基本生活照料限额90元/人/天，医疗护理限额1000元/人/月）	75%（基本生活照料限额90元/人/天，医疗护理限额1000元/人/月）	90%（基本生活照料限额103.5元/人/天，医疗护理限额1000元/人/月）
重庆	50元/人/天	50元/人/天	50元/人/天
成都	70%（重度三级限额1676元/人/月、重度二级限额1341元/人/月、重度一级限额1005元/人/月）	70%(重度三级限额1676元/人/月、重度二级限额1341元/人/月、重度一级限额1005元/人/月)	上门护理、自主护理：75%（重度三级限额1796元/人/月，重度二级限额1437元/人/月，重度一级限额1077元/人/月）；
	失智者与失能者待遇一样		
石河子	无具体说明	70%(限额750元/人/月)	上门护理：70%（限额750元/人/月）；自主护理：25元/人/天

说明：表格中的百分比数均为长期护理保险基金支付比例。
资料来源：根据试点城市公布的相关政策文件整理。

上述五大问题是当前长期护理保险亟待解决的问题，是影响长期护理保险制度健康运行的关键。但它并非影响该制度运行的全部因素。事实上除上述五大问题以外，保障等方面的问题也同样也亟待破局。

结合各试点地区社保发展现状、筹资水平、保障需求并借鉴长春、青岛等地的前期实践经验，我们认为，保障方面主要有五大问题亟须解决。[1]

第一，长期护理保险应该定义为全民保险还是特殊人群保险？《指导意见》指出，"试点阶段，长期护理保险制度原则上主要覆盖职工基本医疗保险参保人群"。也就是说，这是一个只针对特殊人群设计的保险制度。为此，成都、上饶、广州、承德、安庆、宁波等试点地区都只是将城镇职工基本医疗保险参保人群纳入了长期护理保险的参保范围。但《指导意见》同时又指出，"试点地区可根据自身实际，随制度探索完善，综合平衡资金筹集和保障需要等因素，合理确定参保范围并逐步扩大"。也就是说，长期护理保险的参保范围并不局限于城镇职工基本医疗保险参保人群，在条件许可的情况下，其他人群也可纳入参保范围。如长春扩大到了城镇居民基本医疗保险参保人群，而上海、荆门、南通、青岛、苏州、石河子等试点地区则将城乡所有医保参保人群都纳入了参保范围。从现实需求和制度长远发展来看，长期护理保险必定是一个全民社会保险[2]，而不是特殊人群保险。未来不仅仅是医保参保人群，其他未参加医保人群，包括农村五保户、城市低保户、困难户等，也都应该纳入长期护理保险的参保范围。作为民生工程，长期护理保险自然应该以惠及全体居民为终极目标。

第二，如何界定长期护理保险的"失能"？《指导意见》指出，"长期护理保险制度以长期处于失能状态的参保人群为保障对象，重点解决重度失能人员基本生活照料和与基本生活密切相关的医疗护理等所需费用"。也就是说，需不需要对参保人员提供长期护理保险保障，关键看是否失能，尤其是重度失能。失能与否，成了判断保障与否的唯一依据。但问题的关键是如何界定失能。《指导意见》并未就此作进一步的说明，

---

[1] 吴海波，雷涵，李亚男，等.筹资、保障与运行：长期护理保险制度试点方案比较[J]. 保险理论与实践，2017（09）：43-65.

[2] 荆涛.长期护理保险理论与实践研究[M].北京：对外经济贸易大学出版社，2015.

只是规定"试点地区可根据基金承受能力,确定重点保障人群"。以此为政策制定依据,各试点地区针对失能制定了不同的评判标准。广州、荆门等地对失能的理解相对比较明确,即以 Barthel 指数评估量表为依据,一定分值以下,则认定为失能;而成都、长春等地对失能的界定则略显模糊,只是笼统地认为,凡"生活不能自理、需长期护理",就可认定为失能。很显然,这种描述性定义必然会给失能的认定带来诸多意想不到的问题。为此,我们认为,一定标准下的定量与定性界定,才是认定失能的必然选择。

第三,长期护理保险背景下护理与养老如何实现有机结合?众所周知,当前我国主要有三种养老模式,分别为:机构养老、社区养老和居家养老。护理与养老是两个密切相关的项目,可谓"你中有我、我中有你"。没有养老的护理是狭隘的护理,其对象只能是失智失能的残疾人群;没有护理的养老是低水平的养老,老年人可能会因此失去基本的生活尊严。基于此,我们认为,长期护理保险的服务形式必定要与养老模式有机结合。因此,大多数试点地区都将护理形式确定为机构护理、居家护理或社区护理,或三选二,或三者兼而有之。无论采取哪种护理形式,将护理融于养老,将养老嫁接护理,才是未来最佳护理模式选择。

第四,长期护理保险是全包保险还是特定内容保险?关于这一点,《指导意见》虽然没有作明确说明,但各地试点方案给出了明确的答案。长期护理保险显然应该是特定内容保险,而不是全包保险。那么,"特定内容"具体指什么呢?大致而言,以基本生活照料(日常照料)、医疗护理为主。具体保障内容则有所差别,如苏州、南通、成都、承德、宁波规定包括但不限于清洁照料、睡眠照料、饮食照料、排泄照料、卧位与安全照料、病情观察、心理安慰、管道护理、康复护理及清洁消毒等项目;青岛、石河子则规定包括但不限于定期巡诊、处置和护理各种管道、基础护理、专科护理、特殊护理、营养指导、心理咨询、社区康复治疗、卫生宣教、临终关怀等项目。一言以蔽之,长期护理保险是特定内容保险而不是全包保险。但所谓的"特定内容",从未来长期护理保险统筹发展的角度而言，应该有一个明确的界线和大致的标准，或者在措辞上应该基本形成统一。

第五，支付待遇的确立应该重点考虑哪些因素？支付待遇即保障水平，它不仅取决于筹资标准，同时也与经济发展水平、物价水平、护理水平及护理服务形式密切相关。一般而言，物价、筹资、护理水平越高，支付待遇自然也就越高；相反，则越低。但这只是解决了保障水平的高低问题，更重要的是还要明确支付待遇。即发生护理服务后，是全额支付还是按比例支付？从节约成本、管控风险及防范道德风险的角度而言，比例支付显然更为合理。《指导意见》也指出，"对符合规定的长期护理费用，基金支付水平总体上控制在70%左右"，也就是说，个人应该承担30%。从试点方案来看，大多数地区都符合或超出该标准，但也有部分地区，如安庆、南通、苏州等，低于此标准。更为值得注意的是，荆门、宁波只规定了每天的支付限额，并未说明基金的支付比例。支付待遇事关参保群众的满意度和获得感，同时也与制度的可持续健康发展密切相关。因此，在充分考虑保障能力与保障水平的基础上，制定让利于民且与地方实际及筹资水平相适应的支付待遇是关键。

此外，还存在"经办与承办机构的职责定位还不够明确、保障范围与保障水平还不够匹配、护理机构与保险机构的合作还不够深入、医疗费用增长过快等问题还没有得到有效遏制，保险公司的参与度还不够深入及群众满意度还亟待提高"等方面的问题。就保险公司的参与度而言，我国长期护理保险采取的是政府购买服务的方式开展试点，其特点就是要通过"政府搭台、企业唱戏"的方式，充分发挥保险公司专业技能，从而实现提高工作绩效、减轻政府工作压力的目的。作为长期护理保险的承办者，保险公司原本应该在失能等级评估、核保理赔等方面发挥更大的作用，但事实并非如此。试点实践表明，保险公司参与长期护理保险试点工作还处于初级阶段，服务的内容也多集中在保费收缴、资金支付、稽核审查、政策宣传等方面。

二、导致问题的原因

我国开展长期护理保险试点的最终目的，就是要破解日益严重的老龄化及老年失能问题，要提高失能人员生活质量、减轻失能人员及其家庭的经济压力，让失能人员过上体面而又有尊严的生活，让其真正享受到改革带来的发展红利。然而，上述种种问题的存在，必将制约和影响长期护理保险实现可持续、高质量健康发展。那么，是什么原因导致了上述问题的存在呢？仔细分析，我们认为主要有以下几个方面的原因。

（一）民众认知不够的原因分析

民众之所以不了解、不熟悉甚至不认可长期护理保险，其原因不外乎两点：一是长期护理保险本身在我国社会医疗保障体系中的作用发挥不够，导致民众认识长期护理保险的外部动力不足；二是国家相关职能部门及保险公司等对长期护理保险的宣传推广不够，影响了民众对该险种的熟悉度。

1. 长期护理保险的作用发挥不够

众所周知，社会长期护理保险的前身是商业长期护理保险，而商业长期护理保险又属于商业健康保险范畴。无论从保费收入还是支出而言，都可明显发现商业长期护理保险在健康保险中的微不足道。原本健康保险在我国社会医疗保障体系中的作用发挥就不够充分，商业长期护理保险在我国社会医疗保障体系中的作用就更是可想而知了。社会长期护理保险因近几年政府的高度重视而使其在社会医疗保障体系中的地位与作用有所上升，但总体来看，相对基本医疗保险而言，其作用还十分有限，还无法在社会医疗保障体系中发挥主导作用。它能解决的问题还只是局限于部分失能问题。长期护理保险自身功能的发挥不足影响了民众了解该险种的欲望、意愿与冲动，也就是说，广大民众迫切了解该险种、认可该险种并接受该险种的主动性和积极性还明显不够。由于大多数试点地区采取强制保险模式，因此广大群众目前还是以被动方式在接受该险种。这就导致尽管很多老百姓纳入到了长期护理保险保障范围，但他（她）

并不熟悉长期护理保险,也不知道该险种有何作用,能给老百姓带来哪些实惠与好处。

2. 对长期护理保险的宣传不够

当前,我国长期护理保险制度的运营,采取的是政府购买服务的方式。即政府出政策,具体的运营交由政府委托的第三方(通常为商业保险公司)来筹办。在此模式下,原本应该由政府来大力宣传和推广长期护理保险的责任转嫁给了商业保险公司。然而,在"保本微利"的经营原则下,商业保险公司经营长期护理保险的意愿并不十分强烈。结果导致在商业保险公司的众多业态中,长期护理保险保费所占比例实属无足轻重。不少保险公司之所以参与该业务,并不是因为该业务能给保险公司带来多么丰厚的利润,多半是出于借助长期护理保险拓展其他保险业务的目的。一言以蔽之,从经济的角度来看,大多数保险公司根本上缺乏大力推广和宣传长期护理保险的动力与意愿,它们当中的不少公司不过是想借助该业务来提高企业市场知名度与影响力罢了。

(二)评估标准问题的原因分析

1. 对制定失能等级评估标准的目的和意义认识不够充分

如前文所述,当前我国在失能等级评估标准方面较为突出的问题主要体现在两方面:一是部分标准过于简单,导致对失能的认定出现了偏差,从而影响到了制度的可持续健康发展;二是标准不够统一,导致下一步在全国范围内推广长期护理保险的制度目标难以实现。之所以会出现该问题,关键在于不少试点地区对制定失能等级评估标准的认识还不够到位,还没有充分认识到制定该标准的真正目的与意义所在。

我们为什么要制定失能等级评估标准,或者说为什么要制定全国统一的失能等级评估标准?难道仅仅是为了区分失能等级吗?其实不然。关键在于通过区分失能等级为后续精准化护理服务提供依据,并最终实现提高失能人员生活质量、减轻失能人员经济负担并有效节约社会资源的目的。

2. 对制定护理服务等级评估标准的重要性认识不足

护理服务等级评估标准是为失能人员提供精准化护理服务的重要前提和基础。然而，当前不少试点地区对于制定护理服务等级评估标准的重要性认识不够深入，导致相关标准在护理项目、护理内容、护理频次、护理时间、人力资源配置等方面还存在诸多亟待破解的问题。

（三）导致筹资问题的原因分析

筹资过程中之所以会在筹资渠道、筹资标准及筹资方式等方面出现诸如个人、单位和政府在筹资过程中的角色定位不够明确，筹资标准的确立与地区经济发展及人口结构不匹配，筹资方式的选择不够科学合理等问题，我们认为，主要与以下几个方面的因素密切相关。其中，资金充足与否，必将直接影响制度的运行效果。

1. 未能充分认识到社会筹资的重要性

受基本医疗保险筹资渠道的影响，一提到资金筹集，无论是实务界还是理论界，人们首先想到的就是采取个人、单位和政府共同出资的方式来筹集长期护理保险所需资金，或者通过划拨基本医保基金的方式开展筹资。[①] 当前，各试点地区所采取的筹资方式基本上就是由个人、单位和政府共同出资，或选择其中的两方共同出资。详情见表5-3。

表5-3　各试点地区长期护理保险筹资渠道

筹资类型	筹资渠道	试点地区
单一筹资渠道	医保统筹基金划拨	宁波、广州、青岛
多元筹资渠道	医保统筹基金＋医保基金个人账户	齐齐哈尔、长春
	单位/财政＋个人/财政全额补助	石景山
	医保统筹基金＋城镇职工大额医疗救助资金划拨＋单位＋个人缴费	天津
	财政补助＋单位缴费＋个人缴费	呼和浩特、盘锦
	医保统筹基金＋单位缴费＋个人缴费	承德、安庆、重庆、苏州、南通、荆门、福州、湘潭

---

① 由于基本医保基金来源于个人、单位和政府三方出资，因此划拨基本医保基金，其资金来源其实也是来自于个人、单位和政府。

续表

筹资类型	筹资渠道	试点地区
多元筹资渠道	医保统筹基金＋财政补助＋单位缴费＋个人缴费	南宁、黔西南布依族苗族自治州
	医保统筹基金＋福利彩票公益金划拨＋财政补助＋单位缴费＋个人缴费	昆明、上饶
	医保统筹基金＋财政补助＋个人缴费	苏州、成都、汉中、乌鲁木齐
	职工：单位缴费＋个人缴费；居民：财政补助＋个人缴费	上海
	职工：医保统筹基金＋财政补助＋福利彩票公益金划拨；居民：福利彩票公益金划拨＋财政补助＋个人缴费	石河子
	在职职工：医保统筹基金＋医保基金个人账户；退休人员：医保基金个人账户；灵活就业人员：医保基金个人账户	福州

资料来源：根据试点地区方案整理；张再云，栾正伟，张和峰.我国长护险筹资机制建设与国际经验借鉴［J］.科学发展，2021（08）：97-106。

这种做法本身并不是没有道理，但问题在于，它与现行国家希望为企业减负、为个人减压的总基调不符，而且也不符合试点政策中"独立运行"的总体要求。三方共同出资的筹资渠道貌似合情合理，但它带来的是三方均可能面临难以预料的压力。而实质上有一种重要的筹资渠道，即社会筹资所发挥的作用还远远不够，即通过福利体彩公益收入、社会捐赠等基金来源方式扩大福利供给来源，减轻单位和个人负担。但现实中，无论是国家层面的政策制定者还是试点地区，都还没有充分挖掘社会筹资的潜能，没有将社会筹资置身于应有的地位，导致社会筹资只是在各种筹资渠道中起补充与辅助作用。

2. 部分地区的筹资标准缺乏科学性

有关筹资标准，首先有两个问题必须明确：第一，应该筹集多少资金才能确保长期护理保险行稳致远，这是一个既严肃而又科学的问题，需要各试点地区结合自身实际情况进行精确计算；第二，不同地区的筹资标准可以相互借鉴但又无需统一。然而比较各试点地区的筹资标准，我们不难发现，部分试点地区的筹资标准缺乏科学性，没有将资金筹资的多少与地区经济发展水平及人口状况结合起来考虑。也就是说，部分地区在制定筹资标准时，忽视了对两大问题的考虑：一是没有充分考虑到将筹资标准与地方经济发展水平相适应，因为经济发展水平的高低决定了各地消费水平也必然存在差异；二是没有考虑到年龄结构可能对筹资标准产生重大影响，因为不同的年龄结构预示着各地面临的失能状况必然是千差万别的。两方面问题存在，导致了部分试点地区筹资标准的不合理性，给长期护理保险的后续运行带来了一定的风险和不确定性。

3. 对筹资方式的合理性缺乏正确认识

到底是采取定额、比例还是混合筹资，同样也是一个非常严谨、科学的问题，不能凭感觉行事。在现有筹资方式下之所以会出现有的地区资金结余太多，而有的地区却又出现了资金远远不够的情况，我们认为，很大程度上与筹资方式的不合理密切相关。定额筹资的严谨性与科学性不够。这种方式最大的优势就是决策简单，无须经过大量评估计算，只需根据经验数据就能确立一个貌似合理的筹资标准。然而实践证明，定额筹资缺乏基本的逻辑性与合理性，导致筹资标准与实际需求之间存在较大差距。

（四）护理问题的原因分析

1. 导致机构护理服务供需失衡的原因

导致机构护理服务供需失衡的原因，除与前文提出的"乡村护理机构可及性差，护理人员整体素质有待提高"等因素相关外，还是下列因素共同作用的结果。

专业护理机构的布局不合理。护理机构通常包括医疗机构、养老机构、护理院、福利院、残疾人托养中心和社区卫生机构等。然而，调查表明，护理机构存在分布不够合理的现象。目前我国广大农村所拥有的护理机构主要以村卫生室、乡镇卫生院和乡镇养老院为主。专业性较强且有一定规模的专业护理机构基本为空白。所谓的专业护理机构，基本上都分布在县城及其以上的大、中、小城市，这种现象在中西部地区表现更为突出。而在未来长期护理保险扩面的情况下，真正能发挥大作用的主要就是这些有一定规模且专业性较强的护理机构。专业护理机构的分布不合理，必然导致乡村失能人员在机构护理服务的获取方面大打折扣。

机构护理服务标准待完善。机构护理到底应该提供怎样的服务？目前全国并没有统一的标准。面对失能程度不一的护理对象，护理服务通常等级不明甚至等级不分。且不说居家护理毫无等级可言，就连机构护理也往往忽视了服务划分等级的必要性。机构给不同失能人员提供的服务在项目、内容、依据、频率和时间等方面差别并不明显，有的甚至千篇一律。这样的服务不仅简单、单一，而且缺乏针对性，难以达到"提高失能人员生活质量、维护失能人员生命尊严、为失能人员提供精准服务"的服务要求与目的。总体而言，机构护理还存在服务项目不清晰、服务内容不明确、服务依据不科学、服务频率不合理、服务时间不精准等诸多问题。

护理人员的社会地位低。首先是护理人员的福利待遇低。多数年龄偏大且又无一技之长的护理人员之所以选择该工种，多半是出于经济因素考虑。高强度工作压力下，大多数护理人员的工资水平虽然并不算低，但受人关注的社会保障与福利待遇方面则不尽如人意。调查显示，14家被调查的机构中，仅有2家为护理人员购买了基本社保，另有9家机构只是为护理人员购买了人身意外保险。其他福利，如交通补贴、用餐补贴、住房补贴、旅游和学习机会则更少。其次是护理人员的工作强度偏大。护理人员的工作强度主要体现在两方面：一是护理人员工作时间长，57.81%的护理人员反映其每日工作时长在12个小时以上、每周工作天数多为6天且加班频繁，部分护理人员甚至必须24小时出勤；二是护理人员照料的失能人员多，超过六成的护理人员必须同时照料6—10位失能人员，远超4∶1的理想失护比。超强的工作压力再加上并不理想的福利待遇，导致护理人员招工难也就不足为奇了。护理机构普遍反映护理人员的招聘特别困难，且护理人员流失现象非常严重，即便是知名度较好且规模较大的专业养护机构也不例外。

2. 影响护理员供需失衡的关键因素

那么，到底是什么原因导致护理员供需失衡现象如此之严重呢？在查阅相关文献并结合现场与网络调查的基础上，本书认为，与以下若干因素密切相关。

一是护理员工作压力大。主要表现在两方面：一方面，护理员工作强度大。现实生活中一个护理员往往需要同时照顾6—10人，甚至更多。其劳动强度之大，可想而知。二是护理员的工作难度大。护理服务工作不仅要求护理员有爱心、热心、耐心和责任心，要能做到全时段、全身心地投入，同时还要求其拥有充沛的体力和较强的适应性。因为护理员不仅要承担端茶倒水的慢工细活，有时还需要从事类似搬运托举之类的繁重体力活。三是护理员的工作时间长。泰康发布的《调研报告》显示，护理员每周工作多为7天且加班频繁，每天工作时间多在12小时以上，有时甚至需要随叫随到，通宵护理，24小时出勤[①]。现场调查也印证了这一点，每周工作时间超过80小时几乎是护理员的工作常态。与此同时，其正常的节假日通常也难有保障。

另一方面，护理员精神压力重。护理员每天面对的是形形色色的失能、半失能或失智人员，这些人或心理不健康，或智力有缺陷，或者精神有问题，或身体有残疾，或兼而有之。这些身心均有一定残缺的失能人员性格通常会比较孤僻，甚至偏激、激进，平时很难与人正常沟通。调查表明，36.7%的护理员在工作中曾遭遇过护理纠纷，61.3%的护理员认为在工作中面临较大精神压力。因此，失能人员在接受护理的过程中，稍有不如意，就可能与护理员发生言语方面的争执甚至肢体冲突；而因各种意外事故导致的说不清道不明的纠纷更让护理员倍感身心疲惫。在如此恶劣的环境下开展工作，护理员面临的精神压力之大，可想

---

① 李画.超七成养老机构护理人员不足　如何破解困局？[N].中国保险报，2018-08-29（006）.

而知。

二是护理员福利薪酬待遇低。一方面，护理员的薪酬待遇不高。护理员所从事的是又脏又劳累又繁琐的工作，按理说其待遇应远高于所在地区相关行业的平均收入。然而现实并非如此，大多数护理员的收入水平并不高。调查表明，中西部地区64.7%的护理员每月工资在3000—5000元之间，沿海发达地区则以每月4000—6000元居多。虽然少数护理机构提供的薪酬待遇相对于所在地区其他相关行业而言并不算低，但"按劳计酬、按量定薪"的收入分配方式往往让大多数护理员感觉到收入与付出不相匹配。以离开的方式来表达对该行业薪酬的不满就充分说明了这一点。大部分护理员一旦找到其他工作，就算是收入比护理服务工作稍低，通常也会毫不犹豫地选择离开该行业。

另一方面，护理员的福利待遇差。一个行业或一家企业的待遇好不好，不仅要看薪酬水平，同时还要看福利待遇。护理员福利待遇普遍偏差，缺乏基本的社会保障。与养护机构的"带编"员工或所谓的正式员工相比，对编外护理员而言，不仅"同工同酬"是一种奢望，就算是法律强制规定的社会保险同样也难以保障。除公办养护机构外，89.3%的民办养护机构只是为护理员购买了商业性质的意外保险或雇主责任险，而诸如社保性质的医疗（含大病）、养老、失业、工伤、生育等保险，则仅有21.8%的机构购买。其他福利，如交通补贴、用餐补贴、住房补贴、旅游和学习机会则更少。

三是护理员社会地位低。一方面，护理员的社会认同差。众所周知，护理服务隶属于家政服务范畴，而且属于家政服务中又苦、又脏、又累的那一类活。选择从事护理服务工作的人多半来自农村，同时也有少部分为城镇下岗职工。这些年龄普遍偏大的农民工或是下岗工人通常是因为文化素质偏低且缺少一技之长而不得不选择该职业，实属无奈之举。因此普遍认为护理员社会地位低，职业尊重感不强。护理员很容易给人一种刻板印象，即护理服务是一个劳动强度大且社会地位低的工种。受此影响，导致绝大多数35岁以下的年轻人都不愿意将护理服务作为其终身职业选择来考虑,也就是说,选择该工种的年轻人多半是不得已而为之。

另一方面,护理员的职业尊重感不强。我们每一个人都是社会的人,是全社会的一分子,尽管不同的人在社会中所处的角色和发挥的作用各不相同,但每个人都希望得到社会上其他人的认可、认同和尊重,护理员也不例外。然而,现实生活中护理员却并不被社会所认同和接受。现实表明,由于受到传统观念影响,人们总是把照顾失能人员的护理服务工作等同于"伺候人"。调查也表明,高达74.7%的人把照顾失能人员的护理服务工作等同于"伺候人",认为伺候人的工作是低级的,没地位、没面子、低人一等,不被人尊重,无发展前途。因此,从事"伺候人"工作的护理员不仅很难被社会上其他人所认可,就算是身边的亲朋好友也难以理解和接受。疑惑的眼光和鄙夷的态度往往让护理员感觉到护理工作的不被认同甚至低贱。自我认同方面,只有33.25%的护理员认为自己的工作有成就感和职业荣誉感,认为能够获得尊重的更低,仅为25.74%[①]。

四是护理员职业发展难。第一,护理员的职业发展空间小。判断一种职业好不好,不仅要看该职业现阶段的发展情况,包括职业待遇好不好、环境优不优、地位高不高等,同时更要看该职业的未来发展趋势和前景,即该职业未来的发展空间是不是足够大。职业发展空间是吸引相关从业人员的重要因素之一。有些职业属于"天生丽质"型,未来总是一片光明,如公务员、律师等;有些职业属于"后起之秀"型,一开始并不被人看好,但只要好好干,从长远来看其发展空间同样让人羡慕,让不少人趋之若鹜,如医生、教师等。而护理员则不然。现实很残酷,就算努力也未必能改变现状。对于绝大多数护理员而言,升任主管就是最大的发展空间。这样的职业发展前景对于绝大多数年轻人而言,毫无吸引力可言。

---

① 李画.超七成养老机构护理人员不足 如何破解困局?[N].中国保险报,2018-08-29(006).

第二，护理员的晋升晋职难。由于绝大多数护理员均为养护机构的外聘人员，他们与养护机构签订的是临时聘用合同，因此，就其身份属性而言，他们属于来去相对较为自由的临时员工，合适就留、不合适则走。这必然给养护机构带来各种顾虑和困惑。对于养护机构而言，必定会认为护理员是一个很不稳定的职业群体，他们的去留很难被机构所控制。在此背景下，机构也就不大可能将一份更为重要的管理工作交办给护理员。因此，大多数护理员只能在护理工作上默默无闻地干一辈子，就算是付出了努力，也未必能得到晋升晋职的机会。泰康保险发布的《调研报告》显示，目前全国一半的养老机构没有明确的职位晋升体系。近20%机构的晋升路径还不顺畅，护理员多认为自身工作没有上升空间（51.82%）或上升空间不明显（37.21%），71.3%的护理员认为升任主管就是最大的发展空间[①]。

（五）非公平性问题的原因分析

1. 长期护理保险的保障范围定位不够精准

长期护理保险到底应该为谁提供风险保障？很显然，应该是那些急需帮助的失能人群。所谓的帮助，主要包括两方面的内容，即专业的护理服务和经济上的支持。很显然，对于所有的失能人员而言，这两方面的帮助可以说都是缺一不可且难能可贵的。也就是说，长期护理保险应该给所有的失能人员提供必要的风险保障，不管是重度、中度还是轻度失能人员。然而当前大多数试点地区只为重度失能人员提供护理或经济保障，少数地区虽然也对中度失能人员有所保障，但对中度的评判标准提出了较高要求，实质上保障范围还是有限；对于轻度失能人员则一致性地排除在了制度保障之外。正是这种制度安排让很多失能人员（主要是轻度失能人员和失智人员）因未能享受到基本的失能风险保障而导致失能程度加重。很显然，我们应该在其失能程度还未恶化之前予以干预，尽可能地让失能消除在萌芽之中。我们认为，对于重度、中度轻度失能

---

① 李画.超七成养老机构护理人员不足　如何破解困局？［N］.中国保险报,2018-08-29(006).

人员的护理保障应该体现在程度上，而不该体现在范围上。也就是说，长期护理保险的覆盖范围应该是所有的失能人员，而不局限于重度或中、重度；对轻度失能人员也应该提供相应的护理保障，但程度上可与中、重度相差别。然而，当前我国大多数试点地区反其道而行之，结果才导致了"参保人群还未实现全覆盖"的局面。

2. 地区经济差异是导致护理资源配置不均衡的关键

所谓地区经济差异，既包括城市与农村经济方面的差异，也包括东、中、西部经济方面的差异。由于城乡之间及东、中、西部之间经济上存在较为明显的差异，导致城乡及地区之间护理资源的分布呈现出明显的不平衡现状。从当前我国护理资源的总体配置来看，总量上我国农村地区的相关资源似乎并不少。《2020年民政事业发展统计公报》显示，截至2020年底，全国共有社区综合服务机构和设施51.1万个，社区养老服务机构和设施29.1万个。城市社区综合服务设施覆盖率100%，农村社区综合服务设施覆盖率65.7%。但经济欠发达的广大农村地区（包括乡镇和农村）分布的大多数属于低档次护理资源（如乡村养老院），全国90%以上的优质护理资源则主要分布在经济条件相对较好的县城以上（含县城）的城市地区，广大的农村地区分布数量则屈指可数。以泰康之家养老社区为例，作为目前全国数一数二的高品质连锁养老品牌，截至2022年5月，泰康之家目前已在全国26个城市布局了29家社区。也就是说，泰康之家高品质养老社区全部分布在城市，广大农村地区则完全排斥在了布局之外。再就东、中、西部地区而言，护理资源，尤其是优质护理资源的分布也存在较大的差异。由于经济上的差异，导致布局东部地区的优质资源总体上要明显高于中、西部地区。国家及地方政府如果不从政策上加以激励或引导，这种护理资源配置非均衡分布现象短期内很难改变。

3. 支付限额的测算依据不够统一

从第一批试点地区的支付限额来看，共同点就是都区分了护理模式，即根据护理模式的不同提供差异化的支付标准，但差别在于，不同试点地区支付限额存在非常明显的差异。以居家亲情护理的每日补贴为例，最高的为广州，每天的护理费补贴高达103.5元，而最低的为齐齐哈尔，每天的护理费补贴仅为20元。两者相差5倍有余，即便扣除广州与齐齐哈尔之间的物价差异，两者的差距也依然是十分明显的；从月补贴来看，同样也存在非常明显的差异，最高的为成都，对重度三级失能人员的限额补贴每月高达1796元，而最低的为石河子，对失能人员的限额补贴每月限额最高仅750元，仅相当于成都的41.76%，不足一半，其差距之明显，一目了然。医疗机构护理与养老及护理机构护理同样也存在类似的情况。各地之所以存在如此明显的差异，关键就在于各试点地区对支付限额存在不同的测算依据，考虑的因素不一样，自然标准也就千差万别。从制度的长远发展来看，支付标准确实要考虑地区差异，但不可能每个地区（以地市为单位）制定一个支付标准。未来可能的标准可以分高、中、低三个档次，根据经济发展水平、物价水平及服务水平的差异，将不同地区纳入不同的标准范围内，以此确立不同模式下的支付限额，只有这样才可能构建相对公平的长期护理保障制度。

至于保障方面的问题，则很可能与对长期护理保险的保障对象认识上存在一定的局限、对"失能"的认定不够精准、对护理与养老的关联性认识不足、夸大了长期护理保险的保障范围以及对影响支付待遇的相关因素考虑不够全面等密切相关。

第六章 国际长期护理保险发展经验及启示

放眼全球，长期护理保险在发达国家已经有了一定的历史与基础，取得了一定的成效。目前主要存在三种模式：一是以瑞典为代表的税收福利模式；二是以美国与法国为代表的市场主导、个人缴费模式；三是以德国、日本为代表的企业缴费模式。国际主流的长期护理保险模式为以长期护理保险为主体、以财政税收支持政策为辅助的老年看护保障模式，在国外均有较为广泛的实践，值得我国长期护理保险借鉴学习。

一、美国的经验及启示

美国是一个商业长期护理保险相对较为发达的国家，早在20世纪七八十年代，美国就已经开始探索相关的护理保险制度。[1]与很多发达国家不同，美国没有建立强制性长期护理保险制度，其长期护理保险由个人自愿投保，更多属于商业保险范畴；但也带有一定的社会保险性质，因为它同时也为65岁以上老人、伤残人群及低收入者等弱势和贫困群体提供医疗照护和资助计划，政府承担"兜底"责任。[2]这一特点不仅能使经营长期护理保险的商业保险公司根据社会不同层次需求开发各种性

---

[1] 刘燕斌，赵永生. 德日美以四国长期护理保险制度构架比较（下）[J]. 中国医疗保险，2011（06）：66-68.
[2] 郭玉琳，何丽，谢慧玲. 美、英、德、日、中5国不同长期护理保险模式的比较研究[J]. 卫生软科学，2022，36（04）：22-26.

质各异、价格有别、服务不同的险种，又能促进长期护理保险经营者之间的相互竞争[1]，同时还能帮助其业务管理自成体系，促使其重视核保核赔业务，从而有效控制业务风险。

为了鼓励和促进长期护理保险发展，美政府着手对医疗保障体系进行改革。1996年，美国保险监督官协会（NAIC）发布《联邦健康保险可转移与说明责任法案》（HIPAA），出台对长期护理保险的税收优惠政策。[2] 规定对个人和企业购买长期护理保险，凡符合条件的保费与费用，可以作税前抵扣。对个人来说，只要满足税收优惠条件，就可享受到优惠减免后的价格，另外支付医疗费用时，个人缴纳的长期护理保险保费可用作税前抵扣；对于企业而言，如果雇主给雇员购买长期护理保险或者为其支付长期护理费用，那么政府会减免企业的税收负担。[3] 政策利好下，美国商业长期护理保险迎来了高速发展期，业务高峰期年保费超过60亿美元，经营相关业务的保险公司超过130家。总之，经过多年的积极探索，美国的长期护理保险制度已取得了显著的成效。

但是，好景不长，由于超常规扩张、错误定价、低估保费、逆向选择等问题层出不穷，导致长期护理保险行业普遍陷入亏损，由盛转衰。截至2017年底，全国仅有15家保险公司经营长期护理保险业务，保费收入不足10亿美元。而就覆盖人群而言，美国长期护理保险的覆盖面大致为800多万人，约占老年人口的13%。[4] 覆盖面之所以不大，与"供需错配"和"逆向选择"问题密切相关。尽管美国的长期护理保险制度还存在各种各样的问题，但作为最早探索长期护理保险制度的国家，其制定条款还是有很多方面值得我国借鉴与学习的地方。

---

① 刘俊萍，尹文强，李玲玉，等.美德日韩4国长期护理保险制度对我国的启示[J].卫生软科学，2020, 34（04）：92-95.

② 李慧欣.美国商业长期护理保险的发展及其启示[J].金融理论与实践，2014（04）：88-92.

③ 刘丽嫔，陈志喜，张嘉丽.美国长期护理保险的发展经验、制度特点及其对我国的启示[J].卫生软科学，2019, 33（06）：63-67.

④ 孙东雅.建立完善中国长期护理保险制度的思考[N].中国保险报，2017-10-27（004）.

（一）重视政策保障

在美国长期护理保险发展过程中，政府发挥的引导作用可谓举足轻重，同时美国居民对于政府参与和推动长期护理保险体系建设也有着十分强烈的愿望。随着社会的发展，美国的商业长期护理保险模式已无法满足居民对该保险的基本需求，尤其是高昂的保费成了美国居民购买该保险的一大现实难题。在此背景下，美国政府实施了一系列的公共保障计划，并企图通过提供税收优惠政策、拓宽资金来源渠道等措施来解决这一问题。[1] 其公共保障计划主要包括医疗保险计划、医疗救助计划、社区生活援助和支持计划（Community Living Assistance Services and Support Program，CLASS）、社会服务补助金计划（Social Service Block Grant，SSBG）、长期护理合作计划（Long-Term Care Partnership Policies，LTCPP）、退役军人福利计划（Department of Veterans Affairs，DVA）和老年法案（Older Americans Act，OAA）[2] 等。这些政策措施的实施，不仅较好地解决了上述难题，同时对于促进长期护理保险的发展、保障失能人员的基本利益等，均起到了较好的保障作用。

因此，在完善我国长期护理保险运行模式时，可参考上述做法，充分发挥政府与市场并行的优势与作用。[3] 一方面，政府要从宏观层面出发，制定长期护理保险发展整体规划，构建较为合理的长期护理保险法律法规体系，从立法层面保障长期护理保险相关主体（主要包括政府、保险公司、护理机构、评估机构、失能群体等）的基本权益，促进长期护理保险的高质量健康发展；另一方面，应制定有效的规章制度，通过完善公共保障政策、减免保费税收、个人或团体购买等优惠政策，激发人们

---

[1] 刘丽嫔,陈志喜,张嘉丽.美国长期护理保险的发展经验、制度特点及其对我国的启示[J].卫生软科学,2019,33（06）：63-67.

[2] 荆涛,杨舒.美国长期护理保险制度的经验及借鉴[J].中国卫生政策研究,2018,11（08）：15-21.

[3] 胡宏伟,李佳怿,栾文敬.美国长期护理保险体系：发端、架构、问题与启示[J].西北大学学报（哲学社会科学版），2015,45（05）：163-174.

购买长期护理保险的意愿，以满足居民的长期护理服务需求。除此之外，政府还应科学制定保险公司和相关护理服务的准入标准、质量要求等规定，并定期审查，保障护理服务的质量水平，确保保险公司的有序发展，进而保证长期护理保险的可持续、高质量健康发展。

（二）强调产品多样化

众所周知，由于现实生活中不同个体的身体状况、经济条件、思想观念等各不相同，因此对长期护理保险的需求也存在较大差别。有的更看重产品的保障功能，有的更关注产品的价格，有的更考虑产品的保障范围，有的更强调产品的服务内容，有的更倾向于产品的个性化需求，等等，可谓五花八门。实践证明，单一的长期护理保险产品难以满足不同人群对多元化产品的需求。因此，政府及保险公司应当注重开发多样化、多类型的长期护理保险产品。美国的长期护理保险制度，在这方面做了较为深入的探索，值得借鉴和学习。

美国的长期护理保险最大的特点就是产品类型较为丰富。美国目前约有100多家保险公司提供长期护理保险服务，就其产品分类而言，按照美国国家保险委员会的分类，根据购买主体的不同，美国的长期护理保险产品大致可分为四种类型，分别为：由个人自行出资购买的个人长期护理保险（Individual Policies，IP）、由雇主（团体或者企业）为雇员购买的雇主长期护理保险（Policies from My Employer，PME）、由联邦政府为失能人员提供的联邦长期护理保险（Federal Long Term Care Insurance Program，FLTCIP）、由社区为失能人员提供的社区长期护理保险（Policies Sponsored by Continuing Care Retirement Communities）。根据保险的偿付方式不同，则可将长期护理保险产品分为实际费用补偿型保单、定额给付型保单和直接提供长期护理服务型保单三种类型。[①] 与此同时，人寿保险或年金保险（Life Insurance or Annuity Policies）、协会保险（Association Policies）、与住房反向抵押项目结合的长期护理项目也提

---

① 孙东雅，姜利琴. 美国长期护理保险模式［J］. 中国金融，2016（18）：54-55.

供了一定的长期护理保障。①此外，美国的 Medicare（医疗保险，主要面向老人）、Medicaid（医疗救助，主要面向贫困者）两项医保制度以及与 Medicaid 衔接的伙伴计划（Parternership Programs）等，也向特定人群提供一些长期护理方面的公共医疗服务。这也就是说，美国的长期护理险既可以单独向个人承保，也可以团体险的形式承保；其保单可独立签发，也可作为寿险保单的批单形式签发；或把丧失工作能力收入保险单转化为长期护理保险保单，或以随账户余额的变动增加保险金额的保单形式存在。②总之，品种多样，类型各异。

美国的长期护理保险制度表明，只有提供不同类型的保单，投保人才可以自主选择所需产品，从而吸引更多的人购买该保险，进而最终实现长期护理保险覆盖不同层次、更多群体的目标。

因此，我国在实施长期护理保险制度、开发长期护理保险产品时，有必要借鉴美国的做法，根据投保人的具体需求及各地的经济条件存在的差异，开发并提供保险金给付方式不同、投保条件各异、保费存在差异、保险服务内容灵活多样的长期护理保险产品。如美国规定，长期护理保险保费厘定时，一般根据被保险人的年龄、医疗状况等因素制定分类费率；保费的多少与被保险人年龄、投保人选择的最高给付额、给付期和等待期等因素相关，即年龄越大、最高给付额越高、给付期越长、等待期越短，所缴保费就越高。③这种做法就非常值得我们借鉴。同时，我们还可鼓励客户自主定制个性化长期护理保险产品，满足其特殊化、定制化、差异化护理、价格及其他需求。④例如，根据不同地区、不同群体的

---

① 李慧欣.美国商业长期护理保险的发展及其启示［J］.金融理论与实践，2014（04）：88-92.
② 荆涛，杨舒.长期照护保险制度的国际经验及借鉴［J］.中国医疗保险，2017（10）：67-70.
③ 荆涛，杨舒.长期照护保险制度的国际经验及借鉴［J］.中国医疗保险，2017（10）：67-70.
④ 刘丽嫔，陈志喜，张嘉丽.美国长期护理保险的发展经验、制度特点及其对我国的启示［J］.卫生软科学，2019，33（06）：63-67.

经济水平情况，开发价格可动态调整的长期护理保险产品。同时，针对那些对产品价格较为敏感的居民，可鼓励保险公司通过创设寿险保单附加长期护理保险的方式，使居民在购买寿险保单时，还能得到一份保费不高且保障不少的长期护理保障。

（三）注重特色条款

美国长期护理保险保单的特色条款包括：第一，配偶生存条款。该条款规定，配偶去世以后，保单上尚在世的配偶无须继续支付长期护理保险保费，而仍然可以获得保险的保障。[①] 第二，不丧失保单价值等条款。规定一位因为收入下降或保费上涨等原因而无法继续缴纳保费的投保人，可以终身保留一份保障水平略有下降的长期护理保险。第三，豁免保费条款。即在被保险人住进护理院或领取保险金的第一天或之后的60天、90天开始免缴续期保费。第四，通货膨胀条款。即保险公司根据长期护理保险中可能出现每期缴纳保费的现金价值随时间增加而贬值的现象，制定了该条款，以此保护自身利益。第五，保费收益条款。这一条款规定，当被保险人过世后，合同中写有该条款的保险公司会将部分或全部保费返还给指定受益人。此外，很多保单还规定，可把保单改为缴清保险或展期保险等方式，从而体现了条款设定的灵活性[②]。这些特色条款的设置，一定程度上消除了投保人对长期护理保险缴费的疑虑，既有利于维护保险公司以及投保者权益，同时更有利于增强消费者的购买意愿。

实践表明，这些特色条款非常实用。为此，我国应充分吸取美国的好做法，在制作长期护理保险保单时，一方面结合自身实际情况，另一方面则尽可能地借鉴以上经验，在广泛听取投保人意见和建议的基础上，设计一些合理可行的特色保险条款并将其加入到现有保单条款中，以此保证相关利益主体权益的同时，为投保人提供更多权利与便捷。

---

① 孙东雅，姜利琴. 美国长期护理保险模式［J］. 中国金融，2016（18）：54-55.
② 荆涛，杨舒. 长期照护保险制度的国际经验及借鉴［J］. 中国医疗保险.2017（10）：67-70.

（四）关注社区护理

在护理模式方面，美国的长期护理保险还特别重视发挥社区护理的作用，企图通过大力发展社区护理来解决护理资源不足的问题。相较于美国，我国居民对远离家庭居住地的养老院等护理机构的护理方式认可度和接受程度并不高。[①] 结合这一实际情况，我们可以加快推动社区化护理机构的建设与发展，完善相应的护理政策，以保证社区护理机构的规范性；同时还应进一步加强监管，确保社区护理机构的服务质量，通过居家护理与社区护理相结合的护理方式来满足居民的护理服务需求。

（五）区别护理层级

美国的长期护理保险政策，还有一个较为明显的特点，就是区别护理层级，即对于不同的人群采取不同的照护模式。其具体做法为：对于65岁以上老人、伤残人士及低收入者等弱势人群，通过社会救助体系，由政府提供较低水平的长期照护保障；对高收入人群，则通过商业性质的长期护理保险提供相对较高水平的照护保障。美国的做法告诉我们，为了最大限度地用好现有各种护理资源，并尽可能地节约成本，未必要建立单一的长期护理制度，也未必要将所有的人群全部纳入统一的照护模式中。借鉴美国经验，应该根据不同人群的支付能力，建立不同层级的长期护理保险制度，让支付能力不同的人群可以有不同的选择。同时还要根据商业保险和社会保险的不同作用，设置不同性质、不同价格、不同保障功能、不同保障水平的长期护理保险产品，以此满足多样化人群对差异化护理服务的需求。

二、德国的经验及启示

继美国之后，德国、日本和新加坡等国也陆续制定了长期护理保险制度，开展相关的护理服务业务。

[①] 余舟,杨立雄.从"机构化"到"家庭化"——美国护理院"文化变革运动"的评析与借鉴[J].残疾人研究，2021（04）：88-96.

德国是欧洲老龄化较为严重的国家之一。20世纪90年代，德国的人口老龄化问题已非常突出。1995年，德国60岁以上人口占总人口的比重就已高达21%[①]。德国需要社会救助及护理服务需求的人群因此快速膨胀。在此背景下，1995年，德国开始正式实施长期护理保险制度。[②]长期护理保险也成为继养老保险、医疗保险、事故保险、失业保险之外的"第五大社会保险"。德国建立长期护理保险的目的，主要是向病人和长期护理服务提供方（家庭成员、朋友、健康护理专业人员）提供经济上的帮助，以减轻社会福利的负担，而非对全体居民所有护理等级的长期护理需求提供全面保障。[③]该制度主要有五个方面的特点。一是法定强制参加，要求一般民众参加法定强制长期护理保险（约覆盖总人口的90%），高收入人群和自由职业者可以另外选择参加法定长期护理保险或强制性的商业长期护理保险。二是护理保险资金来源于雇主和雇员缴纳，采用现收现付制，具体运作采用分散管理模式，全国大约有250个长期护理保险基金；保费则由政府、企业、员工共同承担，并根据是否退休、是否有子女及不同年龄等实行差别费率。三是护理待遇给付不与缴费多少挂钩，也不与家庭经济状况联系，只取决于失能等级。四是服务方式鼓励采取家庭照护，把机构护理作为最后选择，且个人只承担一部分护理成本；机构护理个人负担不超过50%。五是免征护理服务机构营业税和消费税，通过该方式鼓励护理机构的发展和竞争。[④]

实践表明，经过20多年的发展，德国构建了一整套财务运作可持续的，能有效降低州与地方政府和个人家庭沉重财务负担的，全覆盖、多层次的长期护理保险体系。该护理体系有效减轻了居民的护理压力，对

[①] Geraedts, M, Heller, G.V, Harrington, C.A. Germany's Long-Term Care Insurance: Putting A Social Insurance Modelinto Practice [J]. *The Milbank Quarterly*, 2000, 78（03）: 375-401.

[②] 刘涛,汪超. 德国长期护理保险22年:何以建成,何以可存,何以可行? [J]. 公共治理评论, 2017（01）: 25-39.

[③] 何林广,陈滔. 德国强制性长期护理保险概述及启示 [J]. 软科学, 2006（05）: 55-58.

[④] 孙东雅. 建立完善中国长期护理保险制度的思考 [N]. 中国保险报, 2017-10-27（004）.

提高护理人员的生活质量和促进社会稳定与发展做出了较大贡献。[1]其成功经验对于我国而言，颇具借鉴价值与意义。

（一）加强顶层设计是基础

德国的长期护理保险制度是强制性社会保险制度[2]，相对商业保险制度而言，该保险制度的设计更为繁琐，是一个复杂的系统性工程，既要考虑投保人与保险公司利益，同时还要考虑政府的诉求。考虑到制度的复杂性，德国政府在制定该制度时，更强调从宏观层面把握制度框架。为此，德国政府在特别强调融资、受益条款、成本控制、质量保证等多个方面制度设计的同时，还充分考虑了其他各种可能影响制度运行的情况，包括地区收入差距、政府财政负担以及居民的接受度等，并按照迂回思想，先易后难，在强调基本公平的原则下，逐步推动着长期护理保险制度体系建设。

借鉴德国经验，我国长期护理保险发展模式仍需进一步完善。一方面，应建立和落实统一的长期护理保险缴费水平和给付基准，允许各地根据经济发展水平进行系数的稍微调整；同时充分发挥财政的转移支付功能，利用财政的转移支付调节各地差异，使广大居民进一步享受到公平的长期护理服务。另一方面，构建多元、多层的护理服务体系，依据保基本、宽口径的原则，根据护理服务项目和类型设计多层保险给付标准，满足被护理人员的多元化护理服务需求，充分发挥保险给付的调节功能。除此之外，还应逐步规范护理服务机构的服务质量和标准，通过将保险给付与服务水平相挂钩的模式，引导护理机构主动提高服务水平，提升长期护理服务的整体满意度。[3]总而言之，长期护理保险制度的完善是一个系统、长期的过程，应循序渐进。

---

[1] 秦建国.德国长期护理保险经验对我国的启示［J］.中国社会保障，2018（04）：79-81.
[2] 秦建国.德国长期护理保险经验对我国的启示［J］.中国社会保障，2018（04）：79-81.
[3] 郝君富，李心愉.德国长期护理保险：制度设计、经济影响与启示［J］.人口学刊，2014，36（02）：104-112.

（二）重视相关立法是关键

为了适应社会发展变化，并积极应对实践中遇到的各种问题，在20多年的实践中，德国曾多次对护理相关法律法规进行修改和调整，形成了一套科学性和可操作性强的长期护理保险法律体系。[①]1995年1月1日，德国实施《长期护理保险法》，明确了多层次的长期护理服务等级标准，提供了差异化的护理服务，同时采用多种给付形式，从立法的角度保证了每位居民可依据自身实际健康状况享受长期护理服务的权利。2008年5月，德国出台了《护理继续发展法案》《长期护理保险结构改革法》，一方面，进行筹资制度改革，将缴费率从原先的1.7%增加到1.95%[②]；另一方面，又规定将护理保险给付支出标准与通货膨胀水平挂钩，并实行差异化费率，提高了无子女需要抚养的被保险人的缴费水平，从立法角度保障了每位受益人的权利和义务的统一。2012年，德国出台了《护理新调整法》《护理新导向法》，对护理内容进行了调整。2014年，德国《护理加强法Ⅰ》《护理加强法Ⅱ》两份法案相继颁布。新法案不仅扩充了护理服务的内涵、细化了护理等级、提高缴费率，更提高了相关待遇、进一步提高对非正式护理的支持力度。[③]通过法治化体系的不断改革与完善，德国的长期护理保险制度日趋成熟，社会长期护理保险和强制性商业长期护理保险相结合的"双轨"运行模式逐步形成。

德国的实践经验表明，长期护理保险制度的完善，是一个循序渐进的过程，不可能一蹴而就，而是需要根据形势变化和市场需求在实践中不断丰富、发展。因此，未来我国在探索长期护理保险的实践中，应加强相关法律体系和制度建设，尤其要针对老年人和农村长期护理相关法律法规存在空白的现状，加强政策支持。通过试点研究、立法保障等方式，搭好建好法律制度的大框架，引领和规范长期护理保险的健康发展，

---

① 何林广，陈滔.德国强制性长期护理保险概述及启示[J].软科学，2006（05）：55-58.
② 2013年、2015年、2017年又分别增加到了2.05%、2.35%和2.55%。
③ 苏健.德国长期护理保险改革的成效及启示——以三部《护理加强法》为主线[J].社会政策研究，2020（04）：39-49.

早日实现长期护理保险全国上下"一盘棋"的扩面目标。

（三）发挥政府作用是根本

作为社会性保险，德国长期护理保险制度的建立和正常运转离不开各级政府的大力支持和推动。首先，德国联邦健康局依据不同时期社会发展的需要，不断提高服务水平、完善给付标准和健全监督机制，形成了较为合理有效的管理机制和运作模式。其次，德国各级政府对长期护理保险的运营一直以来都非常重视，为了确保制度的健康发展，长期以来始终给予财政补贴，将大量社会资源投入到健全长期护理保险体系中，积极承担了重要的经济、民生和社会责任，对于长期护理保险的可持续发展起到了重要作用。再次，德国健康保险医疗事务服务部通过严格监管长期护理保险整体运营情况，严格控制保险费用的不健康增长，保障了长期护理保险的可持续发展[①]。

可见，长期护理保险能否健康运行，政府的支持不可或缺。德国的实践表明，政府的政策引导、资金投入和严格监管是长期护理保险健康发展的关键。我国长期护理保险试点6年多来，虽然取得了一定的成就，但在政策引导、资金投入和严格监管等方面依然存在不少问题。为此，各级政府还需加大对长期护理保险制度的支持力度，通过各种优惠政策推动长期护理保险实现更快更好的发展。如通过税收政策对长期护理保险的资金筹资方式进行必要调整，对购买长期护理保险的单位和个人给予机构营业税和个人所得税方面的优惠；鼓励保险公司积极创新高质量的长期护理保险产品，鼓励护理机构改善护理条件、提升护理水平等，以此不断提升我国护理服务水平与护理保障质量。总之，在我国"大政府、小社会"背景下，政府更要主动探索长期护理保险发展模式，迎难而上，推动长期护理保险向纵深发展，使其真正成为长期护理保险发展过程中不可或缺的主导力量。

---

① 刘芳. 德国社会长期护理保险制度的运行理念及启示［J］. 德国研究, 2018, 33（01）: 61-76+135.

(四)培育护理人才是保障

护理人才的多少与好坏,是促进长期护理保险实现可持续健康发展的有力保障。为了引导更多的人加入护理队伍,解决护理人才不足、护理质量不高的难题,德国政府采取了众多富有吸引力的政策措施。例如,通过改革,提升了对亲属护理者在护理期间的福利待遇,以此吸引更多亲属参与居家护理来减少对护工的需求。2008年,德国护理改革规定,在拥有15名以上职工的公司工作的职工在护理亲人时,可以享有为期6个月的假期,同时长期护理保险经办机构为这类人群缴纳护理期间的各项社会保险费用。上述改革措施最终保障了非正式护理人员的社会权益,吸引了更多人投身于居家护理服务行业,减轻了机构护理的压力。与此同时,德国政府还通过提升护工的工资待遇与社会保障水平等措施,鼓励更多人从事护理行业,从而推动护理行业良性发展。[1]

德国的实践表明,其长期护理保险制度之所以能够取得良好效果,成功经验之一就是得益于对护理人才的重视。为此,我国在实践中也应该特别注重护理人才的培育与引导,应该通过各种优惠政策吸引更多的人,尤其是科班出身的年轻人加入护理员队伍;同时还要在工作强度、经济待遇、住房条件、子女教育、晋升通道、户口户籍等方面设置更多的补助或是优惠政策,以此留住现有人才,尽可能减少护理人才的流失,让护理人才过上体面而又有尊严的生活。

三、日本的经验及启示

日本是世界上老龄化程度最严重的国家,20世纪90年代就已步入老龄化社会。[2]2000年,日本在借鉴德国长期护理保险制度的基础上,结合自身国情与实际,开始实施长期护理保险制度(日本又称"介护保

---

[1] 罗遐,吴潇.德、日两国长期护理保险制度改革路径及对我国的启示——基于国际比较的视角[J].卫生软科学,2021,35(08):65-70.
[2] 张晏玮,栾娜娜.日本长期护理保险制度发展方向及对我国的启示[J].社会保障研究,2017(02):106-112.

险制度")。为了充分发挥长期护理保险在老年人护理保障中的作用,多年来日本一直在对该保险制度进行改革与完善,日本的长期护理保险制度因此日趋成熟、合理。日本的长期护理保险制度主要有以下几个特点:(1)保障人群有限,主要覆盖65岁以上老年人和40—64岁患有特定疾病的失能人群;(2)筹资来源明确,一半来自参保人缴费,一半来自于税收;(3)护理服务可选,申请者向市町村提出申请,经过认定护理等级后,即可选择服务提供者接受服务,包括居家服务、社区服务等方式;(4)护理费用低廉,接受长期护理服务的参保人只需支付10%的护理费用。由于老龄化严重,护理资源不足,2005年,日本对长期护理保险制度进行了改革:一是严格护理服务等级认定,提高服务提供门槛;二是对需要轻度护理的保障对象,加强健康管理,避免健康状况进一步恶化;三是完善社区服务体系,方便老年人就近接受灵活多样的服务。①

虽然我国人口老龄化程度不及日本,但我国老年人口基数大,老龄化发展速度快,潜在的失能护理需求更大。在此背景下,对日本的长期护理保险制度进行深入分析和探讨,研究其实践过程中取得的成效,总结其实施长期护理保险过程中的失败教训,对于我国规避其经历的问题,促进并推动长期护理保险制度实现高质量发展以及完善相关制度等,必然大有裨益。具体而言,日本以下几个方面的经验教训值得我们借鉴和学习。

(一)依托改革不断夯实制度基础

自2000年日本颁布《护理保险制度》以来,其长期护理保险制度运行已20年有余。20多年来,该制度运行取得了一系列可喜的成就,但同时也面临诸多问题。面对长期护理保险制度实际运行过程中出现的种种问题,日本当局对该制度进行了四次不同程度的调整和改革,不断夯实了长期护理保险制度基础。第一次(2003—2005年)为以"预防"和"护理"为特征的控制改革。此次改革进一步细化了护理等级、增设了预防服务内容、加快了地区配套护理服务。第二次(2006—2009年)为以政

---

① 孙东雅.建立完善中国长期护理保险制度的思考[N].中国保险报,2017-10-27(004).

府强化监管为抓手的巩固改革。主要对以往存在的相关服务乱象进行集中整顿，规范护理服务方式，完善护理服务管理体系。第三次（2010—2013年）为以强化社区护理服务为重点的拓展改革。本次改革以日本的厚生劳动省为典型代表，颁布了《关于护理保险制度的修改意见》，为重度失能人员以及单身老人提供24小时的巡回访问服务，同时加快老年公寓的建设，实现该住宅区养、护、医一体化服务，增加护理服务内容，如吸痰等服务，提高被护理人员的满意度。第四次（2014年至今）为以机构护理向居家、社区护理转变为宗旨的重构改革。此次改革，不仅进一步加强了社区综合护理服务体系的创设，而且调整了费用负担比例以及严格审查护理院的入住资格与标准、扩大了护理服务的供给主体范围。①通过对长期护理保险的四次改革与完善，日本长期护理保险制度不仅减轻了政府财政负担、带动了护理产业的发展、转变了护理理念，更实现了护理供给主体的多元化，缓解了护理机构、护理人员不足的压力，充分尊重老人自主选择权，提高了护理质量。②

自2016年7月颁布了《关于我国开展长期护理保险制度试点的通知》（以下简称《通知》）以来，我国长期护理保险制度试点工作已开展6年有余。6年多来虽然取得了一定的成效，但同时也面临诸多问题。面对问题，虽然我国也采取了一些改革措施，但效果并不理想，比如筹资渠道不畅、护理水平不高、护理能力有限等问题。究其原因，一方面与改革措施力度不够有关，另一方面则是改革零散、缺乏系统性考虑导致的结果。2020年9月，在《通知》的基础上我国颁布了《关于扩大长期护理保险制度试点的指导意见》，但这次改革的主要任务是扩大长期护理保险的试点范围，对于实践中遇到的很多问题依然未能找到合理解决办法。面对问题，试点城市虽然也采取了不少措施，但颁布的多是"办法""通

---

① 赵春江，孙金霞.日本长期护理保险制度改革及启示［J］.人口学刊，2018，40（01）：79-89.
② 陈奕男.长期护理保险高质量发展的依据、框架与路径［J］.卫生经济研究，2022，39（04）：37-41+45.

知",文件整体缺乏权威性,法律效力较低,改革效果甚微。为此,我们可以借鉴日本的做法,在做好总体规划的基础上,定目标、分阶段开展有序改革,通过立法推动改革向纵深发展。[①]

(二)构建稳定的筹资体系

国际经验表明,持续、安全、充足的保费资金来源是长期护理保险制度实现可持续健康发展的关键。面对筹资难这一全世界普遍存在的问题,2011 年,日本在第三次改革中明确提出,要强化医疗保险与护理保险之间的沟通协作,当被保险人出现紧急重症需及时就医时,医疗保险机构应立即进行救治;当被保险人病情稳定并处于康复期时,应转向护理机构进行下一阶段的康复治疗,实现治疗与康复、医疗保险与护理保险的有效衔接。同时,从日本长期护理保险缴费规定中可以看出,日本长期护理保险保费缴纳水平虽然不相同,但有效满足了有不同风险、不同层次与层面有需要的投保人群。不过值得注意的是,日本的长期护理保险筹资主要由政府和个人两方共同承担,且个人出资占保险支出的一半,个人负担比例偏高。其中,大约 33% 的资金来源于 40—64 岁的居民,17% 的资金来自于 65 岁以上的老人[②],个人负担过重,个人出资比例明显不适合我国社会保障模式。为此,有日本学者就表明,引入长期护理保险制度对保障日本家庭与残疾家庭成员的福利有着重大意义,但随着需要护理人口的不断递增,长期护理保险给付额逐年攀升,长期护理保险的筹资安全问题日益严峻,长期护理保险的可持续发展受到了严峻的考验。[③]

合理的筹资机制是长期护理保险制度健康可持续发展的基础。日本

[①] 陈玫,孟彦辰.长期护理保险制度的构建研究——以日本相关经验为借鉴[J].卫生软科学,2019,33(09):87-91.

[②] 戴卫东.解析德国、日本长护险制度的差异[J].东北亚论坛,2007,16(01):39-44.

[③] Iwamoto Y, Kohara M, Saito M. On the Consumption Insurance Effects of Long-Term Care Insurance in Japan: Evidence from Micro-Level Household Data [J]. *Journal of the Japanese & International Economies*,2010,24(01):99-115.

的经验教训表明，筹资的稳定性与安全性很重要，但充分整合资源，实现稀缺资源的有效利用，从而达到节约资金、提高效率的目的更重要。为此，我国在长期护理保险制度的设计中，有必要借鉴日本改革中的有益部分，密切医疗保险和长期护理保险之间的有效衔接，同时也不能忽视社会性长期护理保险和商业性长期护理保险的协同发展，以及在支付方面现金和实物给付的合理配置。此外，还应该在构建具有中国特色的筹资体系方面多下功夫。由于我国各省、各地区、各试点城市经济发展水平差异较大，各地财政财力不一，很难形成全国"一把尺、一盘棋"的筹资标准。因此，各地区在构建和实施长期护理保险筹资体系时应因地制宜，形成多元化、多样化的筹资渠道，保障资金池资金安全、充足，保证长期护理保险运行的健康可持续性发展。

目前，我国现行试点地区主要依靠医疗保险基金的划拨，个人缴费支出占比较少，政府对特定困难人群提供护理补贴，基本已经形成了"政府+个人+社会"三方共同出资的筹资方式。但是考虑到长期护理保险保障的是失能人员的基本生活护理费用，并非是医疗费用，因此长期护理保险不可能长期依赖医疗保险基金维持，必然要建立专门化的长期护理保险基金池来保证该制度的可持续运行。根据日本政府的筹资方式，政府要承担长期护理保险制度的成本责任，明确个人筹资的比例，鼓励动员企业为员工缴纳保费。同时为节约成本，我国政府要组织专家团队，经过精算来为保险定价，在全国范围内对失能人员进行抽样调查、论证，反复测算，最终确定政府、个人、社会的出资责任，根据缴费标准和享受待遇相挂钩的原则，进而测算保险赔付比例，最终设立专门的长期护理保险筹资机制。

（三）建立科学的失能等级评估标准

科学合理的失能等级评估标准不仅是护理机构及护理人员提供精准服务的前提，同时也是保障失能人员所需服务数量、服务质量以及服务水平的根本依据。在失能等级评估标准的构建及失能等级的认定方面，日本有较为丰富的经验值得我们学习。首先，就其失能等级评估内容而言，不只是关注失能人员的身体状况，同时还涉及其心理状态和社交能力，多达85项评估细节，内容十分丰富。其次，就其评估流程而言，日本在认定失能流程方面建立起了一套成熟的操作体系，在认定失能人员失能等级时，它在充分考虑失能人员身心状态和生活信息的基础上，评定出失能人员所需护理服务等级信息，然后再将结果输入电脑系统进行初次评定，最终参考申请人主治医生出具的诊断意见做出最后的评定结论[1]；而且初次评定过程不只是简单地填表自评，而是通过计算机做辅助性、合理性、科学性的综合分析，在得到初次测算需求信息的基础上对其诊断意见书进行判断。再就其评估人员和评估机构而言，日本规定，评估人员必须要具备医学、护理学、社会学等学科背景，并有充足的实践工作经验；评估机构则要求硬件条件符合相关标准并配备有足够的合格评估人员。

目前，我国长期护理保险制度尚处于试点探索阶段，在失能等级评定方面还存在诸多不足。目前，除地方自行发布的评估标准及国际通用标准外，2021年8月，国家还出台了《长期护理失能等级评估标准(试行)》，将失能等级划分为轻度、中度和重度（Ⅰ、Ⅱ、Ⅲ）3个等级。不过值得注意的是，当前我们虽然有了通用的评估标准，但该标准并没有进一步明确相应护理服务的具体实施细则[2]，实践操作过程还存在一些亟待完善的地方。为此，我们应该积极学习日本的做法，尤其借鉴其认定流程方面的有益经验，从实际出发，构建一套符合我国国情及护理服务需求、护理服务水平的失能等级评估标准，早日实现失能等级认定流程的科学化与评估标准的全国统一化。

（四）高度重视预防护理工作

护理的目的是要改善失能人员的健康状况，提高其生活质量。真正

---

[1] 柳翠，余洋.日本长护险制度研究综述[J].现代商贸工业，2016，37（01）：201-202.
[2] 冯文猛.失能等级评估标准公布 老年人长期照护加速解题[J].中国卫生，2021（11）：68-69.

有价值的护理不是失能后的康复治疗，而是失能前的预防，即通过预防达到消除失能或减小失能程度的有益效果。为了实现该目标，日本在制定长期护理保险制度时，特别考虑到了预防的重要性并将其列入了制度安排；与此同时，日本还通过长期护理保险制度改革加大了对预防服务的支出。相关数据显示，2000年，日本的预防服务总支出额约为840亿日元，2014年激增到了5066亿日元，15年间增长了5倍有余，年均增长率达13.3%，预防服务支出的增长速度远高于护理服务支出。[①]实践表明，此举有效减轻了家庭、财政和社会的负担，同时还较好地解决了日趋严重的老龄化失能问题。

老龄化加速、慢性病患病率增高等多重因素影响下，当前我国正面临护理需求日益高涨的现实问题。在此背景下，我们必须充分认识到，未来一段时间内，我国护理费用必将面临不断增长的压力。为了规避护理费用重蹈医疗费用持续增长的覆辙，各级政府应加强预防护理服务方面的投入，充分借鉴日本的做法，在长期护理保险制度中增加预防服务内容，将"护理预防"理念深入人心，而不是只有当被保险人身体出现状况后才开展相应的护理服务。在长期护理保险中增设预防护理服务不仅有利于消除失能或减小失能人员的失能程度，同时还有利于减轻护理服务的财政支付，节约护理资源和护理成本，进而逐步实现护理预防与护理保健的有效衔接与协调发展。要实现该目标，需要国家层面制定统一的规范化配套政策，构建出以居家为基础、社区为依托、机构为补充的综合性预防护理服务体系，并加大对预防护理相关知识的宣传力度，提高群众的自主预防意识，通过加大"事前控制"、强化"事后康复"，早日实现"预防护理"与"护理服务"的平等地位。

（五）强化护理服务供给与质量

为了做好护理服务工作，日本重点抓了两项工作。一是促成社会化

---

① 李林，郭宇畅．日本长护险：制度框架、运行评价及经验借鉴［J］．保定学院学报，2018（01）：25-33．

力量参与护理服务供给。其具体做法为，通过将长期护理保险制度的运行导入市场竞争机制，鼓励多方主体共同参与护理服务，将护理服务大众化、社会化，以此提高护理服务的供给力和供给质量。二是强化护理人员的培育与供给。众所周知，护理人员不足、护理水平不高的问题，是相关国家面临的共性问题，也是长期护理保险制度能否实现可持续健康发展的关键问题。[①] 为了破解护理人员不足及护理水平不高的难题，日本的主要做法是高度重视护理人员的培育与供给。在日本，护理人员大致可分为三类：社会福利士、护理福利士和护理支援专员。这些护理人员多由具备社会福利专业且有一定工作经验或实习经历的专业化人员组成。其中，社会福利士要完成大学四年的学习并获得国家统一颁发的资格证书；护理支援专员不仅要求要修完课程，取得护理专员证，还要求有5年从事相关工作的经验。专业护理人员的大力培养和供应，极大地提高了日本护理服务质量与供给。[②]

我国处于长期护理保险试点探索时期，护理服务供给不足、质量不高的问题较其他国家更为突出。汲取日本有益经验，我国可以在以下几方面形成合力。一是通过税收减免、财政补贴、物质及精神奖励等各种优惠政策积极鼓励非营利组织、民营机构、志愿者等多方主体参与到护理服务队伍中来，以此有效缓解我国护理服务供给主体不足的压力；二是针对护理员待遇不高、流动性大、离职率高等问题，我国有必要借鉴日本经验，一方面加快现有护理人员的专业化培训，提高其薪酬待遇、理顺其晋升晋职通道；另一方面还要鼓励有条件的高校积极开办社会护理、养老护理、失能护理、健康护理等相关专业，加大专业护理人才的培养力度，培养更多专业的实践操作型护理人才，以此提高护理人员的质量与专业性，缓解护理人才稀缺的问题。

---

① 陈建梅，王浩宇．"互联网+"时代旅游养老的困境与展望——以大庆市为例［J］．哈尔滨商业大学学报（社会科学版），2016（06）：97-105．
② 杨薇臻，程钰淇，陈德山．日本介护士培养模式对我国养老护理员培养模式的启示［J］．行政与法，2019（12）：80-84．

四、新加坡的经验及启示

新加坡实施长期护理保险制度虽然时间不长，但20多年的实践也积累了其较为独到的经验与做法。2002年，新加坡政府开始实施长期护理保险制度，即"乐龄健保计划"，由此拉开了新加坡长期护理保险之路。新加坡长期护理保险是在老龄化速度加剧、生育率不断下降、失能状况日益严重及医疗费用连年上涨的社会背景下推行的。面对相似的社会背景，新加坡的长期护理保险发展模式，对我国长期护理保险制度的试点提供了些许有益的参考。

（一）从法律层面保障制度的健康运行

为了推动长期护理保险制度的健康运行，新加坡政府特别注重相关法律保障，通过立法确保提高制度运行绩效。新加坡的长期护理保险大致呈三个阶段，通过改革，每个阶段都提供了必要的法律保障。第一阶段从2002年开始，正式实行乐龄健保300计划，其中"300"具体是指其每月赔付金额为300新元；第二阶段从2007年开始，新加坡当局对已推行5年的乐龄健保计划进行了相应的调整与修改，由此发布乐龄健保400计划，将赔付金额每月300新元上调至每月400新元，用来适应护理服务成本上升的需要。第三阶段从2020年开始，新加坡政府颁布了最新的终身护保计划，此举也标志着新加坡的长期护理保险经历了深刻的变革，从原先的自愿投保走向了终身强制投保。[1]

比照我国长期护理保险的试点实践，不难发现，我国对于长期护理保险保障的立法依旧存在不足之处，至今我国只有《宪法》《老年人权益法》等法律对失能人员的生活护理做出了相应规范，但在社会保险、社会救济和医疗卫生领域均未将失能人员的日常生活护理包含在内。随着我国失能人员的不断增加和传统居家护理功能的逐渐衰退，制定统一的长期护理保险制度可谓迫在眉睫。因此，我国可借鉴新加坡经验，颁布

---

[1] 倪宇欣.新加坡长期护理保险制度体系研究与评价[J].质量与市场，2021（16）：127-129.

新的《长期护理保险法》或者通过修订《社会保险法》增加"长期护理保险"内容和条款,进而将保障人员范围、相关参与机构或个人的权利义务、享受标准、给付待遇、监督管理等重要问题明确化和制度化,形成专门有效的长期护理保险法,为失能人员提供长期护理服务的法律支撑,最终为实现社会基本养老服务的待遇公平化提供制度支撑。

(二)政保合作助推长期护理保险发展

新加坡的经验表明,长期护理保险体系的构建,一方面要与本国国情相结合,另一方面更要明确政府与保险公司在长期护理保险实施过程中的职责定位。公私合作的创新模式(也称PPP模式)就是政、保合作,明确分工的典范,该模式极大提高了长期护理保险制度的运行效率。PPP模式下,政府主要负责设计制度框架、强化制度监管,三家商业保险公司(英杰华、大东方人寿、职总英康)主要负责相关产品定价、销售与运作。PPP模式的市场化运行机制不仅节约了行政成本,同时还提高了制度运行效率,推动长期护理保险实现了更快更好的发展。[1]

我国幅员辽阔,不同地区在人口结构、生活习惯、收入水平、城乡发展等方面均存在明显差异。借鉴新加坡经验,我国在构建长期护理保险制度过程中,一方面也应该充分考虑各地实际情况,实施差异化制度策略;另一方面同样也可采取公私合营的PPP模式,在明确制度参与者职责权限及分工的基础上,充分发挥政府、保险公司及护理机构在制度运营中的作用。政府主要负责制定政策、确立失能等级评定标准、监督经办服务等,同时为低收入家庭或个人提供政策性的财政兜底保障;经办机构(商业保险公司)主要负责确立产品价格、评定失能等级、收缴保费、提供失能风险保障、支付失能费用等;护理服务机构(养老机构、护理院等)则重点为失能人员提供优质、高效、充足的护理服务。

(三)关注弱势群体护理需求

为了保证全体居民均都能享受到长期护理服务,并保证每个公民

---

[1] 万琬婷.长期护理保险制度的国际比较[J].劳动保障世界,2018(30):30-31.

都能承担得起保费，新加坡当局根据居民收入水平和年龄差异，对国内弱势群体提供了多项财政补贴。比如，根据房产价值和家庭总收入差异，为中、低收入家庭及人群直接提供保费补贴，最高可达保费总额的30%；为减轻居民保费压力、降低制度落地阻力，政府主动为居民提供过渡性补贴和参保奖励金；对于需要服务但又未参保的老年人，政府还设立了乐龄关护基金，专门用来为这部分人群提供资金支持。① 通过上述种种特定政策，保障了全体居民（尤其是弱势人群）均能享受到必要的长期护理服务，制度的公平性得到了充分体现。

借鉴新加坡经验，我国长期护理保险制度也应该充分考虑不同社会群体的需求与利益，尤其不能忽视弱势群体的利益。对于城镇困难户、农村五保户等各类城乡贫困户，可以采取免交保费或减交保费的方式，确保他们都能被纳入长期护理保险保障范围内。

（四）大力支持护理产业发展

护理产业好坏是保障长期护理保险可持续健康运行的坚实基础。为了大力发展护理产业，新加坡政府重点采取了两大举措：一是通过制定护理者培训津贴计划，推动护理教育培训事业发展，积极鼓励其家庭成员主动学习护理专业技能，提高全社会的护理服务水平和能力；二是以补贴的方式鼓励失能人员使用居家和日间护理服务、护理院服务，间接提高了长期护理服务需求者的购买力，促进了长期照护服务市场的发展。②

长期护理保险制度的实质是为失能人员提供高质量的护理服务。新加坡的经验表明，不管是为了推动我国长期护理产业发展，还是为了完善我国长期护理保险服务体系，都应该在护理服务的供给、护理专业人才的培养上做文章。根据"健康中国2030"明确提出的"推动居家老人长期照护服务发展"规划，结合我国现有养老机构和机构护理床位不足、

---

① 王佳林.长期护理保险制度构建：国际经验及对我国的启示[J].南方金融,2019(11):3-10.
② 李新平.新加坡长期照护保险制度构建及对我国的启示[J].对外经贸实务,2018(02):45-48.

护理人才储备缺失等问题，我国应尽快制定长期护理产业发展规划，合理布局护理机构的规模、空间、设施等，缩小城乡护理服务发展差别和地域差距；同时还要重视护理服务教育，提高护理员职业待遇，摒弃旧的思想观念，建立和完善护理职业职称晋升制度，明确护理人员等级并持证上岗。只有这样，高质量的长期护理服务才更有保障。

五、小结

上述分析表明，已有数十年长期护理保险发展经验的美国、德国、日本、新加坡等四国，其相关制度可谓各有千秋、成效不一。他们各自在长期实践中总结出来的很多经验做法确实值得试点中的我国深入探讨、总结和研究。从制度模式、资金征缴、护理类型、支付方式，到产业发展、政保分工、服务供给、人才培养等方面入手（详情见表6-1），在充分汲取上述各国优势的基础上，结合我国国情，根据失能与护理实际，充分调动市场、政府、家庭三方面的积极作用，进一步优化和完善我国长期护理保险制度，为全国性长期护理保险制度的实施奠定基础，并做好充分准备。

表6-1 美国、德国、日本、新加坡长期护理保险制度比较

国家 项目	美国	德国	日本	新加坡
制度模式	市场化运作模式	商业、社会长期护理保险双轨运行	全民社保模式	公私合作模式
资金征缴	自行购买，享受税收优惠	强制缴纳保费	个人、国家财政共同负担	来源于医疗储蓄计划的个人账户
护理类型	现金支付为主，也提供护理服务	居家和社区护理为主，机构为辅	居家和社区护理为主，机构为辅	现金支付，自选护理类型
支付方式	现金支付	现金支付和护理服务	护理服务为主	现金支付
商业保险作用	主导模式	社会长期护理保险的补充	社会长期护理保险的补充	公私合作模式的重要内容

资料来源：万琬婷.长期护理保险制度的国际比较［J］.劳动保障世界，2018（30）：30-31。

第七章 促进长期护理保险高质量发展的对策建议

针对长期护理保险试点过程中存在的诸多缺点与不足,我们认为,从保障失能人员生活权益、提升失能人员生活质量、增进失能人员福利福祉、促进社会公平正义的角度出发,长期护理保险制度的发展还有很大的优化和完善空间。下一步,各试点地区应该积极探索完善长期护理保险的"地方模式",打造各地长期护理保险制度升级版,为下一步全国制度的落地、实施并推广贡献"地方智慧",让更多失智失能人员共享社会发展成果。为此,有必要从制度改革、标准制定(失能鉴定)、资金筹集、服务创新、人才培养等方面出发,重点做好五个层面的工作。

一、提高民众认知

针对民众对长期护理保险认知度不高的问题,我们认为,加大宣传力度是关键。即通过广播、电视、报纸、杂志、自媒体等各种渠道以及专家访谈、主题论坛、专报等各种方式,尤其注重社区、村民委员会等基层组织贴近民众的特点,大力宣传长期护理保险政策以及实施长期护理保险的目的、作用与意义等,让更多的民众了解、认可并接受该保险。与此同时,还要结合各试点地区的实际情况及其经济水平、人口结构等方面的变化情况,强化制度改革,通过改革不断创新、完善长期护理保险制度,以此进一步增强民众的体验感、获得感与幸福感。

（一）加大宣传力度

民众对长期护理保险的认知度之所以不高，一方面与制度本身存在的不足与缺陷有关，另一方面也与宣传力度不够有莫大的关联。长期护理保险在我国虽然有十多年的发展历史，但过去主要以商业保险的形式存在于市场中，属于商业健康保险下的四大险种之一。由于该险种体量很小，即便在需求日益旺盛的商业健康保险中，也只能算是一个边缘化产品，存在感很低。总之，是一个老百姓关注度不高、市场规模不大、保险公司重视不够的产品。2016年，社会性长期护理保险制度试点以来，政府加大了对该保险的宣传及推广力度，市场上逐步形成了商保与社保并存的发展格局。尽管如此，长期护理保险的民众认知度依然很低。很多群众并不了解到底什么是长期护理保险、国家为什么要实施和发展长期护理保险、它有何作用、该保险的推行将给民众带来哪些好处等等。诸如此类的问题如果长期得不到解决，它必将成为影响该保险制度健康运行的一大障碍。之所以会出现上述种种问题，这其中一个重要的原因就是各级政府对该保险制度的宣传力度还不够，或者说宣传的方式方法出了问题，导致宣传效果未能如愿。

为此，一方面，要加大宣传力度。采取丰富多样的形式加大对长期护理保险制度的宣传力度，强调长期护理保险的社会性、惠民性、公益性，让更多的城乡居民认识长期护理保险、了解长期护理保险、接受长期护理保险并积极参与长期护理保险。另一方面，还要明确宣传主体，落实责任分工。长期护理保险制度的宣传不仅仅是保险公司的事情，同时，政府医保部门、卫生健康部门更应该发挥宣传的主导作用。与此同时，理论界也应该主动承担起宣传长期护理保险及其相关制度的责任与义务，组织专门力量、下拨专项经费、通过专题探讨的方式，加大对长期护理保险制度的研究力度，为长期护理保险的推广运用提供智力支持、为相关制度的不断修改完善出谋划策。

（二）强化制度改革

强化制度改革，首先要做的就是要统一制度文件。目前长期护理保险的开展，主要依据是人社部印发的两份关于试点工作的指导意见，以及各地区制定的相关政策文件。人社部的指导意见仅就制度实施进行了笼统规定，各地区的配套文件多是根据地区的实际情况加以规定服务规范和工作标准，属于地方性规范性文件。从实际需求和制度发展目标来看，亟须制定全国统一的长期护理保险制度。

1. 尽快统一制度条款

长期护理保险的实施，对我国而言是一个比较新鲜的事物。过去我们在商业保险领域虽然也开展了相关业务，但商业保险与社会医疗保险相比，无论在保障、服务、筹资、定价、结算等方面均有较大的差异，因此，商业型长期护理保险所积累的经验对于现今所推行的社会性长期护理保险而言，其借鉴意义十分有限。既然商业保险借鉴意义不大，那么社会保险就只能靠自己摸索，这就为试点工作的开展提供了依据。也就是说，我们为什么要试点而不是直接在全国范围内实施长期护理保险，其目的就是积累经验，从而为最终建立全国性统一的长期护理保险制度奠定基础。因此，面对五花八门、花样百出的试点方案与实施条款，我们认为，各地既要考虑地方实际，更要从更高、更宽、更远的角度出发，尽可能以《指导意见》为蓝本，统一制度内容，尽可能制定可操作性更强、适用范围更广的政策条款。

与此同时，还要在统一制度条款的基础上进一步加大制度改革力度。一方面，对长期护理保险的基金管理、服务管理、经办管理等重点内容予以规范；另一方面，还要研究强制性商业长期护理保险制度，加大财政税收政策出台力度，试点对符合条件的商业长期护理保险缴费准予税前扣除，建立起保基础、多层次、广覆盖的长期护理保险制度体系。

2. 强化制度衔接

一方面，要强化不同制度间的衔接。首先，要强化长期护理保险制度与基本社会保障制度的衔接。长期护理保险与基本医疗、工伤、生育保险一样，都属于社保范畴，虽然各自承担不同的保障项目（具体包括失能失智而引起的护理、因疾病而导致的医疗、因工作过程中的意外而导致的伤害、因生育而导致的医疗及护理等），但其保障对象是一致的，那就是投保人。这就决定了项目与项目之间并不是孤立的关系，而是以人为载体紧密相连、互为一体的关系。因此，各地在制定长期护理保险保障政策时，应充分考虑各政策条款是否与基本医疗保险、工伤保险及生育保险的相关条款相衔接，以确保各政策在保障范围方面既具有全面性，同时又能体现分工的明确性。其次，要强化长期护理保险制度与特定社会保障制度之间的统筹衔接，特别是与目前的城乡居民大病保险、民政医疗救助等保障制度的统筹协调，发挥制度叠加效应。

另一方面，还要强化部门的配套衔接。部门衔接上，关键是要做好制度之间的协调配合。对失能人员的保障涉及民政、人社、医保、卫健委等部门，需要加强各部门的沟通衔接，避免重复保障，实现政策合力；在护理体系上，注重机构护理、社区护理、居家护理等的关系，提升居家护理的质量，完善社区护理建设，强化机构护理能力。与此同时，要注重专业化护理队伍的建设，加强护理产品的创新设计；在多层次保障建设上，借鉴多层次医疗保障体系建设经验，建立以长期护理保险为主体，护理救助为兜底，商业护理险、慈善捐赠以及互助共同发展的多层次护理保障体系，各参与主体协同配合，共同为老年失能保障建设贡献力量。[①]

二、完善评估标准

所谓评估标准，重点包括可能直接左右长期护理保险健康发展与运行的两类标准，即失能等级评估标准和护理服务等级评估标准。这两类标准并非孤立关系，而是相辅相成、相互影响的。针对两类标准存在的种种问题，根据长期护理保险的试点情况做好两类标准的优化工作是关键。

---

① 朱铭来，申宇鹏.我国长期护理保险试点地区经验评介[J].中国保险，2021（08）：12-17.

(一)优化失能等级评估标准

众所周知,失能等级评估标准是长期护理保险待遇享受和基金支付的重要依据,也是构成长期护理保险完整制度体系的重要组成部分,同时也是长期护理保险制度能否实现可持续健康发展的重要一环。

自2016年开展长期护理保险制度试点以来,各试点地区借鉴国内国际经验、因地制宜、积极探索,初步形成了适宜的地方评估标准,但是并没有形成统一的失能等级评估标准。在总结地方经验基础上,从待遇均衡性、制度公平性方面考虑,2021年,国家医保局会同民政部研究制定了《长期护理失能等级评估标准(试行)》。该评估标准对评估指标、评估实施和评估结果判定作了规定。一是明确了评估指标。专业评估量表由日常生活活动能力、认知能力、感知觉与沟通能力等3个一级指标和17个二级指标组成,形成综合性评估指标体系。二是明确了实施要求,对主体、对象、流程等作了规定。三是明确采用组合法对评估结果进行判定。推动建立全国统一的长期护理失能等级评估标准,能够更好保障失能人员公平享有长期护理服务待遇的权利,更好规范和精准提供长期护理服务,稳步推进长期护理保险制度试点。但具体分析不难发现,该评估标准存在标准过于复杂、指标不够精准等问题。针对上述问题,我们认为进一步优化评估标准势在必行。一方面要结合城乡实际明确评估内容、简化评估指标、科学厘定评估指标含义;另一方面还要进一步完善评估流程,提高评估效率。

1. 明确失能等级评估内容

49个试点地区的实践表明,失能等级的划分,还存在等级划分不统一、评估机构不权威、评估依据欠科学、评估内容不完善、评估技术应用未普及等诸多问题。为此,有必要从自理能力、感知能力、认知能力以及情绪行为等四个方面出发,构建一套全新的失能等级评估指标体系,以期为推动长期护理保险的可持续健康发展夯实基础。也就是说,失能等级评估内容,除了重点考虑自理能力外,感知能力、认知能力和情绪行为等三个方面的内容也不可或缺。

自理能力。自理能力亦称生活自理能力，是指日常生活中人们的自我照顾能力。自理能力是评估失能等级的关键指标。所谓自理能力评估，就是要借助科学的方式方法和评判指标，尽可能地了解潜在失能人群的基本生活状况和身体功能状况；弄清楚其日常基本生活照料行为是否正常，以期准确判断其身体障碍程度。自理能力主要包括饮食、坐卧、行走、穿/脱衣、如厕、洗漱等六个方面的评估内容。

感知能力。感知能力是指人们的感官受周围环境刺激，接受和识别信息的能力。我们熟知的五项基本感知能力包括视觉、听觉、触觉、嗅觉和味觉能力。通常情况，系统评价一个人的感知能力需要囊括这五个方面的内容，但为了避免触觉、嗅觉和味觉与其他指标重叠，因此，感知能力的判定重点考虑视、听两方面的情况。

认知能力。认知能力指人脑对信息的输入、存储、加工以及输出的能力。日常生活中不仅包括认清事物，还包括对事物的注意、思维、语言表达等方面的能力。通过分析整理，本书最终从思维认知、语言认知、定向认知三个角度对失能人员的认知能力进行评估。

情绪行为。情绪行为泛指由于个人情绪状态而产生的行为表现。具体分为两类：一是由于多种感觉和思想因素产生的自我主观心理状态，包括悲观忧虑、情绪低落、兴趣减退等情绪表现；二是对外界事物的反应态度，包括与人的交往交流，甚至打骂、摔砸等过激行为。

2. 构建失能等级评估指标体系

在明确评估内容的基础上，筛选评估指标并构建指标体系，是评估失能等级的基础和保障。

（1）筛选评估指标

首先，对各试点地区现行失能等级评估量表进行比较，结合常见的Katz、Barthel、Kenny、PULSES等日常生活能力评估量表，考察相关医学护理评估技巧和标准；其次，通过头脑风暴，拟定初步指标；然后，通过德尔菲法，广泛听取专家意见，对初步拟定的指标进行调整、修改和筛选；最终，确定一级指标4个、二级指标13个、三级指标29个，以此作为构建失能评估指标体系的基础。

（2）构建指标体系

在筛选指标的基础上，结合我国试点经验，采用多种量表兼容组合的方式，制定出更为客观、准确、全面的失能等级指标体系。该指标体系包括4个一级指标和13个二级指标，相较于Barthel指数评估量表只从自理能力角度设立指标更为全面、合理。13个二级指标包括归属自理能力的饮食、坐卧、行走、穿/脱衣、如厕、洗漱6个指标，归属感知能力的听力、视力2个指标，归属认知能力的思维认知、语言认知、定向认知3个指标和归属情绪行为的自主情绪、互动情绪2个指标。然后在二级指标基础上，设定29个更具操作性的三级指标。详情见表7-1。

表7-1 长期护理保险失能等级评估指标体系

一级指标	二级指标	三级指标
自理能力	饮食	摄食
		饮水
	坐卧	坐凳椅平衡力
		从卧位到坐位
		卧位状态翻身
	行走	由卧位变为站立
		站立10秒
		站立行走5米
		上、下楼梯
	穿/脱衣	穿/脱衣服
	如厕	大小便失禁
		排尿、排便
		便后清洁和整理
	洗漱	洗脸、刷牙
		梳头、装饰
		洗澡
感知能力	视力	基本生活视力
	听力	基本生活听力

续表

一级指标	二级指标	三级指标
认知能力	思维认知	长时记忆
		短时记忆
		逻辑力
	语言认知	提问、回答
		语言交流
	定向认知	时间、空间、地点、人物认知能力
情绪行为	自主情绪	焦虑情绪
		抑郁情绪
	互动情绪	身体攻击现象
		语言攻击现象

（3）指标赋值及评分依据

以评估日常生活能力的 Katz、Barthel、Kenny、PULSES 等量表为基础，吸取国内国际经验，参考我国各试点地区失能等级评估标准以及民政部门颁布的《老年人能力评估标准》，结合专业护理知识、理论[1]，以及相关学者的研究成果[2]，确定具体评估项目，明确评分依据，并给予合理指标赋值，绘制出长期护理保险失能等级评估表。详情见表 7-2。

表 7-2 长期护理保险失能等级评估表

一级指标	二级指标	三级指标	评分依据及得分
自理能力（60分）	饮食（10分）	摄食是否能自理（5分）	A.能自理，完全不需要帮助（5分） B.在他人协助下基本能自理（3分） C.完全不能自理（0分）
		饮水是否能自理（5分）	A.能自理，完全不需要帮助（5分） B.在他人协助下基本能自理（3分） C.完全不能自理（0分）

---

[1] 张春梅，陈燕燕，金静芬.护理评估与护理管理工具[M].北京：科学出版社，2018：94-98；刘华平，顾平，王玉玲.护理评估技能实训[M].北京：科学出版社，2014：83-87.
[2] 罗雪燕，袁泉，李广平，等.长期照护失能等级评估量表的指标权重分析[J].中国卫生政策研究，2018，11（04）：8-11.

续表

一级指标	二级指标	三级指标	评分依据及得分
自理能力（60分）	坐卧（10分）	坐凳椅是否平衡（3分）	A.能够平衡（3分） B.借助物体或他人协助基本能平衡（1.5分） C.完全无法平衡（0分）
		从卧位到坐位是否能自理（3分）	A.能自理，完全不需要帮助（3分） B.在他人协助下基本能自理（1.5分） C.完全无法自理（0分）
		卧位状态翻身是否能自理（4分）	A.能自理，完全不需要帮助（4分） B.在他人协助下基本能自理（2分） C.完全不能自理（0分）
	行走（10分）	由卧位变为站立是否能自理（2分）	A.能自理，完全不需要帮助（2分） B.在他人协助下基本能自理（1分） C.完全不能自理（0分）
		是否能站立10秒（4分）	A.能够站立10秒（4分） B.必须借助外物才能完成（2分） C.完全无法站立10秒（0分）
		是否能站立行走5米（2分）	A.能站立行走5米（2分） B.借助拐杖等能自行完成（1分） D.无法站立行走5米（0分）
		上、下楼梯是否能自理（2分）	A.能自理，完全不需要帮助（2分） B.在他人协助下基本能自理（1分） C.完全不能自理（0分）
	穿/脱衣（10分）	穿/脱衣服是否能自理（10分）	A.能自理，完全不需要帮助（10分） B.在他人协助下基本能自理（5分） C.完全不能自理（0分）
	如厕（10分）	是否有大小便失禁情况（5分）	A.不失禁（5分） B.偶尔失禁（3分） C.失禁（0分）
		排尿、排便是否能自理（3分）	A.能自理，完全不需要帮助（3分） B.在他人协助下基本能自理（1.5分） C.完全不能自理（0分）
		便后清洁和整理衣物是否能自理（2分）	A.能自理，完全不需要帮助（2分） B.在他人协助下基本能自理（1分） C.完全不能自理（0分）

续表

一级指标	二级指标	三级指标	评分依据及得分
自理能力（60分）	洗漱（10分）	洗脸、刷牙是否能自理（4分）	A. 能自理，完全不需要帮助（4分） B. 在他人协助下基本能自理（2分） E. 完全不能自理（0分）
		梳头或简单装饰是否能自理（2分）	A. 能自理，完全不需要帮助（2分） B. 在他人协助下基本能自理（1分） C. 完全不能自理（0分）
		洗澡是否能自理（4分）	A. 能自理，完全不需要帮助（4分） B. 在他人协助下基本能自理（2分） C. 完全不能自理（0分）
感知能力（20分）	视力（10分）	基本生活视力情况（10分）	A. 视力正常（10分） B. 视力偏弱，对生活有影响（5分） C. 完全无视力（0分）
	听力（10分）	基本生活听力情况（10分）	A. 听力正常（10分） B. 听力偏弱，对生活有影响（5分） C. 完全无听力（0分）
认知能力（12分）	思维认知（6分）	能否记得当天进食情况（2分）	A. 能清楚记得（2分） B. 能记得一到两个（1分） C. 完全不记得（0分）
		记忆三样东西（如：西瓜、气球、书包），重复三遍，30秒后能否按顺序重述（2分）	A. 能按顺序重述（2分） B. 记得但不能按顺序重述（1分） C. 完全不记得（0分）
		能否正确回答5个逻辑题①（2分）	A. 答对4—5题，逻辑能力强（2分） B. 答对2—3题，逻辑能力弱（1分） C. 答对0—1题，无逻辑能力（0分）
	语言认知（4分）	能否进行提问回答（2分）	A. 提问、回答问题流利（2分） B. 提问、回答问题较困难（1分） C. 完全无法提问交流（0分）

① 此处逻辑题都是最为简单基础的逻辑思维测评题目，如：1.跑步比赛，你追上第二名，你是第几名？ 2.100减去7的计算，每次用正确答案减去7，连续3次；3.一个钟表时针指向4，分针指向2，请问钟表显示几点？ 4.斑马、骏马、黑马、驸马四个词中找出与其他三个不同的一项；5.土豆比西红柿便宜，我的钱够买一斤西红柿，请问能买到一斤土豆吗？

续表

一级指标	二级指标	三级指标	评分依据及得分
认知能力（12分）	语言认知（4分）	语言表达是否流利（2分）	A. 能流利表达（2分） B. 能缓慢、简单地表达（1分） C. 完全不能表达（0分）
	定向认知（2分）	时间、地点、空间、人物认知①能力情况（2分）	A. 有清晰的认知能力（2分） B. 有一到两项无法清晰认知（1分） C. 完全无法认知（0分）
情绪行为（8分）	自主情绪（4分）	是否经常出现恐慌、紧张不安、心烦意乱等焦虑情绪（2分）	A. 几乎没有（2分） B. 偶尔会有（1分） C. 经常出现（0分）
		是否经常出现情绪低沉、自责、闷闷不乐或觉得生活没意思等抑郁情绪（2分）	A. 几乎没有（2分） B. 偶尔会有（1分） C. 经常出现（0分）
	互动情绪（4分）	是否有身体攻击现象，如打、踢、推、咬、抓、摔东西（2分）	A. 没有（2分） B. 每周出现一到两次（1分） C. 几乎每天发生（0分）
		是否有语言攻击现象，如骂人、语言威胁、尖叫（2分）	A. 没有（2分） B. 每周出现一到两次（1分） C. 几乎每天发生（0分）

说明：此表可通过失能人员自述和家属补充相结合的方式完成。满分100分，评分结果如下，得分≤65为重度失能，得分在66—84为中度失能，得分≥85为轻度失能。

与此同时，还应该进一步做好以下三个方面的工作。

第一，构建失能等级评估配套标准。失能等级评估是一个复杂的系统工程，要想保证评估结果的准确性、科学性和合理性，还有赖于其他相关配套标准的制定与完善（如图7-1）。所谓相关配套标准：具体包括申请标准、评估机构标准、评估人员标准、评估终审标准等。此外，还必须保证失能等级评估各环节的制度标准化，确保评估流程的连贯性和可衔接性。

---

① 时间认知指是否能大概表述当天日期；地点认知指是否能大概阐述其家庭地址；空间认知指是否能判别事物（如桌椅）在其哪个方位；人物认知指是否能认清其家庭成员。

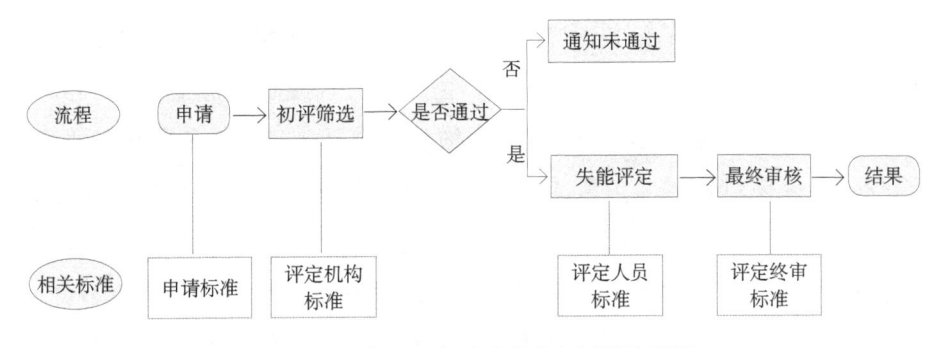

图 7–1　长期护理保险失能等级评估流程图

第二，强化评估机构准入标准建设。首先，要建立全国统一的失能等级评估机构资质认定标准，严格规定评估机构的属性、人员配置和部门设置等，确保评估机构的可靠性、公正性和权威性。其次，要尽快建立第三方评估机构。为避免评估过程中可能出现的偏倚现象，建议委托第三方评估机构专门负责失能人员的等级评估工作。所谓"第三方"，是指经办、承办、护理机构之外的第三方商业机构。最后，要建立评估人员资质标准。严格规范评估人员的结构、数量、专业要求等，规定评估人员中应至少有一名专业人士和一名医护人员，以最大限度地保障评估结果的权威性和专业性。

第三，建立失能等级评估标准动态调整机制。本书建立的失能等级评估标准是基于长期护理保险制度一年多来的试点实践，对当前正开展试点工作的 49 个地区具有很强的指导意义。我国最终目的是要建立全国统一的长期护理保险制度，这就要求失能等级评估标准能够随着形势的变化而调整，即当长期护理保险制度处于不同的历史发展阶段时，对其失能等级的评价内容及侧重点也应有所不同。

第四，规范失能等级评估流程。规范评估流程，重点做好两方面的工作。

一方面，要明确评估步骤。评估步骤主要包括提交评估申请、受理审核、现场评估、复核与结论、公示与送达等环节。具体包括：第一步，由失能人员或其家属提出失能申请，并将申请交由保险公司认可的第三方评估机构（即评估主体）[1]。第二步，由第三方评估机构受理申请，并确定评估时间与评估方式。第三步，由第三方评估机构派遣评估人员开展现场评估，值得关注的是，现场评估至少需要 2 名评估人员开展评估，至少 1 名评估对象的监护人或代理人在场，并进行全过程影像记录。第四步，由第三方评估机构与保险公司共同对评估结果进行复核，在复核的基础上得出最后的评估结论。第五步，对最后的评估结果进行不少于 10 天的公示，有问题的可以提出异议，对确实存在问题的，可开展二次评估；没有问题的则将最后的结果送达给申请人。

另一方面，还要明确评估主体、评估地点并创建评估平台[2]。具体而言，评估主体为长期护理保险定点评估机构及其评估人员，或其他符合试点地区医保部门相关规定的、具备相应资质的评估机构及评估人员等；评估地点按照就近便利原则，现场评估地点安排在评估对象现居住地或其所在养老服务机构、医疗机构等；平台的构建，则要求平台至少包括以下信息：首先是评估对象基本信息，包括姓名、性别、年龄、身份证号码、出生年月、职业、住址等；然后是日常生活活动能力评估表、认知能力评估表、感知觉与沟通能力评估表、失能等级划分表等。

特别需要说明的是，上述失能等级评估标准体系并非唯一的指标标准体系，还可根据肢体功能等构建新的评估指标体系。即从肢体功能、自理能力、思维能力、情绪能力、潜在风险等五个方面构建由轻度、中度和重度三个等级组成的失能等级评估指标体系。详情见表 7-3。

表 7-3　长期护理保险失能等级评估指标体系

一级指标	二级指标	评分依据	得分
肢体功能（40 分）	肢体瘫痪（10 分）	A. 四肢瘫：四肢运动功能重度丧失（10 分）；B. 截瘫：双上肢或双下肢运动功能完全丧失（10 分）；C. 偏瘫：一侧肢体或三肢运动功能完全丧失（10 分）	

---

[1] 第三方评估机构作为相对独立的利益主体，不会与保险公司或消费者进行合谋，能够提供公正的评估报告。建议由专业的评估人员和研究人员组成独立的第三方护理评估小组。
[2] 杨艳艳. 我国商业长期护理保险发展问题研究[D]. 石家庄：河北经贸大学，2018.

续表

一级指标	二级指标	评分依据	得分
肢体功能（40分）	肢体缺失（10分）	A.单上肢和双小腿缺失（10分）；B.单下肢和双前臂缺失（10分）；C.双上臂和单腿缺失（10分）；D.双上下肢均缺失（10分）	
	神经障碍（10分）	A.中枢、周围神经因伤、病或发育异常造成躯干功能障碍（10分）；B.四肢功能障碍（10分）	
	脊柱障碍（10分）	脊柱因伤、病所致的畸形或功能障碍（10分）；B.发育异常所致的畸形或功能障碍（10分）	
自理能力（35分）	进食（5分）	A.吞咽困难/容易呛咳（5分）；B.有一定的困难，但基本能克服（3分）；C.进食自如（0分）	
	洗澡（5分）	A.根本无法洗澡，必须要外人帮助（5分）；B.基本能自理，但需要半协助（3分）；C.完全能自理（0分）	
	如厕（5分）	A.根本无法如厕，必须要外人帮助（5分）；B.基本能自理，但需要半协助（3分）；C.完全能自理（0分）	
	翻身（5分）	A.完全无法动，只有在外人帮助下才能翻身（5分）；B.在外人协助下能翻身（3分）；C.翻身自如（0分）	
	穿衣（5分）	A.完全无法穿上衣/下裤（5分）；B.在别人的帮助下可以穿上衣/下裤（3分）；C.能穿衣裤，无须帮助（0分）	
	视听（5分）	A.视听均有障碍，视力0.5以下、听力完全失聪（5分）；B.视力或听有障碍（3分）；C.视听毫无障碍（0分）	
	行走（5分）	A.完全无法行走（5分）；B.借助轮椅或其他工具可以行走（3分）；C.行走自如（0分）	
思维能力（10分）	认知能力（4分）	A.无法识别时空、地点、人物（4分）；B.识别时空、地点、人物有一定障碍（2分）；C.定向认知无障碍（0分）	
	表达能力（2分）	A.完全无法表达或含糊不清（2分）；B.基本能表达，但有一定的障碍（1分）；C.表达无障碍（0分）	
	理解能力（2分）	A.理解能力完全丧失（2分）；B.有部分理解能力（1分）；C.理解能力无障碍（0分）	
	记忆能力（2分）	A.记忆完全丧失（2分）；B.记忆部分减退（1分）；C.记忆力正常（0分）	
情绪行为（8分）	情绪（2分）	A.喜怒无常或无反应（2分）；B.情绪有一定的波动（1分）；C.情绪平稳（0分）	
	行为（2分）	A.行为异常，需监护（2分）；B.行为有点古怪，但无须监护（1分）；C.无任何异常行为（0分）	

续表

一级指标	二级指标	评分依据	得分
情绪行为（8分）	言语（2分）	A.语无伦次或言语粗鲁（2分）；B.言语基本正常，但表达不够清晰（1分）；C.言语表达完全正常（0分）	
	性情（2分）	A.性情狂躁、有攻击倾向（2分）；B.性情有一定的波动，但无破坏行为（1分）；C.性情温和无破坏行为（0分）	
潜在风险（7分）	体重（2分）	A.BMI值[①]>25（2分）；B. BMI值<18.5或介于23—24.9之间（1分）；C.BMI值18.5—22.9之间（0分）	
	年龄（3分）	A.80岁以上（3分）；B.60~79周岁（1分）；C.60周岁以下（0分）	
	疾病（2分）	A.慢性病（高血压、高血脂、糖尿病、冠心病、慢性阻塞性肺疾病、慢性肺炎、帕金森、老年痴呆等）（2分） B.传染病（肝炎、结核等）（2分）	

评分说明：肢体功能只要有一项指标不健全，即认定为重度失能人员。如果肢体功能无障碍，得分30分以上（含30分）者，认定为重度失能人员；得分15—29分之间者，认定为中度失能人员；得分14分（含14分）以下者，为轻度失能人员。以上选项均为单选，只能在A、B、C中选一项，各项加总即为最后得分。[①]

（二）优化机构护理等级评估标准

1.制定机构护理等级评估标准的必要性

面对机构护理存在的种种问题，在划分失能等级的基础上，加快机构护理服务等级评估步伐，可谓势在必行。一方面，是破解机构护理现存问题的需要；另一方面，也是明确护理机构职责，提高护工护理水平、节约机构护理成本、提升机构服务效率的需要；同时更是为失能人员提供精准化服务的需要[②]。

此外，对护理服务进行等级分类也是国际上的通用做法。德国、日本、美国、荷兰等国家都对护理服务进行了不同等级的分类。例如，日

[①] 此处BMI指的是亚裔成年人体质指数，具体计算公式为：BMI=体重（公斤）/身高（米）的平方，即kg/m²。

[②] 吴海波，张珺茹，沈玉玲.长护险背景下失能人群机构护理等级评定标准研究[J].上海保险，2020，（11）：39-44.

本将长期护理分为7个级别,其中需要支援的有2级,需要护理的有5级;美国将长期护理进行了类似的分类,并根据世界卫生组织的"国际功能、残疾和健康分类"评估消费者长期护理服务需求。实践表明,护理等级的精确划分可以提高资源利用效率,避免出现浪费或道德风险。

2. 机构护理等级评估标准的构建

在确立机构护理等级评估标准之前,首先必须明确护理服务等级。通常情况下,可将护理服务分为三个等级,即二级护理、一级护理和特级护理[①]。其中二级护理属于基础护理,其护理对象为轻度失能人员;一级护理为强化护理,其护理对象为中度失能人员;特级护理为专门性护理,其护理对象为重度失能人员。

机构护理等级评估标准由护理服务项目、服务明细、服务内容、服务频次和服务时间组成。护理项目通常包括"个人卫生护理、居室卫生护理、日常生活护理、饮食起居护理、医疗康复护理"等;护理明细与服务项目相对应;服务内容是服务明细的具体说明,是护理服务的主体和核心;服务频次是指一定时间内的服务频率,是服务内容在时间上的保障,通常以日、周、月、季等为单位,特定情况下视具体情况而定;服务时间是指每一服务频次所必须花费的具体时间,通常以分钟、小时为单位,是服务质量的重要保证。根据护理服务对象失能等级的不同,护理服务标准也必然有所差异。

(1)二级护理等级判定标准。二级护理是护理级别中等级最低的一类,其服务对象为轻度失能人员。所谓轻度失能人员,是指吃饭、穿衣、行走、翻身、如厕、洗澡、视听等7个指标中,有1—2个指标有一定的障碍,但完全能自理的人员。对轻度失能人员的护理,主要以个人卫生、居室卫生、日常生活等方面的护理为主,饮食起居、医疗康复方面的护理为辅。具体护理标准详情见表7-4。

---

① 柏亚妹,钟琴,宋玉磊,等.我国公立医院分级护理实施影响因素的系统评价[J].中国医院管理,2019(04):61-64.

表 7-4 二级护理等级判定标准

服务项目	服务明细	服务内容	服务频次	服务时间（分钟/次）
个人卫生护理	更衣	督促或协助失能人员穿脱或更换衣、裤，保持失能人员服装干净、整洁、得体	1次/日	3
	洗头	督促或协助失能人员清洗头发，做到头发无异味	1次/周（夏季2次/周）	5—8
	理发	督促失能人员修剪、清洗、吹干头发，保持头发美观、整洁、舒适	1次/月	10—15
	沐浴	督促或协助失能人员沐浴（包括淋浴、盆浴或坐浴等），做到身体无异味	1次/周（夏季2次/周）	10—15
	修剪指/趾甲	督促或协助失能人员护理、修剪其指（趾）甲	1次/周	5
	清洁手足	督促或协助失能人员清洗手部、脚部，保持手脚干净	早晚各1次	5
	清洁头面	督促或协助失能人员清洗面部，保持其面部干净；帮助男士剃胡须、女士梳头	1次/日	5—8
	清洁用具	帮助失能人员及时清洗毛巾、面盆	1次/日	3
	清洁器具	及时倾倒清洗清洁痰盂、便盆，定期消毒	1次/日	3
居室卫生护理	开窗通风	根据需要开窗通风，保持室内外空气流通，清洁房间环境；根据季节做好防暑、防寒工作	1次/日	30
	清扫居室	保持桌面、地面、门窗及墙壁清洁无灰尘；保持室内无异味，无蝇蚊、老鼠、臭虫，室内物品摆放整齐	1次/日	10
日常生活护理	户外活动	视个人需求及天气情况，督促或引导失能人员至户外参加活动或接受光照1—2小时	1次/日	20—30
	康复锻炼	督促或协助失能人员做一些适宜的康复锻炼	1次/日	10—20
	卫生宣教	定期组织失能人员参加健康讲座和卫生宣教活动	2次/月	20—30
	娱乐活动	定期组织失能人员参加各种文体娱乐活动	1次/日	30—60

续表

服务项目	服务明细	服务内容	服务频次	服务时间（分钟/次）
饮食起居护理	巡视居室	观察失能人员的睡眠情况，发现异常及时处理或报告	1次/晚	20
	清洁床铺	协助失能人员及时更换被罩、床单、枕巾，保持床铺清洁、平整、干燥、柔软	2次/月	5—10
	整理床铺	协助失能人员整理床铺；督促其定期翻晒被褥、气垫	1次/日；2次/月	5
医疗康复护理	生命体征检测	及时检测失能人员的生命体征（体温、脉搏、呼吸、血压），并记录存档	1次/日	3—5
	血糖监测	遵医嘱对失能人员实施血糖监测。将结果告知护理对象或其家属，并做好记录存档	2次/日	3

（2）一级护理等级判定标准。一级护理的服务对象为中度失能人员。所谓中度失能人员，是指吃饭、穿衣、行走、翻身、如厕、洗澡、视听等7个指标中，有3—4个指标有一定的障碍，但基本能自理的人员。对中度失能人员的护理，既要强调个人卫生、居室卫生和日常生活方面的护理，同时也不能忽视饮食起居和医疗康复方面的护理。详情见表7-5。

表7-5 一级护理等级判定标准

服务项目	服务明细	服务内容	服务频次	服务时间（分钟/次）
个人卫生护理	更衣	协助失能人员穿脱或更换衣、裤（大小便失禁或发生呕吐时做到及时清洗更换），保持失能人员服装干净、整洁、得体	1次/日	5
	洗头	定期帮助失能人员清洗头发，做到头发无异味	1次/周（夏季2次/周）	8
	理发	根据失能人员需求，修剪、清洗、吹干头发，保持头发美观、整洁、舒适	1次/月	10
	沐浴	定期协助失能人员沐浴（包括床上助浴、卫生间淋浴、盆浴、坐浴等），做到身体无异味	1次/周（夏季2次/周）	15

续表

服务项目	服务明细	服务内容	服务频次	服务时间（分钟/次）
个人卫生护理	修剪指/趾甲	根据失能人员的个人卫生习惯，适时帮助其护理、修剪指（趾）甲	1次/周	5
	清洁手足	根据失能人员需求，帮助其清洗手部、脚部，保持手脚干净	早晚各1次	5—10
	清洁头面	协助失能人员清洗面部，保持其面部干净；帮助男士剃胡须、女士梳头	1次/日	5—10
	清洁口腔	协助失能人员漱口、刷牙；对不能自理的失能人员采用棉棒、棉球帮助其清洁口腔	1次/日	5
	排泄护理	根据失能人员的自理能力，协助其如厕；帮助其大小便后擦洗	1次/日	5—10
	清洁用具	帮助失能人员及时清洗毛巾、面盆	1次/日	3
	清洁器具	及时倾倒清洗清洁痰盂、便盆，定期消毒	1次/日	3
	清洗衣服	帮助失能人员洗涤内外衣，保持衣服整洁、干净	1次/周（夏季2次/周）	3
居室卫生护理	开窗通风	根据需要开窗通风，保持室内外空气流通，清洁房间环境；根据季节做好防暑、防寒工作	1次/日	30
	清扫居室	保持桌面、地面、门窗及墙壁清洁无灰尘；保持室内无异味，无蝇蚊、老鼠、臭虫，室内物品摆放整齐	1次/日	10—20
日常生活护理	户外活动	视个人需求及天气情况，将失能人员带至户外参加活动或接受光照1—2小时	1次/日	20—30
	康复锻炼	协助失能人员做一些适宜的康复锻炼	1次/日	10—20
	卫生宣教	定期组织失能人员参加健康讲座和卫生宣教活动	2次/月	20—30
	娱乐活动	定期组织失能人员参加各种文体娱乐活动	1次/日	30—60
饮食起居护理	饮食护理	保证开水、饭菜按时供应，将饭菜、茶水送至房间，督促失能人员按时吃饭	3次/日	5—10
	巡视居室	观察失能人员的睡眠情况，发现异常及时处理或报告	2次/晚	20
	清洁床铺	帮助失能人员及时更换被罩、床单、枕巾（必要时随时更换），保持床铺清洁、平整、干燥、柔软	2次/月	5—10

续表

服务项目	服务明细	服务内容	服务频次	服务时间（分钟/次）
医疗康复护理	整理床铺	及时帮助失能人员整理床铺；定期翻晒被褥、气垫	1次/日；2次/月	5—10
	生命体征检测	及时检测失能人员的生命体征（体温、脉搏、呼吸、血压），并记录存档	1次/日	3—5
	血糖监测	遵医嘱对失能人员实施血糖监测。将结果告知护理对象或其家属，并做好记录存档	2次/日	3
	药物喂服	遵医嘱协助失能人员口服药物	2—3次/日	3

（3）特级护理等级判定标准。特级护理的服务对象为重度失能人员。所谓重度失能人员，是指吃饭、穿衣、行走、翻身、如厕、洗澡、视听等7个指标中，有5个以上指标存在较大障碍，完全无法自理的人员。重度失能人员通常需长期卧床，因此，对其的护理是全方位的。详情见表7-6。

表7-6 特级护理等级判定标准

服务项目	服务明细	服务内容	服务频次	服务时间（分钟/次）
个人卫生护理	更衣	帮助失能人员穿脱或更换衣、裤（大小便失禁或发生呕吐时做到及时清洗更换），保持失能人员服装干净、整洁、得体	2次/日	3—5
	洗头	帮助失能人员清洗头发，做到头发无异味	1次/周（夏季2次/周）	5—10
	理发	帮助失能人员修剪、清洗、吹干头发，保持头发美观、整洁、舒适	1次/月	10—15
	沐浴	帮助失能人员沐浴（包括床上助浴、卫生间淋浴、盆浴、坐浴等），做到身体无异味	1次/周（夏季2次/周）	10—15
	修剪指趾甲	根据失能人员的个人卫生习惯，适时帮助其护理、修剪指（趾）甲	1次/周	5

续表

服务项目	服务明细	服务内容	服务频次	服务时间（分钟/次）
个人卫生护理	清洁手足	根据失能人员需求，帮助其清洗手部、脚部，保持手脚干净	早晚各1次	5—10
	清洁头面	帮助失能人员清洗面部，保持其面部干净；帮助男士剃胡须、女士梳头	1次/日	5—10
	清洁口腔	帮助失能人员漱口、刷牙；用棉棒、棉球帮助其清洁口腔	1次/日	5
	会阴护理	根据会阴部有无伤口、有无大小便失禁和留置尿管等，帮助失能人员擦洗或冲洗会阴部	1次/日	5
	排泄护理	帮助失能人员如厕；帮助其大小便后擦洗	1次/日	5—10
	清洁用具	帮助失能人员及时清洗毛巾、面盆	1次/日	3
	清洁器具	及时倾倒清洗清洁痰盂、便盆，定期消毒	1次/日	3
	清洗衣服	帮助失能人员洗涤内外衣，保持衣服整洁、干净	1次/周（夏季2次/周）	3
居室卫生护理	开窗通风	根据需要开窗通风，保持室内外空气流通，清洁房间环境；根据季节做好防暑、防寒工作	1次/日	30
	清扫居室	保持桌面、地面、门窗及墙壁清洁无灰尘；保持室内无异味，无蝇蚊、老鼠、臭虫，室内物品摆放整齐	1次/日	10—20
日常生活护理	户外活动	视个人需求及天气情况，将失能人员带至户外参加活动或接受光照1—2小时	1次/日	20—30
	康复锻炼	协助失能人员做一些适宜的康复锻炼	1次/日	10—20
	药品管理	为失能人员代为保管、分发、清理药品	3次/周	——
	卫生宣教	定期组织失能人员参加健康讲座和卫生宣教活动	2次/月	20—30
	娱乐活动	定期组织失能人员参加各种文体娱乐活动	1次/日	30—60
饮食起居护理	饮食护理	保证开水、饭菜按时供应，将饭菜、茶水送至失能人员床边，督促护理对象按时吃饭；或根据需要提供喂饭、喂水服务	3次/日	10—20
	巡视居室	观察失能人员的睡眠情况，发现异常及时处理或报告	4次/晚	20
	物品采购	根据需要帮助失能人员采购生活用品及食品	视情况而定	——
	清洁床铺	帮助失能人员及时更换被罩、床单、枕巾（必要时随时更换），保持床铺清洁、平整、干燥、柔软	2次/月	5—10

续表

服务项目	服务明细	服务内容	服务频次	服务时间（分钟/次）
	整理床铺	及时帮助失能人员整理床铺；定期翻晒被褥、气垫	1次/日；2次/月	5—10
	清洗餐具	定期帮助失能人员清洗整理餐具、茶杯等用品	1次/日	3—5
医疗康复护理	生命体征检测	及时检测失能人员的生命体征（体温、脉搏、呼吸、血压），并记录存档	2次/日	5
	血糖监测	遵医嘱对失能人员实施血糖监测。将结果告知护理对象或其家属，并做好记录存档	2次/日	3
	翻身叩背排痰	对大小便失禁和卧床不起的失能人员建立翻身卡，做到勤查看，勤换尿布，及时翻身，促进排痰	视情况而定	5—10
	压疮预防	对易发生压疮的失能人员采取定时翻身、气垫减压等方法预防压疮的发生，为失能人员提供心理支持及压疮护理的健康指导	3次/周	5—10
	药物喂服	遵医嘱帮助失能人员口服药物	2—3次/日	3
	鼻饲	遵医嘱帮助失能人员从胃管内灌注适宜的流质食物、水分和药物	2次/周	5—10
	外用药涂擦	遵医嘱帮助失能人员在皮肤上直接涂擦涂抹外用药进行外伤治疗	视情况而定	3—5

3. 值得重视的若干问题

（1）允许等级评估标准存在差异性

为增强等级评估标准对不同机构、不同地区的适用性，本等级评估标准在运用过程中并不要求全国一盘棋，各机构可以存在一定的差异[①]。即各机构可根据自身软硬件条件、所在地区经济发展水平、失能群众的护理服务需求等实际情况，对某些指标进行适当的调整；在服务内容、服务时间、服务频率等方面均允许有一定差异。

---

① 王莉. 商业长期护理保险市场影响因素及发展分析［J］. 卫生经济研究，2018（08）：19–23.

（2）强调等级评估标准的动态性

本书构建的机构护理等级评估标准是基于长期护理保险一年多来的试点实践，对当前正开展试点工作的49个地区具有很强的现实指导意义。我国最终目的是要在不久的将来建立全国性长期护理保险制度，这就要求机构护理的等级评估标准能够根据未来实际情况的变化从不同的角度和方面进行动态调整，即等级评估标准不是一成不变的，而应该随着现实需求的变化做出相应的调整。

（3）重视等级评估标准反馈渠道建设

机构护理等级评估标准的构建不可能一蹴而就，是一个循序渐进、不断优化和完善的过程。在此过程中，建立畅通的反馈渠道，注重信息沟通工作，不断听取来自经办机构、承办机构、护理机构、失能人群及其家属的意见和建议，对于构建科学合理的等级评估标准具有十分重要的价值和意义。

三、改革筹资机制

资金来源是我国长期护理保险长期有序健康发展的关键要素，日益严峻的老龄化形势决定了未来我国老年护理及失能护理费用必将面临数额日益庞大的压力。在此背景下，筹集足够数额的资金也必将成为影响我国长期护理保险制度可持续健康运行的重要因素。国内外实践表明，长期护理保险资金的筹集不能仅依靠单一渠道，而必须走多层次、多元化、多渠道的筹资之路。当前，我国部分试点地区采取的是医保基金单一划转的筹资方式，随着老龄化社会的快速发展，待遇享受人数必然逐年增多，这种过度依赖于医疗保险统筹基金的筹资模式缺乏独立性与可持续性，从长远来看，基金运行的稳定性和充足性必然会受到挑战[①]。此

---

① 我国一些欠发达地区的医疗保险基金并不充足，随着人口老龄化现象日趋严峻，长期护理保险的覆盖范围进一步扩大，筹资及给付标准进一步提升，医疗保险统筹基金将难以负担长期护理保险的支出。

外，筹资金额不精准、筹资方式不科学等问题的存在，也必将影响长期护理保险的健康有序运行。针对现有试点方案在筹资方面存在的缺点与不足，我们认为，从保障失能人员生活质量、促进社会公平正义以及实现制度可持续健康发展的角度出发，长期护理保险筹资机制的构建与发展，还有很大的优化和完善空间。具体而言，可从以下四个方面出发，重点做好筹资模式、筹资水平、筹资渠道与筹资标准的科学规划。

（一）建立动态的筹资标准

所谓建立动态筹资标准，就是要建立与保障水平相适应的动态筹资标准。面对现有试点方案所确立的差异明显、多寡不等、等级各异的筹资标准，建立与保障水平相适应的动态筹资标准可谓势在必行。与保障水平相适应的动态筹资标准，实质上包含两层含义。第一层意思是指筹资标准应该与保障水平相适应，即筹资标准不仅要与护理服务成本和支付待遇相适应，同时也要与保障范围、保障质量、护理范围、护理水平、护理能力等相一致。这就要求各地在制定长期护理保险试点方案时，应该更多地从现实需求出发，而不只是政府的得失或企业的利益。第二层意思是指筹资标准不是固定的，而是应该随着保障水平、保障范围的变化而变化，也就是说，筹资标准应该随着保障水平的波动而变化。

与此同时，还要尽快形成筹资标准与经济社会发展水平、人口结构变化相匹配的筹资机制，依照实际情况确定不同层次、符合需求结构的筹资水平。上海市、青岛市、苏州市、广州市、宁波市、重庆市、南通市、成都市等已实现基本协调的试点城市应充分发挥地区经济的带动作用，完善长期护理保险的筹资机制，适度提高各筹资主体的筹资标准，使长期护理保险的筹资水平与地区经济发展水平相适配。长春市、荆门市、上饶市、承德市、安庆市、齐齐哈尔市等处于轻微失调阶段的经济欠发达城市应优化产业结构、促进居民消费，保证宏观经济平稳持续增长，为长期护理保险的试点提供财政资金支持，积极应对人口老龄化，为老龄人口提供护理支持。

（二）建立相关筹资制度衔接机制

所谓相关制度，主要指社会医疗保险制度和商业健康保险制度。长期护理保险不是一个无中生有的保险，也不是一个孤立于社会医疗保险或商业健康保险之外的险种，与我国 2012 年实施的城乡居民大病保险一样，它的存在与社会医疗保险和商业健康保险均有不可分割的联系。从属性上看，它是社会医疗保险的一种，但在具体运营方面又有赖于商业健康保险经营模式。因此，长期护理保险筹资机制的构建，既要考虑与社会医疗保险的关系，同时也要考虑与商业健康保险的关系。也就是说，无论在筹资水平、筹资渠道，抑或是筹资方式、筹资标准等方面，均要借鉴社会医疗保险和商业健康保险的成功经验。更为重要的是，考虑到长期护理保险与社会医疗保险之间的互补关系，以及长期护理保险与商业健康保险之间的从属关系，在筹资水平及待遇支付等方面，还要充分考虑长期护理保险与社会医疗保险及商业健康保险相衔接。

（三）进一步拓宽筹资渠道

筹资渠道问题一直是困扰政府的主要问题之一。以江西上饶市为例。该市城镇职工长期护理保险基金来源于三个方面，即个人缴纳 40 元（从个人医保账户中划拨）、医保统筹基金划转 30 元、单位缴纳 30 元（机关事业单位由财政予以补助，无力承担的单位由同级财政从彩票公益金划转）。城乡居民长期护理保险基金同样也来源于三个方面：个人缴纳 50 元（从个人医保账户中划拨）、医保统筹基金划转 30 元、财政补助 20 元。该筹资模式可能引发两个方面的问题：第一，在城乡居民个人账户资金有限的情况下，从个人医保账户中划拨 50 元可能引发城乡居民的不满，甚至抵触；第二，财政补助 20 元，全市有城乡居民 700 余万，这就意味着地方财政每年要拿出 1000 余万元用于该保险补助，这必然会给地方财政带来不小的压力。在此背景下，探索建立集可持续性、公平性于一体的长期护理保险筹资机制，拓宽筹资渠道，努力寻求新的筹资方式是关键。

长期护理保险能否可持续健康运行与发展，筹资的可靠性是关键。筹资可不可靠，既要看筹资量是否与保障水平相匹配，更要看筹资渠道是否合理可行。美国的实践则证明，纯市场化的商业长期护理保险市场，可持续性不容乐观。社会性长期护理保险的筹资则主要从医疗基金中划拨。该筹资模式必然会增加部分医保结余不足地区的压力。社会性长期护理保险的筹资的另一种方式则主要为个人缴费或是提高医保费率，这又明显与国家要求减轻民众负担及降费率的基调不符；政府补贴、国企划转虽然是不错的选择，但筹资额度毕竟有限，它不可能成为主流筹资渠道，只能发挥补充或辅助作用。瑞典等国的实践就表明，高福利支出背景下的高税率，给政府和企业带来了沉重负担，给经济和社会发展带来一定负面影响。福利体系发展的路径依赖、福利支出的刚性等，又使得其调整较为艰难。在此情况下，我们认为，可借鉴德国、日本等国的经验，建立多元化长期护理筹资机制，明确各主体的筹资责任，在有效满足社会护理需求的同时，政府、企业、个人共同分摊护理成本压力，促进服务供给发展。如由目前以财政支出为主转向"财政补贴+社会筹资（如社会捐助等）+个人缴费"相结合的筹资机制，尤其要充分发挥社会筹资的补充作用。即充分发挥个人捐款、企业捐赠、慈善机构捐助以及福彩体彩公益金收入等社会筹资渠道的功能。为此，相关职能管理部门应该制定相关政策法规，通过税收、奖励、住房、子女入学等优惠政策，积极鼓励社会筹资。

（四）科学制定筹资细则

从现有政策来看，其筹资方面的规定大多数都是粗线条的，虽然具有较强的理论指导意义，但总体而言可操作性不强。尤其是涉及筹资渠道、筹资方式、资金管理、支付范围、支付标准、费用结算等方面的内容，还有待做进一步的细化和具体化。如支付标准方面，某试点地区规定："居家上门护理费用以服务包形式按限额支付。"总之，诸如此类的条款还需要做进一步的细化和解释说明，避免在实践操作中产生误会与纠纷。

（五）尽快建立筹资评估机制

资金使用得合理与否同样也很重要。资金的使用问题，则很大程度上得依赖资金的监管与资金的使用评估。当前，国家还未成立专门的监管及评估机构来监督及评估长期护理保险资金的使用情况，各试点地区同样也缺乏类似的机构。在资金的筹资标准、渠道及方式等均面临众多问题的情况下，我国亟须对长期护理保险的资金使用定期开展监督与评估。一方面，通过设立独立的官方性质的评估机构，负责对资金使用过程中的各个环节进行评估；另一方面，还要引入第三方监管机构，通过强化监管确保评估结果的准确性、真实性与有效性。与此同时，还要根据评估需要，及时构建能够反映筹资标准、筹资渠道及筹资方式情况的评估体系，并建立畅通的反馈渠道，及时反馈长期护理保险试点过程中筹资及使用方面存在的种种问题。官方评估机构则要基于评估结果制定完善措施，提高长期护理保险资金的使用效率，以此促进长期护理保险制度的稳定运行与持续发展[1]。

除上述政策措施外，我们认为，还有必要通过统一筹资制度的方式及时解决筹资方面的问题。长期护理保险如果单独筹资，容易让参保群众陷入"收费项目年年加，保障待遇却不见长"的误解当中，以为政府部门又在乱收费。可考虑将长期护理保险基金的筹集纳入社保统筹范围，建立统一的社保基金筹资制度，避免让参保群众产生不必要的误会。

四、提高护理水平

提高护理水平是一项系统性工程，涉及护理能力的改善、护理人才的培养、护理模式的优化等方方面面的问题，需要各方统筹规划，同步推进。面对护理方面的问题和失能人员多样化、多层次的护理服务需求，当务之急就是要打通护理模式方面的"堵点"、消除护理质量方面的"痛点"、破除护理人员方面的"障碍"，激活保险机构的"市场活力"，为城乡失能人员提供多样化、高质量的护理服务。

---

[1] 刘文，王若颖. 我国试点城市长期护理保险筹资效率研究——基于14个试点城市的实证分析[J]. 西北人口，2020，41（05）：29-45.

（一）优化创新护理模式

护理服务的可行性、高效性与可及性是长期护理保险发展的基础与根本。也就是说，未来我国长期护理保险能否实现可持续健康发展，很大程度上取决于护理服务是否可行、有效与可及。面对当前三种护理服务存在的种种问题，在明确服务对象、服务内容、服务场所的基础上，改革、创新和完善现有护理模式，有效提高服务机构、服务人员的护理服务能力和水平是关键。在总结六年多来长期护理保险试点经验的基础上，我们认为，未来应该重点做好以下五个方面的工作。

1. 引导失能人员转变居家护理观念

通过宣传教育，让更多的失能人员及其家属认识到居家上门护理和机构护理的好处，使其及时转变居家护理观念，通过实地参观或是免费体验的方式，使失能人员能全面了解、认识并接受居家上门护理和机构护理，以此推动社会化护理服务走向良性发展轨道。

2. 加强亲情护理人员技能培训

在居家自主护理占主导地位，而亲情护理水平、护理能力和护理质量又明显薄弱且机构护理人员又严重不足的情况下，如何加强对亲情护理人员的专业技能培训，全力推动居家护理服务能力的提升，必然是扩面后政府部门首先必须考虑的工作重点。为此，各地的社会医疗保险、商业健康保险、护理机构三方有必要联合起来，充分发挥各自的职责，组织开展形式多样的护理技能培训班。将医疗护理的疾病预防、心理疏导、肢体康复到生活护理的基础常见知识等，及时传授给亲情护理人员，让其从"门外汉"转变为"护理家"，为储备专业护理人才打下坚实基础。

3. 提升护理机构护理服务能力

重点做好四个方面的工作。第一，加大护理机构的供应力度。面对护理机构数量的严重不足，全国各试点地区加大力度培育和引进各级各类护理机构是关键。为此，有必要鼓励内、外资通过公建民营、政府购买服务、政府和社会资本合作等方式，大力发展护理机构，加大护理机构的市场供应力度。第二，加大护理机构的基本建设力度，规范护理机构市场准入机制。通过加大财政支持力度和加大基本投入的方式，加快护理机构设备设施建设，改善护理机构护理服务条件，优化养护机构护理服务环境，合理安排养护机构布局。国家有关部门要设立专项资金支持各地建设不同级别的养护机构，并出台优惠政策鼓励民营资本参与养护机构建设[①]。第三，实施"互联网＋失能护理"行动。制定智慧失能护理服务产品及服务推广目录，建设一批智慧护理机构。完善护理机构供地政策，鼓励集体建设用地发展护理服务机构。第四，制定机构护理服务标准。以实施城乡失能人员医疗康复与健康护理工程为抓手，通过制定护理服务标准，大力增强护理机构护理服务能力。

4. 大力破解护理机构可及性难题

护理机构的可及性难题主要体现在农村。破解农村护理机构的可及性难题，一方面，要加强农村护理机构的建设力度，引进或组建更多的护理机构以满足扩面后的农村护理需求。政府部门可积极利用财政补贴、政策优惠等经济杠杆，加大农村地区非营利性护理机构建设力度，促使农村地区护理机构改进护理服务能力、提升护理服务质量、增加软硬件建设投入，加强专业人员的引进和培训，满足农村地区失能人员的实际需求。另一方面，更要进一步挖掘和有效利用好现有护理资源（如乡镇卫生院和养老院），提升其护理服务能力。如将符合条件的乡镇卫生院和养老院等纳入长期护理服务供给，积极引导和鼓励其参与长期护理保险业务，盘活闲置护理资源，提高资源利用率。同时还要充分利用好家庭签约医生的作用，对家庭签约医生团队中的护士进行专业护理培训，使其在必要时承担一定的护理职责。此外，还应通过各种优惠政策培育、鼓励并引导农村富余劳动力参与护理工作，通过专业培训和技术指导，有效发挥农村富余劳动力在护理方面的作用和价值。

---

① 韩文倩，张利．长期医疗护理保险问题研究——来自青岛的调查［J］．保险职业学院学报，2017，31（06）：70-73．

5. 强化护理服务绩效监督与评价

以保障护理服务质量为目的，制定居家护理和机构护理绩效评价指标体系和评价方案，对现有三种护理模式开展必要的监测。以此评估三种护理模式的实施效果、检测三种护理模式的运行效率、查找三种护理模式存在哪些亟待解决的问题，为下一步在全国范围内扩大长期护理保险实施范围并促进长期护理保险制度实现可持续健康发展积累经验。

（二）大力提升护理服务质量

长期护理保险的实施能否达到预期效果，关键要看失能人员及其家属的获得感。长期护理保险的实质不在于给予失能人员多少现金补助，而在于提供优质、高效、便捷的护理服务。因为长期护理保险的最终目的是要改善失能人员的失能状况、提高失能人员的生活质量，要通过护理服务使其生活得更加健康、更加幸福、更加温暖、更有尊严。实践表明，现金补助是有限的，并不能解决根本问题，也很难增加失能人员及其家属的获得感。因此，可以说，要想通过长期护理保险提升失能人员及其家属的获得感，关键在于能否提供优质、高效、便捷的护理服务，即高质量的护理服务。为失能人员提供高质量的护理服务，关键要做好以下几个方面的工作。

1. 要制定护理服务质量标准

针对居家护理、机构护理在护理服务水平、护理服务能力、护理服务内容、护理服务价格等方面存在的诸多问题，国家医保局可根据不同的护理服务形式，尽快制定全国统一的护理服务质量标准；以护理服务标准为依据，强化对护理机构的服务水平及护理服务人员的职业技能评价。

2. 要改善护理服务工作条件

一方面，要充分发挥技术和设施设备的辅助作用，让护理人员从繁重的工作中解脱出来。当前，不少中高端护理机构普遍在技术和设施设备的运用上存在明显误区和不足，很多配套的设备利用率不高，缺乏护理设备相关知识，护理设备的智能化手段利用率较低，使得机构大量服务还是依靠人力的消耗，存在很多制度和流程上的不合理问题，不仅降低了服务效率，也使得服务条件改善不足。为此，有必要结合护理机构管理赋能，更多应用高效的信息化、智能化手段，合理配置并使用相关护理设施设备及辅具，改善护理人员的工作条件。另一方面，要为护理人员创造良好的工作氛围，为其提供必要的文体娱乐活动，有效缓解其工作压力。

3. 要尽快明确护理服务内容

长期护理保险实施效果好不好，关键要看护理服务做得到不到位。而护理服务到不到位，则取决于服务形式、服务内容、服务态度以及服务效果等是否合理，尤其是服务内容的科学性与合理性至关重要。明确护理服务内容，实质上就是尽快制定"护理服务包"。要根据失能等级、机构能力、市场需求、基金支付水平等，制定内容与形式多样的"菜单式、组合式护理服务包"，并明确"护理服务包"内涵，以此充分满足市场对护理服务多样化的"点单"需求。

4. 要优化护理服务资源配置

一方面，要加强兜底性、基础性护理工作经费保障。护理工作经费要与经济社会发展水平相适应，与宏观政策、社会政策相衔接；完善转移支付分配管理，向中西部地区、脱贫地区、民族地区、特殊类型地区等倾斜；优化中央财政安排用于护理事业的彩票公益金分配使用，提高资金使用效益；扩展护理事业资金来源渠道，总结金融支持护理服务的有益经验，综合运用税费减免、资金引导、培育孵化、人才支持、精神奖励、共建共治等多种手段，广泛吸引各类社会资金投入；加强护理服务设施建设，引导建设资金投向短板领域和薄弱环节。另一方面，要增强基层服务能力。要推动护理服务事项清单化管理，规范完善服务内容和标准，强化培训指导，提升基层护理为民办实事能力；总结推广乡镇（街道）社区护理人才队伍建设经验，推动乡镇（街道）养老机构全覆盖，打通为民服务"最后一公里"；推动健全政府购买护理服务长效机制，促进乡镇（街道）养老院建设和增强基层护理服务能力融合发展。

此外，还应推动对外合作交流。依托"一带一路"倡议等多边、双边机制，加强机构护理、社区护理、失能评估、养老服务、护理服务等级领域的对接合作，讲好中国故事，实现互利共赢；拓展对外交流合作，引导规范护理机构依法有序参与国际交流合作。

5. 要统筹护理服务发展和安全

切实强化护理服务安全意识。牢固树立护理服务安全理念，坚持以失能人员身心健康为中心，切实强化底线思维，构建护理大安全格局。深入贯彻落实党中央、国务院关于安全的工作决策部署，把安全发展理念贯穿护理事业各领域和全过程，坚守"三个必须"和"谁主管谁负责"的原则，建立健全护理领域风险防范化解工作机制，严格落实安全生产责任制，完善安全预防控制体系，健全安全风险评估制度，加强护理安全宣传教育培训，持续开展护理安全隐患排查整治。健全护理安全应急处置工作机制，提升应急救援能力，健全完善预案体系，定期组织演练，确保发挥作用。

（三）开展护理服务质量评价

1. 开展护理服务质量评价

开展长期护理保险护理服务质量评价，是总结试点经验、完善制度政策框架的需要，同时也是检测护理机构护理服务能力和服务水平并提高失能人员主观满意度的需要。

（1）总结试点经验、完善制度政策框架

六年多来，我国长期护理保险制度在上海、广州、青岛等全国49个试点地区全面展开。截至2021年底，全国已有1亿多人次的失能人员得到了相应的保障。实践表明，长期护理保险制度的推行，不仅解决了失能人员的长期护理保障需求、提高了失能人员的生活质量，减轻了失能人员及其家庭经济和事务性负担，同时也有效促进了我国养老及照服产业的发展[①]。制度试点可谓成效显著，但问题也不容忽视。在此背景下，开展长期护理保险护理服务质量评价，目的就是要总结试点经验，及时发现问题，为进一步完善制度政策框架奠定基础。

（2）检测护理机构服务能力和服务水平

护理机构服务能力和服务水平是长期护理保险实现可持续健康发展的基础和根本，筛选优质护理机构既是现实所需，也是形势所迫。所谓优质护理机构，就是要求该机构在软硬件设施、服务项目、服务内容、服务方式、服务流程等方面均具备基本的长期护理服务能力和服务水平。试点阶段，各地引入的护理机构有很多，但真正有足够的服务能力和服务水平且能做好该工作的并不多。为了检测现有机构的护理服务能力和服务水平，以优胜劣汰为目的，开展护理服务质量评价可谓势在必行。

（3）提高失能人员主观满意度

构建长期护理保险制度的最终目的是要解决失能人员的长期护理保障需求，提高其生活质量，减轻其经济负担。这些目标最终能否实现，或者说其实现程度如何，关键取决于失能人员体验长期护理保险制度后的主观满意度。而失能人员主观满意度的提高，很大程度上又取决于护理机构护理服务质量。开展护理服务质量评价，其目的之一就要督促护理机构更加重视护理服务质量建设。

2. 确立构建评价指标体系的原则

（1）正确导向原则。绩效考评指标体系应以《指导意见》及49个地区颁布的相关政策文件为依据，体现长期护理保险制度下护理机构的基本定位和职责，尤其是在履行公益性责任、满足人民群众对长期护理保险需求方面的业绩，反映长期护理保险制度下护理机构取得的社会效益和服务效率，充分体现其公益性和效益性。

（2）分类评价原则。评价标准的确定应充分考虑不同类型护理机构

---

① 易永英.人社部长期护理保险制度试点成效初显参保人数已超3800万［N］.证券时报，2017-11-01（02）.

各自的特殊性，重点关注各护理机构服务质量发展现状及年度间变化趋势。依据不同护理机构间客观存在的差异设置相应的标准值。评价过程中，采用绝对评价和相对评价相结合、定量分析和定性分析相结合、现场评价和非现场评价相结合的方法开展评价。

（3）可操作性原则。一方面，要求评价指标体系繁简适中，评价用语简短精练，以便考评对象和考评者易于操作。另一方面，要求评价指标简单明了且便于收集，为了不增加护理机构工作量，应尽可能选取易于在常规报表、日常管理业务记录中能采集到的普通通用评价指标；同时，为了便于在护理服务实践中得到应用，还要充分考虑评价方法的简便易行。

（4）与时俱进原则。《指导意见》指出，我国长期护理保险将利用1—2年时间开展试点工作，试点结束后，长期护理保险制度政策框架必将发生深刻变化。根据变化，在充分考虑前瞻性的基础上，评价指标也应能做出相应的调整，确保评价指标在应用中能适应长期护理保险政策与环境变化的需要。与此同时，评价方法也同样能随着形势的变化而改进。

3.明确评价内容与筛选评价指标

（1）明确评价内容

《指导意见》指出，开展长期护理保险的主要任务之一，就是要探索各类长期护理机构和护理人员服务质量评价办法；同时要明确服务内涵、服务标准以及质量评价等技术管理规范；加强费用控制，实行预算管理，探索适应的付费方式[①]。据此，本书认为，对护理服务质量进行评价，应重点围绕五个方面的内容展开，分别为护理服务机构、护理服务人员、护理服务内容、护理服务标准与护理服务效率。

①护理服务机构方面。护理服务机构是提供护理服务的主体，其本身的优劣会直接影响到护理服务质量的高低。因此，对护理服务质量进

---

① 人力资源社会保障部办公厅.关于开展长期护理保险制度试点的指导意见[EB/OL].2016-06-27.http://www.mohrss.gov.cn/gkml/xxgk/201607/t20160705_242951.html.

行评价，首先有必要对提供护理服务的护理机构做出合理的评判。对护理机构进行评价，一方面要评价其是否具有相应的从业资质。长期护理保险制度下的护理机构通常有三种类型，分别为医疗机构（包括定点医疗机构、社区卫生服务机构）、专业护理机构和专业养老机构。这三种类型的护理机构全国至少有数十万家，由于长期护理对护理机构有些特殊要求，因此，并非所有的相关机构都能承担起长期护理的责任，只有满足一定的资质才能成为长期护理保险制度下的护理服务机构。另一方面还要评价其是否具有提供长期护理需求的软硬件条件，包括护理人员、护理设备、业务用房面积及床位的配备等。因此，对护理机构的评价，应重点测评护理资质和护理条件两个方面。此外，护理机构自身的管理水平也是测评点之一。

②护理服务人员方面。与护理服务机构相对应，护理服务人员通常包括执业医师、专业护士、康复治疗师（士）、养老护理员等四种类型，此外还有健康管理师、心理咨询师、膳食营养师等。为了保证护理服务质量，对护理服务人员必然也要设立一定的准入门槛。对护理服务人员的评价，一是要看护理服务人员是否有相应的护理资质，即是否为受聘（或受雇）于定点护理服务机构的执业护士或参加过执业培训并考核合格的其他专业护理人员，是否参加过养老护理、健康照护、康复技能等职业培训以及是否持证上岗等。二是要看护理服务人员的配置是否科学合理，重点考核专业服务人员与机构床位数之间的占比及人员配备数量与机构实际服务需求是否相匹配等两个方面的情况。

③护理服务内容方面。护理服务内容是评价护理机构护理服务质量的核心指标，该指标主要考核护理服务行为、服务项目和服务形式。服务行为重点考核制度建设与行为规范两方面的情况。制度建设主要考核护理机构是否就护理服务行为构建了相应的规章制度以及制度的执行情况；行为规范则重点考核护理机构的护理服务行为是否严格遵循行业规范要求。服务项目重点考核医、护服务和服务清单两个指标。医、护服务主要看护理机构是否严格区分了医疗服务项目与护理服务项目以及具

体提供哪些医疗服务、护理服务；服务清单则主要考核对基本生活照料、医疗保健、紧急救援、精神慰藉等是否有明确的护理清单。服务形式重点考核护理方式是否具有多样性，即是否包括医疗专护、护理院护理、居家医疗护理、社区巡护等。

④护理服务标准方面。对护理服务标准进行评价，重点看五个方面的内容是否符合相应的规范。第一，护理服务时间是否充足、分配是否合理。可将每天划分为上午、下午、晚上三个阶段，每个阶段可设定一定的护理服务时间，即基础护理服务时间；如果遇到特殊情况，护理服务时间还可在基础护理时间基础上根据实际需要做必要的调整。第二，护理服务范围是否合理。即护理服务的对象、护理服务范围，直接影响到民众的获得感。是给全体民众提供护理保障，还是给城乡居民提供护理保障，抑或是只给城镇职工提供护理保障？此外，还要考核服务对象是否区分了有偿服务对象与无偿服务对象。第三，护理服务内容是否合理。重点评价护理服务行为是否规范、服务项目与服务形式是否具有多样性。第四，护理服务流程是否规范。主要评价三个方面的内容：一是看护理服务机构是否制定了科学严谨的护理服务流程管理制度。二是看护理服务机构是否绘制了护理服务流程图。三是看护理服务机构是否制定了护理违规处罚制度。

⑤护理服务效果方面。护理服务是否有效，关键看群众的获得感，即失能人员及其家属对护理服务的满意度。群众对护理服务满不满意，又关键取决于服务水平是否到位、服务价格是否合理。因此，对护理服务效率进行评价，主要看失能人员及其家属对服务水平及服务价格的满意度。其中，服务水平可重点评价服务态度是否良好、业务水准是否精湛及群众对护理工作的知晓度等；服务价格则重点考核护理费收费标准是否合理、护理费用报销率及个人自负占比是否科学、结算流程是否规范以及群众对结算的知晓度等。

（2）筛选评价指标

评价指标是从影响长期护理保险护理服务质量好坏的诸多因素中提

炼出的关键因素，是反映护理机构、人员、内容、标准与成效等五个维度水平高低的基础性指标，通常也是反映上述五个维度试点绩效状况的测量指标。在明确了评价内容后，接下来要做的就是筛选关键指标。

评价指标的筛选，首先通过德尔菲法（Delphi）进行筛选。即选择若干医疗保险、养老保险、健康保险、护理服务等相关领域的监管人员、技术人员及相关学者，开展专家咨询。经过多轮专家咨询和反复讨论，草拟符合评估要求的若干二级指标和三级备选指标，然后再通过填写专家咨询问卷对草拟的二级指标和三级备选指标进行分类和设置；采用李克特量表（Likert Scale）对指标的重要性、敏感性、实用性、可操作性等进行逐项赋分，并对备选的指标提出删减、增补和修订建议。其次，通过相关系数法进行筛选。分三步走：第一步，计算任意两指标间的相关系数；第二步，做统计检验，当 $P<0.05$ 时，说明两指标相关；第三步，筛选出与之相关个数较多和较少的指标。

通过上述方法，初步确定二级指标 15 个、三级指标 42 个。

4. 构建评价指标体系与确立指标权重

（1）构建指标体系

在筛选绩效考评指标的基础上，根据所筛选指标确定指标项，制订指标考评标准。在经过最后一轮专家咨询后，最终确定二级指标 14 个、三级指标 36 个，在此基础上建立考评指标体系，详情见表 7-7。

表 7-7 长期护理保险护理服务质量评价指标体系

一级指标	二级指标	三级指标	评价内容或计算公式
1.护理服务机构	1.机构资质	1.护理资质	护理机构是否获得了行业主管部门同意开展相关服务（医疗机构需符合国家规定的医疗机构设置、执业标准；养老服务和专业护理机构需符合国家规定的设置、服务标准）
		2.护理年限	考核护理机构从事护理服务工作的从业年限

续表

一级指标	二级指标	三级指标	评价内容或计算公式
1.护理服务机构	2.服务条件	3.软硬件设施	硬件设施方面，是否配备有必要的护理设备（包括设备台数、设备总价值等）；软件设施方面，是否配备了宣传栏或宣传资料，标明了长期护理保险政策、理赔所需资料、投诉电话
		4.业务用房面积	机构业务用房建筑面积是否达到相应要求（包括护理、康复、诊疗、治疗等用房面积）
		5.床位数	护理机构所拥有的足够的床位数以及床位数与护理人员数是否相匹配
	3.管理水平	6.管理制度	护理服务机构是否建立完善的服务管理制度及与长期护理保险管理相适应的内部管理制度
		7.管理系统	是否配备有符合长期护理保险联网结算要求的计算机管理系统，系统中被保险人信息是否完整；是否配备了专职管理人员
2.护理服务人员	4.人员资质	8.执业资质	护理服务人员是否为受聘于定点护理机构的执业护士或参加过职业培训并考核合格的人员
		9.持证上岗率	持证上岗/所有上岗人员 ×100%
		10.职业培训	护理人员是否具有医学专业背景，或者是否参加过养老护理、健康照护、康复技能等方面的职业培训
	5.人员配置	11.人员配备比	专业服务人员/实际床位数 ×100%；重点考核专业护理服务人员的配备是否符合长期护理保险对人员配置的要求
		12.人员配备量	人员数量与自身服务能力和服务需求是否匹配
3.护理服务内容	6.服务行为	13.制度建设	护理机构是否就护理服务行为构建了相应的规章制度以及是否严格按制度执行
		14.行为规范	护理机构的护理服务行为是否严格遵循行业规范要求
	7.服务项目	15.医、护服务	护理机构是否严格区分了医疗服务与护理服务；具体提供哪些医疗服务、护理服务
		16.护理清单	对基本生活照料、医疗保健、紧急救援、精神慰藉等是否有明确的护理清单
	8.服务形式	17.机构护理	提供医疗专护还是专业护理院护理，抑或是两者均提供
		18.居家护理	提供自主护理还是提供上门护理，抑或是两者均提供；居家护理是否区分全日与非全日
		19.社区巡护	是否提供社区巡护

续表

一级指标	二级指标	三级指标	评价内容或计算公式
4.护理服务标准	9.服务时间	20.规章制度	是否制定有严格的护理服务时间管理制度
		21.时间保障	对每一项护理服务是否设定了明确的时间保障，面对特殊情况是否设定了特别时间保障
		22.时间分配	早、中、晚及每一个项目的时间分配是否合理
	10.服务对象	23.基础对象	护理服务对象是全体国民还是某些特殊人群
		24.特殊对象	是否将服务对象区分为有偿与无偿服务对象
	11.服务流程	25.流程管理	是否制定科学严谨的护理服务流程管理制度。主要包括护理人员应了解护理内容和流程、掌握护理信息、查房、记录、归档
		26.流程图绘制	是否绘制了护理服务流程图。流程图应包含流程起点、流程终点，并列出护理工作的关键任务和节点
	12.投诉处理	27.处理制度	护理人员的护理职责是否清晰，对违规操作的护理服务人员是否建立了相应的投诉处理制度
		28.投诉时效	是否明确了投诉处理时效，所有投诉是否在时效内予以办结
5.护理服务效率	13.服务水平满意度	29.服务态度	护理机构所提供的各项服务是否符合行业规范、是否具有良好的服务态度等
		30.业务水准	服务人员是否熟悉自己负责的失能人员的护理重点、治疗要点、饮食和营养状况、身体自理能力等情况，并能够及时与医师沟通；护理级别和自理能力是否相符
		31.知晓度	失能人员或其家属是否了解护理标准及流程，他们对护理工作的好坏是否有反映，护理机构是否根据反馈意见采取了改进措施
	14.服务价格满意度	32.收费标准	护理服务收费标准是否合理
		33.报销率	护理费用报销率是否科学
		34.报销方式	费用报销是否科学规范、简单明了
		35.个人自负比	个人自负费用/护理服务总费用×100%
		36.支付比例	基金支付比例是否超过人社部规定的70%

（2）确立指标权重

为了避免主观因素影响，本书采用客观赋权法确立评估指标权重。

该方法可根据实际数据特点反映评价对象间的差异,对于离差较大的指标赋予较大的权重,对于与其他指标相关性很强的指标赋予较小的权重[1],在此基础上采用功效系数法对各指标进行量化计算。即首先利用专家咨询获取相关指标,然后再通过筛选重要指标出现频率的方式构成集合,最终测评出权重值。其过程为:假设取定5个评估指标,分别记为X1、X2、X3、X4、X5,然后请4位专家相互独立地从指标集中挑选出自认为重要的指标,构成4个指标子集,依次记为:专家1{X1,X2,X4}、专家2{X1,X3,X4}、专家3{X1,X2,X5}、专家4{X1,X2,X4}。指标X1被选中的次数为:g1=1+1+1+1=4;指标X2被选中的次数为:g2=1+0+1+1=3;指标X3被选中的次数为:g3=0+1+0+0=1;指标X4被选中的次数为:g4=1+1+0+1=3;指标X5被选中的次数为:g5=0+0+1+0=1。并将g归一化,即$W_i=g_i/\sum g_i$,得到权重系数W_i={1/3,1/4,1/12,1/4,1/12}。由此测算出各指标权重,详情见表7-8。

表7-8 长期护理保险护理服务质量评价指标权重

一级指标	二级指标	三级指标
1.护理服务机构(9.25)	1.机构资质(1.45)	1.护理资质(0.76)
		2.护理年限(0.69)
	2.服务条件(5.83)	3.硬件设施(2.33)
		4.业务用房面积(1.49)
		5.床位数(2.01)
	3.管理水平(1.97)	6.管理制度(0.94)
		7.管理系统(1.03)
2.护理服务人员(11.38)	4.人员资质(5.62)	8.执业资质(2.03)
		9.持证上岗率(1.68)
		10.职业培训(1.91)
	5.人员配置(5.76)	11.人员配备比(3.02)
		12.人员配备量(2.74)

---

[1] 尹钧惠,李志梅.基于BSC的公立医院绩效评价指标体系之构建及应用[J].财会月刊,2017(22):67-71.

续表

一级指标	二级指标	三级指标
3.护理服务内容（26.41）	6.服务行为（6.54）	13.制度建设（2.13）
		14.行为规范（4.41）
	7.服务项目（8.10）	15.医、护服务（3.77）
		16.护理清单（4.33）
	8.服务形式（11.77）	17.机构护理（3.87）
		18.居家护理（5.76）
		19.社区巡护（2.14）
4.护理服务标准（22.60）	9.服务时间（9.55）	20.规章制度（2.37）
		21.时间保障（4.41）
		22.时间分配（2.77）
	10.服务对象（4.59）	23.基础对象（2.44）
		24.特殊对象（2.15）
	11.服务流程（2.95）	25.流程管理（1.66）
		26.流程图绘制（1.29）
	12.投诉处理（5.51）	27.处理制度（2.23）
		28.投诉时效（3.28）
5.护理服务效率（30.36）	13.服务水平满意度（14.13）	29.服务态度（5.37）
		30.业务水准（5.23）
		31.知晓度（3.71）
	14.服务价格满意度（16.23）	32.收费标准（4.62）
		33.报销率（3.21）
		34.报销方式（1.77）
		35.个人自负比（4.17）
		36.支付比例（2.46）

说明：所有指标权重均采取四舍五入方式保留小数点后两位。

本书建立的评价指标体系是基于长期护理保险6年多来的试点实践，对当前正开展试点工作的49个地区具有很强的指导意义。但我国最终目的是要建立全国性长期护理保险制度，这就要求评价指标体系能够根据未来实际情况的变化从不同的角度和方面进行动态调整，即当长期护理保险制度处于不同的发展阶段时，对其护理服务质量的评价内容及侧重点也应有所不同。此外，为增强评估指标对不同地区的适用性，本评估指标体系在运用过程中并不要求全国一盘棋。各试点地区可根据所在地经济发展水平、基金筹集状况、群众护理需求等实际情况，对某些指标进行适当的调整；在确定各级指标权重时，也可根据地方实际做必要的更改。

（四）全力改善护理服务软环境

所谓软环境，是指护理人员层面影响护理服务，尤其是影响机构护理服务的重要因素。全力改善护理服务软环境，关键就是要大力增加护理人员数量、改善护理人员职业发展环境等。

（1）大力增加护理人员数量

面对当前护理人员供应远远不足的困境，随着长期护理保险实施范围的不断扩大，未来护理机构在护理、巡查、评估、监管、宣传及信息搜集等方面必将面临更大的工作压力，大量增加护理从业人员供应数量既有其重要性，同时更有其必要性。但从成本控制的角度而言，增员必须控制在可以承受的适当范围内。对护理机构而言，增员其实并非化解工作压力的唯一手段，关键是要想办法提高护理工作人员的工作效率。

（2）改善护理人员职业发展环境

从前文分析可知，影响护理机构护理人员供需失衡的关键因素是因为护理人员的供应远远无法满足市场需求，而导致护理人员供应不足的原因又是多方面的，既有工作压力、经济待遇方面的原因，也有社会地位、职业发展方面的因素。为此，有必要从以下四个方面出发，进一步优化护理人员的基本生存条件和职业发展空间与环境，真正将护理服务打造成一个为人们所认可和受社会所尊重的好职业，以便吸引更多人（尤其是年轻人）加入到护理服务队伍中来，从而为破解护理人员供需矛盾问题并推动我国护理服务事业实现可持续健康发展奠定基础。

第一，适度减轻护理人员工作压力。一方面，要适度减轻护理人员的工作强度，规定每个护理人员的护理服务对象不得超过5人，即失护比为 5∶1；如果护理对象中有重度失能人员，还应该进一步减少护理服务人数，规定服务 1 个重度失能人员冲抵 2 个中轻度失能人员的工作量。另一方面，要严格执行劳动法，规定护理人员 8 小时工作制，且每周至少轮休 2 天；如果某些特殊原因确实需要加班，则必须严格执行加班工资，而且还必须规定每周加班时间不得超过 10 小时。10 小时以外的加班必须征得护理人员同意且护理人员有权拒绝每天 2 小时以外的加班要求。与此同时，为了减轻护理人员的心理压力，护理机构还应该配备一定的心理咨询师，及时疏导失能人员的焦虑情绪和护理人员的心理压力，为机构护理服务工作营造一个轻松、和谐的工作环境和工作氛围。

第二，大力提高护理人员福利薪酬待遇。提高护理人员的福利薪酬待遇，重点做好两个方面的工作。第一，制定科学合理的护理人员工资标准。人力资源和社会保障部门应按照护理人员的工作强度制定与地方社会经济发展水平、物价水平及消费水平相适应，且适度超过地方平均收入的工资标准，并建立最低工资制度。建议每月工资标准和最低工资标准应不低于地方平均工资标准和最低工资标准的 1.4—1.6 倍，加班工资另计。第二，构建护理人员福利待遇保障机制。各级养护机构要从强化社会责任感出发，及时与护理人员签订劳动合同，并严格按照合同及相关法律规定，为护理人员足额缴纳医疗、养老等方面的社会保险，必要时还应购买一定的商业保险和职业年金等。与此同时，对于不按要求缴纳社保的养护机构，还应加大处罚力度，以此切实保障护理人员的合法权益并激发其工作积极性与主动性。

第三，努力提升护理人员社会形象。护理服务是老龄化、失能化背景下不可或缺的一份崇高职业，护理人员从事的是一份值得称赞的伟大工作，该工作对于助力"健康中国"战略及和谐社会的构建等，均具有十分重要的意义。对于这样一个人群，全社会应该给予更多的认可、关心、理解和尊重。为此，相关主管部门应该充分认识到护理人员所从事职业的必要性与重要性。为了树立护理人员的良好社会形象，相关主管部门应通过互联网、广播、电视、报刊等传播途径，加大对护理人员正面形象的宣传力度，引导社会大众给予护理人员必要的理解和认同，培养全社会关心、尊重护理服务工作的良好风气。

第四，构建科学合理的护理人员职业发展规划。由医保部门牵头，联合财政、民政、人社等部门，联合制定护理人员职业发展规划，并出台相关法律法规，将护理人员的晋升晋职纳入法治化管理规范。具体而言，就是在规范护理服务行业的同时，进一步畅通护理人员的上升通道，为专业护理人员设置不同等级专业技术职务，打通护理人员职称晋升渠道，明确其职业发展前景。[①]

（五）加强护理人才队伍建设

针对一线护理人员存在社会地位低、收入待遇低、学历水平低，流动性高、职业风险高、年龄偏高的"三低三高"现象，加强护理人才队伍建设刻不容缓。关键就是要提高护理人员的护理技能与服务水平。一方面，国家教育部门要联合卫生部门，积极鼓励和引导有条件的高校开设护理、康复等相关专业和课程，通过学历教育加快培养养生保健师、康复理疗师、中药药膳师、健康管理师等高素质应用型专业护理人才，壮大护理人员队伍。鼓励将护理服务技能培训纳入国家职业教育培训体系，建立与养护机构护理服务发展相适应的资格认证培训、岗位培训、人才培养、考核评估等培训服务体系。另一方面，要加强居家护理模式下的失能人员家属、机构护理模式下的护工等从业人员的继续教育和系统性护理服务技能培训，努力提高其服务能力和水平。与此同时，还要鼓励建立养护机构与医疗卫生机构在技术和人才等方面的合作机制，鼓励医疗卫生机构的护理人员通过多点执业的方式，有序流转到养护机构提供兼职护理服务。具体而言，有如下几点：

1. 加强对护理人才的培育和引进力度

护理人员的不足是制度运行过程中的障碍之一，仅仅依靠家庭或者

---

① 泰康保险集团.我国典型地区养老服务机构从业人员服务能力调研报告［R］.发布稿，2018-08-22.

是政府作为护理服务的提供者远远不能满足现实需要，鼓励非营利组织、志愿者等多方主体参与失能人员的护理服务，将护理服务社会化、契约化，缓解人口老龄化增速背景下供给主体匮乏的压力。同时还要加强对护理人员的培育、引进、使用和激励力度，推动、协调政府有关部门强化专业护理人员队伍建设，建立护理人才引进"绿色"通道，努力打造专业护理人才队伍，稳步提升护理人员综合素质。重点做好五个方面的工作。一是鼓励护理机构与中高等院校开展合作，采取"订单式"培养模式，培育更多符合市场需求的护理人才。二是政府部门要加大扶持力度，建议医保部门与卫计部门联合制定特定职业优惠政策，通过提高待遇等优惠政策积极鼓励和引导年轻人从事护理工作；同时，鼓励和引导医疗、康复、护理、营养、心理等专业人才进入护理行业。三是通过信息化手段，结合市场化的互联网护理联盟，建立专业护理人员区域化共享机制，实现区域化专业护理人员与当地护理机构的无缝对接，以此拓展护理人员的服务范围，提高其使用效率。四是建立护理人员的终身教育制度，实现全行业基础教育和专业培训的全覆盖，尽快建立护理人员的岗位培训积分制，鼓励专业护理人员的职业成长。[①] 五是加强对养老服务人员的继续教育和后备人才培养，促进养老机构与高等院校建立培养模式以固定输送多层次的专业人才。

2. 建立专业护理人员区域化共享机制

一般性人力不足尚可采取一些经济或政策上的手段予以解决，但是专业护理人才不足就只能通过短效性方式予以解决。专业人才的储备和经验的积累需要时间为基础，但不断进展的老龄化、失能化进程对人才的需要量迅速增长，迅速扩容与培养周期的矛盾性加速了专业护理人才市场的不良竞争，也对人才培养造成了负面影响。建立区域化专业护理人才共享机制，通过信息化、远程等技术手段，结合市场化的护理联盟、

---

① 吴海波，朱文芝，沈玉玲，等.机构护理服务供需矛盾研究——基于上饶市长期护理保险试点扩面的调查[J].卫生经济研究，2020，36（08）：43-46.

互联网医疗等方式，实现区域化专业护理人才与当地护理机构的对接，利用人才共享的机制实现护理机构低成本的专业化服务合作，实现人才服务半径的拓展，提高人才的使用效率。[①]

3. 建立区域护理人才库并完善用工制度

构建区域化护理人才库，实行护理人才特别管理制度，尤其是关键人才（如护理机构的负责人、关键部门的主管、专业护理人员等）的登记与备案制度，以市、县、区为单位，构建区域性护理人才大数据库，协调区域护理人才的输入与输出，实行行业内职业档案管理制度，同时建立护理服务积分制度，如护理相关工作经历与背景、培训记录、奖励记录、不良行为记录等，在进行档案管理的同时，换算成一定的积分，可与薪酬待遇或职业发展相结合，以鼓励相关人才在护理领域中的持久发展。

4. 完善专业护理人才职业发展路径

职业生涯的规划与发展在全护理行业均十分缺乏。本次调查发现，一半的护理机构没有明确的职位晋升体系。近20%的机构晋升路径还不顺畅，护理人员的职业晋升路径不论从制度建设还是具体实施方面，都存在较多具体问题，尚有很大提升空间。为此，有必要建立明确的人事管理路径，特别是要明确专业护理人员的职业发展路径（包括晋升路径、专业培训积分制管理、职业成长与发展渠道等），明确相关专业人事管理制度在护理行业的落地实施方案与主责部门。

5. 建立各护理人才分层次教育体系

我国社会化护理机构发展的时间并不长，大多数都是近些年长期护理保险事业发展新进入行业的管理人才，身为院长/副院长其护理服务从业时间已经远远长于其他人员，但是大多数仍是从其他专业"转行"而来，尽管对其既往工作经验和行业经验对现在的行政管理有一定好处，

[①] 泰康保险集团. 我国典型地区养老服务机构从业人员服务能力调研报告［R］. 发布稿，2018-08-22.

但是针对护理行业领域的知识和政策的再培训同样非常重要,此现象还包括中层管理者和专业护理人员。目前的入职前教育和岗上培训均主要针对护理服务人员进行。针对护理机构的社会化培训不少,但是基于各级各类人员岗位胜任力研究基础上,有针对性培训大纲的开发与系统化、体系化培训的开展还是十分缺乏。因此,研究并建立各类各级护理人才的教育与培训的体系非常必要。

6. 建立护理人员终身教育制度

建立专业护理人才的终身培训制度,实行全行业人才的基础或入门教育,包括护理相关的法律法规、行业自律、行为规范,建立统一标准下的基础培训准入制度。建立专业护理人才输送通道,建议医保局与行业主管部门联合制定专业护理人才引入或开发政策,鼓励医疗、康复、护理、药剂、营养、心理等专业人才进入护理行业,并建立跨行业转型的鼓励政策,如免费培训,行业信息咨询等。同时,建议参照卫生领域专业人才的学分制管理制度,尽快建立护理行业关键岗位或专业护理人员的岗位培训积分制,鼓励关键岗位人才和专业护理人才的职业成长。

7. 建立护理人才岗位管理长效机制

实行护理关键岗位的注册制度,如院长/副院长明确岗位资质、胜任力的基本要求、主要工作职责、权限、责任、能力要求、知识或技能要求等,将岗位认证、岗位监管与绩效管理挂钩。建议护理机构需实行员工制管理,设置公益性岗位。加强关键岗位的监管力度,统一关键岗位名称、任职资质、基本人力配置要求,如学历、专业、培训、经历背景、胜任力状况、能力水平评价等。[①]

(六)提升护理服务信息化水平

1. 推动提升护理工作政务服务效能

坚持一盘棋布局、一张网建设、一体化发展,加快推进护理工作电

---

① 泰康保险集团.我国典型地区养老服务机构从业人员服务能力调研报告[R].发布稿,2018-08-22.

子政务建设，通过流程优化、功能重组、数据集成等方式，健全和完善各类护理服务政务信息系统；深化"互联网+护理服务"，提高护理服务平台供给能力，拓展空间位置服务和便民惠民地图服务，推动更多护理服务事项"一网通办""跨省通办""就近可办"，实现网上可办率达到80%。充分利用护理热线资源体系，进一步畅通同群众、护理机构的互动渠道，提升护理服务便捷度，增强群众获得感。

2. 充分发挥护理服务数据要素作用

建立数字化护理资源库，加强数据资源全要素、全口径、全生命周期管理，促进护理数据、政策、技术、服务等相互融通、上下一体，全面构建以行政区划代码、社会组织和村（居）委会统一社会信用代码等为基础，以自然人、法人为核心的护理服务大数据资源体系。完善护理服务数据标准，有效拓展护理服务数据采集广度和深度，推进护理服务数据在电子政务内网外网普遍共享、综合应用。

3. 优化完善护理服务应用支撑平台

深度集成融合大数据、人工智能、区块链、GIS等技术，升级优化智慧护理服务全业务应用支撑平台。打造功能重组、服务重用、组织重构的基础应用护理服务支撑平台，构建集数据治理、资产管理、数据建模、数据服务等于一体的护理服务大数据平台，建设集语音识别、语义识别、人脸识别、画像分析等于一体的护理服务人工智能平台，提升护理业务拓展能力、大数据分析能力、决策支持能力。

4. 加快护理服务信息基础设施建设

构建多网融合、稳定运行、安全可信的护理服务网络和信息基础设施大平台，提供统一云服务和安全保障。加大护理服务安全可靠技术产品应用，加快护理服务信息基础设施高可靠、高性能、高安全、智能化升级，建设网络安全统一运维管控与综合防范业务平台。

五、开展监督评价

开展监督评价的目的，就是要检测试点效果、实现制度公平。为此有必要从两个方面开展相关工作，即完善护理服务监测评价机制、构建护理服务绩效评价体系。

（一）完善护理服务监测评价机制

强化护理服务主要目标、重点任务、重大工程的分解落实，完善配套政策。建立年度监测分析、中期评估和总结评价的护理服务监测评价工作机制，将评价结果作为改进护理工作和绩效考核的重要依据。健全统计指标体系，强化对重点领域、重点区域的动态监测。创新评估方式方法，通过引入第三方机构、综合运用大数据分析等方式，丰富护理服务评价维度，提升评价深度。畅通群众诉求和意见表达渠道，发挥群众监督、媒体监督的积极作用。试点地区各级医保部门要强化主体责任，要以国家规划为指导，因地制宜制定地区护理事业发展规划或行动计划，对国家规划和试点地区护理规划的落实情况开展监测评估，对实施过程中出现的问题要及时上报。要进一步强化对护理机构的监管。为提升机构护理能力与水平，切实维护失能人员的基本权益，建议采取随机抽查与定期检查相结合的方式，加强对定点护理机构的监管。着重检查护理机构的护理设施是否合格、护理行为是否规范、服务态度是否良好、待遇发放是否到位、护理方案是否合理等，并针对发现的问题提出整改要求，以此进一步规范护理服务行为，提高机构护理质量。

（二）构建护理服务绩效评价体系

针对试点过程中存在的非公平性问题，本着完善制度条款、探索改革路径的目的，我们认为，在总结试点经验的基础上，制定相应的长期护理保险试点绩效评价指标体系对试点工作开展必要的评估，不仅是评价制度的实施效果、检测制度的运行效率的需要，同时也是为下一步在全国范围内实施长期护理保险积累经验、完善制度政策框架并促进制度实现可持续健康发展的需要，更是最终实现制度公平的需要。为此，有必要在明确绩效评价内容与评价维度的基础上，按照"分层分类、量化细化"原则，运用德尔菲法（Delphi）筛选指标，并通过客观赋权法（CRITIC）和层次分析法（AHP）确立指标权重，构建一套科学合理，以保障水平和参保人主观满意度为核心的评价指标体系,以此作为实现制度公平及督促检查、监测评价长期护理保险实施效果的重要依据。

1.构建绩效评价指标体系的必要性

(1)总结制度试点经验、破解制度试点难题的需要

长期护理保险制度是近年来我国应对人口老龄化、破解老年人失能问题的重大创新举措。该制度自2016年10月开展试点工作以来,已在东、中、西部全国49个城市全面铺开。通过试点,各地在管理、保障、服务等方面积累了诸多成功经验,为进一步完善制度政策框架并确保制度2年后在全国范围内全面推广实施奠定了坚实基础。但试点同时也暴露出众多亟待破解的难题,如经办与承办机构的职责定位还不够明确、筹资渠道与筹资标准还未能统一、保障范围与保障水平还不相匹配、护理机构与保险机构的合作还不够深入、医疗费用增长过快等问题还没有得到有效遏制,等等。要解决这些问题,关键要总结试点经验,深挖导致现存问题的原因。无论是总结成功经验,还是破解制度难题、实现制度公平,都有赖于绩效评价的开展和绩效评价指标体系的构建。

(2)评价制度实施效果、检测制度运行效率的需要

长期护理保险是近年来各级政府大力倡导并推广实施的一件重大民生工程。该制度的实施,既关乎公平正义和社会稳定,也关乎中华优秀传统美德的弘扬和社会经济的发展,其运行效果如何,关键要看与参与主体满意度密切相关的三个指标是否能达到预期效果,即经办机构是否能赢得民心、承办与服务机构是否能得到发展、参保群众是否能得到实惠。从现有试点结果来看,由于缺乏评价依据,目前上述目标是否实现还无法做出准确的判断。为此,有必要在深入分析长期护理保险试点现状与发展趋势的基础上,构建一套以保障水平和参与主体满意度为核心的评价指标体系,以此作为评价制度实施效果、检测制度运行效率的重要依据。

(3)完善制度政策框架,探索制度改革路径的需要

《指导意见》指出,开展长期护理保险试点的目标之一,就是要利

用1—2年试点时间，积累经验，力争在"十三五"期间，基本形成适应我国社会主义市场经济体制的长期护理保险制度政策框架[①]。那么，与我国社会主义市场经济体制相适应的长期护理保险制度政策框架到底是什么？为此，有必要从探索制度改革路径（包括探索长期护理保险政策体系、管理服务规范和运行机制等）出发，同时结合《指导意见》提出的主要任务，制定相应的绩效评价指标体系，以此作为评判制度政策框架是否合理、制度设计条款是否科学的主要依据。

2. 构建绩效评价指标体系的原则

对长期护理保险绩效实施评价，其结果是否准确和客观，是否与其实际情况相符，关键在于是否有合理的"评价内容"与"评价标准"。因此，应按照"分层分类、量化细化"的原则，制定一套科学、合理的评价指标体系[②]。具体而言，应遵循三个方面的原则：

第一，既要全面系统，又要突出重点。一方面，评价指标应力求覆盖多方利益诉求，无论是承办机构、经办机构、护理机构，还是参保人群，评价指标均能对其满意度进行全面、合理的评价，不失偏颇。另一方面，又应从简单、明确、实用、可靠出发，重点选择部分既能直接反映经办机构管理水平、承办机构社会效益和护理机构服务质量，又能充分体现长期护理保险制度运行效率及其准公共产品属性和公益性的指标。

第二，既要重视定性，又要强调定量。长期护理保险运行效果如何，既要关注管理、保障和服务方面的内容，更要了解筹资、控费和支付方面的情况。因此，长期护理保险试点绩效评价指标的筛选，既要有定性的描述，也要有定量的设置。尤其是定量指标的设置更为重要，因为定量指标不仅简单、明确、直观，而且还可以证明定性评判的客观性与准确性。总之，只有定性与定量指标相结合，才能真正确保评价的有效性与公正性。

---

① 人力资源社会保障部办公厅.关于开展长期护理保险制度试点的指导意见[EB/OL].2016-06-27.http://www.mohrss.gov.cn/gkml/xxgk/201607/t20160705_242951.html.
② 黄良谋.行员绩效考评指标体系设计思路及完善建议[J].海南金融，2006（11）：35-37.

第三，既要与时俱进，又要因地制宜。《指导意见》指出，我国长期护理保险试点时间设定为1—2年，也就是说，2年后该制度条款必然随着扩容增量而发生深刻变化。一方面，相对于制度的变化，评价指标也必须能够伴随形势的变化而做出相应的调整，做到与时俱进。另一方面，评价指标还要能够根据地方实际情况及时做出反应，进行必要的动态调整。与此同时，评价方法也同样能随着形势的变化而改进。

3. 绩效评价内容与评价指标体系的构成

（1）绩效评价内容

对长期护理保险试点绩效进行评价，到底应该聚焦哪方面的内容？就评价项目或者说评价细化指标而言，可包括管理、筹资、控费、保障、服务、支付、结算、拨付、稽核、信息化系统建设、维护和管理等各个方面；就评价对象而言，则可将所有制度参与主体纳入评价范围。长期护理保险的实施，牵涉到经办机构（又称监管机构，主要指各级医保部门）、承办机构（保险公司）、护理机构（主要包括各级医疗机构、养老机构和专业护理机构等）和参保群众等四方主体利益。因此，对长期护理保险试点绩效的评价，也必然要围绕经办、承办、护理服务与满意度及其相对应的各个项目而展开。其中，满意度是根本、护理服务是保障、承办是基础、经办是源泉，其因果链基本走向为：经办→承办→护理服务→满意度。同时，还需强调的是，所有的评价内容都必须以实现长期护理保险的试点目标和主要任务为己任。评价内容与试点目标、主要任务之间的关系如图7-2所示。

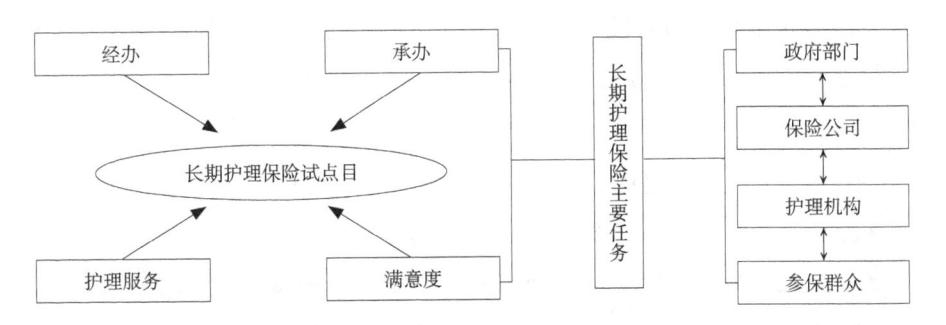

图 7-2　长期保险试点绩效评价基本框架

（2）绩效评价指标体系的构成

评价指标是评价内容的细化与延伸，而评价内容则是评价指标体系确立的基础与根本。因此，长期护理保险绩效评价指标体系的确立，在明确以规范性、科学性、有效性和反映客观事实为指导思想，根据用最少的指标控制最大绩效原则的基础上，在广泛征询专家意见的基础上，本书最终选择从承办绩效（又称监管绩效）、经办绩效、服务绩效和参保人员满意度等四个维度来构建。

首先，就经办绩效而言，经办是否有成效，关键看制度的顶层设计是否合理，对制度执行、人员评估、待遇支付以及管理服务等方面的监管是否到位。因此，对于经办绩效的考核，重点评价职能部门（主要指各级医保部门）的职责落实成效，具体包括制度建设成效、筹资成效、医疗控费成效等。其次，就承办绩效而言，承办是否有成效，关键看承办机构的市场行为是否规范，承办水平是否达标以及能否提供优质高效、经济便捷的承办服务等。因此，对于承办绩效的考核，重点评价保险公司的承办质量与承办水平，包括承办资质、承办效率与服务水平等。再就护理服务绩效而言，护理服务是否有成效，关键看护理服务机构是否能够按照制度要求提供优质高效的生活照料和护理服务。因此，对于护理服务绩效的考核，重点在于评价护理机构的护理服务质量与护理服务水平，包括护理资质、护理服务行为规范、护理服务水平、护理服务方式、费用收取等。最后，就参保人员满意度而言，参保人员满不满意，重点取决于两个方面的因素，即护理价格是否合理、护理服务是否到位。因此，对参保人员满意度的考核，关键看护理服务水平和群众的获得感，具体包括对个人及家庭经济或事务性护理负担减轻程度、社会公平性体验感等。

在明确了具体评价内容与评价指标后，利用运用德尔菲法（Delphi），邀请若干社会保障、健康保险、卫生经济及医院管理等领域的专家，开展专家咨询。经过多轮专家咨询和反复讨论，筛选适合评价要求的二级指标和三级指标，从而构建评价指标体系。具体如表7-9所示。

表 7-9 长期护理保险试点绩效评价指标体系

一级指标	二级指标	三级指标
1. 经办绩效	1. 基金筹集	1. 筹资渠道
		2. 筹资标准
		3. 筹资方式
	2. 待遇支付	4. 支付范围
		5. 支付标准
		6. 结算流程
	3. 管理服务	7. 基金管理
		8. 服务管理
		9. 经办管理
		10. 结算管理
		11. 机构管理
2. 承办绩效	4. 承办机构	12. 承办资质
		13. 专业人员配备
		14. 风险管控能力
	5. 承办效率	15. 市场行为
		16. 成本控制
		17. 结算速度
		18. 等级评估
		19. 费用审核
		20. 稽核调查
	6. 承办水平	21. 承办机构盈亏率
		22. 参保人员覆盖率
		23. 合规护理费用报销率
3. 护理服务绩效	7. 护理服务机构	24. 护理服务资质
		25. 护理服务条件
		26. 专业护理服务人员配备情况
	8. 护理服务质量	27. 护理服务行为
		28. 护理服务形式
		29. 护理服务内容
		30. 护理服务时间

续表

一级指标	二级指标	三级指标
4.参保人满意度	9.服务满意度	31.服务范围
		32.服务水平
		33.社会公平性体验感
	10.收费满意度	33.个人及家庭护理负担减轻程度
		34.护理费用个人自负占比
		35.护理服务收费情况
		36.护理服务费用结算情况

4.确立评价指标权重

在长期护理保险绩效评价指标体系的构建中，权重是用来表示各项指标相对重要性的百分比。科学合理地确定每一项指标的权重，是保证该指标体系在实际评价工作中客观反映事实的关键。本书采用客观赋权法（CRITIC）和层次分析法（AHP）确立绩效评价指标权重。即首先利用专家咨询获取的相关指标，然后再通过筛选重要指标出现频率的方式构成集合，最终测评出权重值。其过程为：假设取定5个评价指标，分别记为X1、X2、X3、X4、X5，然后请4位专家相互独立地从指标集中挑选出自认为重要的指标，构成4个指标子集，依次记为：专家1{X1，X2，X4}、专家2{X1，X3，X4}、专家3{X1，X2，X5}、专家4{X1，X2，X4}。指标X1被选中的次数为：g1=1+1+1+1=4；指标X2被选中的次数为：g2=1+0+1+1=3；指标X3被选中的次数为：g3=0+1+0+0=1；指标X4被选中的次数为：g4=1+1+0+1=3；指标X5被选中的次数为：g5=0+0+1+0=1。并将g归一化，即$W_i=g_i/\sum g_i$，得到权重系数W_i={1/3，1/4，1/12，1/4，1/12}。由此测算出各指标权重见表7-10所示。

表7-10 长期护理保险试点绩效评价指标权重

一级指标	二级指标	三级指标
1.经办绩效（19.24）	1.基金筹集（8.18）	1.筹资渠道（1.67）
		2.筹资标准（4.39）
		3.统筹方式（2.12）

续表

一级指标	二级指标	三级指标
1. 经办绩效（19.24）	2. 待遇支付（6.02）	4. 支付范围（2.02）
		5. 支付标准（3.11）
		6. 结算流程（0.89）
	3. 管理服务（5.04）	7. 基金管理（1.39）
		8. 服务管理（1.21）
		9. 经办管理（0.94）
		10. 结算管理（0.83）
		11. 机构管理（0.67）
2. 承办绩效（27.26）	4. 承办机构（5.77）	12. 承办资质（1.67）
		13. 专业人员配备（3.12）
		14. 风险管控能力（0.98）
	5. 承办效率（12.43）	15. 市场行为（2.89）
		16. 成本控制（2.47）
		17. 结算速度（2.65）
		18. 等级评估（2.79）
		19. 费用审核（0.79）
		20. 稽核调查（0.84）
	6. 承办水平（9.06）	21. 承办机构盈亏率（2.78）
		22. 参保人员覆盖率（1.14）
		23. 合规护理费用报销率（5.14）
3. 护理服务绩效（22.16）	7. 护理服务机构（8.15）	24. 护理服务资质（1.81）
		25. 护理服务条件（2.61）
		26. 专业护理服务人员配备情况（3.73）
	8. 护理服务质量（14.01）	27. 护理服务行为（3.12）
		28. 护理服务形式（2.86）
3. 护理服务绩效（22.16）	8. 护理服务质量（14.01）	29. 护理服务内容（4.22）
		30. 护理服务时间（3.81）
4. 参保人满意度（31.34）	9. 服务满意度（17.38）	31. 服务范围（2.89）
		32. 服务水平（8.77）
		33. 社会公平性体验感（5.72）

续表

一级指标	二级指标	三级指标
4. 参保人满意度（31.34）	10. 收费满意度（13.96）	33. 个人及家庭护理负担减轻程度（4.88） 34. 护理费用个人自负占比（5.63） 35. 护理服务收费情况（2.11） 36. 护理服务费用结算情况（1.34）

说明：为方便统计，所有权重按照四舍五取小数点后两位的方式确立。

5. 进一步完善绩效评价的若干对策建议

（1）引入第三方机构参与评价并细化评价标准

为避免人为因素对评价结果的影响，确保评价结果的客观公正，对长期护理保险的评价应由承办方与经办方之外的第三方机构举办。同时，根据需要还应进一步细化评价标准。各类指标均可按需要继续分解成四级甚至五级指标并细化评分标准。细化后的评价指标要基本涵盖承办、经办、服务与保障的各个方面，防止因评价指标过于简单而出现评价结果不明确等问题。

（2）将公益性和社会效益作为筛选评价指标的主要依据

对长期护理保险试点绩效进行评价，其主要目的并不在于测评承办机构或是护理服务机构的经济效益，而是要通过评价重点测评该制度的实施所带来的社会效益。即通过评价，测评长期护理保险为完善我国社保制度所作的贡献；同时，通过评价指标引导承办机构、护理服务机构多做公益事业。以此为目的，因此，评价指标的筛选应该以体现制度的公益性和社会效益为依据。

（3）各地可按地方实际情况调整部分评价指标

为增强评价指标对不同地区的适用性，本评价指标体系在运营过程中并不要求全国一盘棋。各地相关经办机构可根据所在经济发展水平、基金筹集状况、群众护理需求等实际情况，对某些指标进行适当的调整；在确定各级指标权重及综合指数参考值时，也可根据地方实际做必要的调整。

（4）应高度重视评价指标体系的科学化制度化规范化

评价指标体系要立足于系统性、层次性、规范性、操作性，要根据经办机构、承办机构、护理服务机构职责的变化，随时完善评价指标体系，进一步细化量化评价标准，提升绩效评价系统的信息技术含量，以操作便捷、功能齐全的管理模块实现长期护理保险试点效果管理的科学化、制度化、规范化。

总之，在长期护理保险试点开展6年多的今天，构建起绩效评价指标体系已是当务之急，其目的就是要利用评价指标体系加强对长期护理保险的督促检查与监测评价，以此进一步提升制度的运行效率和经办、承办以及护理服务机构的管理水平和服务能力，从而有效提高参保人员对长期护理保险制度的主观满意度。

参考文献

一、专著

[1][美]肯尼思·布莱克,哈罗德·斯基博著;孙祁祥,郑伟等译.人寿与健康保险[M].北京:经济科学出版社,2003.

[2]世界卫生组织.积极老龄化政策框架[M].北京:华龄出版社,2003.

[3]荆涛.长期护理保险:中国未来极富竞争力的险种[M].北京:对外贸易大学出版社,2006.

[4]戴卫东.中国长期护理保险制度构建研究[M].北京:人民出版社,2012.

[5]吴玉韶.中国老龄事业发展报告[M].北京:社会科学文献出版社,2013.

[6]刘金涛.老年人长期护理保险制度研究[M].北京:科学出版社,2014.

[7]刘华平,顾平,王玉玲.护理评估技能实训[M].北京:科学出版社,2014.

[8]荆涛.长期护理保险理论与实践研究[M].北京:对外经济贸易大学出版社,2015.

[9]张春梅,陈燕燕,金静芬.护理评估与护理管理工具[M].北京:

科学出版社，2018.

［10］国家统计局住户调查办公室.2018年中国住户调查年鉴［M］.北京：中国统计出版社，2018.

［11］党俊武.中国城乡老年人生活状况调查报告（2018）［M］.北京：社会科学文献出版社，2018.

［12］国家统计局住房调查办公室.2020年中国住户调查主要数据［M］.北京：中国统计出版社，2020.

［13］魏后凯.中国乡村振兴综合调查研究报告2021［M］.北京：中国社会科学出版社，2022.

［14］张立龙，王晶.2021年中国养老照护研究报告［M］.北京：社会科学文献出版社，2022.

二、论文

［1］荆涛，阎波，万里虹.长期护理保险的概念界定［J］.保险研究，2005（11）.

［2］刘则扬.国内外护理经济学研究进展及理论体系［J］.现代护理，2005，11（02）.

［3］何林广，陈滔.德国强制性长期护理保险概述及启示［J］.软科学，2006（05）.

［4］张洪烨，张梦琳.国外长期护理保险对我国健康保险市场的启示［J］.辽宁经济，2006（05）.

［5］黄良谋.行员绩效考评指标体系设计思路及完善建议［J］.海南金融，2006（11）.

［6］杨宏，谭博.西方发达国家老龄产业的发展经验及启示［J］.经济纵横，2006（13）.

［7］戴卫东.解析德国、日本长护险制度的差异［J］.东北亚论坛，2007，16（01）.

［8］彭荣.关于我国开展长期护理保险的几点思考［J］.浙江金融，

2008（11）.

［9］李奎成，唐丹，刘晓艳，徐艳文.国内 Barthel 指数和改良 Barthel 指数应用的回顾性研究［J］.中国康复医学杂志，2009，24（08）.

［10］冼青华.我国长期护理保险实施实物给付方式探讨［J］.金融教学与研究，2010（03）.

［11］中国老龄科学研究中心.全国城乡失能老年人状况研究［J］.残疾人研究，2011（02）.

［12］刘金涛，陈树文.我国老年长期护理保险筹资机制探析［J］.大连理工大学学报（社会科学版），2011（03）.

［13］张祖群.从恩格尔系数到旅游恩格尔系数：述评与应用［J］.中国软科学，2011（S2）.

［14］穆光宗，张团.我国人口老龄化的发展趋势及其战略应对［J］.华中师范大学学报，2011（05）.

［15］杨娅婕.我国发展长期护理保险的障碍与对策［J］.经济问题探索，2011（05）.

［16］刘燕斌，赵永生.德日美以四国长期护理保险制度构架比较(下)［J］.中国医疗保险，2011（06）.

［17］荆涛，王靖韬，李莎.影响我国长期护理保险需求的实证分析［J］.北京工商大学学报（社会科学版），2011，26（06）.

［18］陈昫.我国老年残疾人的家庭长期照护体系研究——以北京市老年残疾人为例［J］.理论月刊，2011（09）.

［19］戴卫东.长期护理保险制度理论与模式构建［J］.人民论坛，2011（29）.

［20］赵怀娟.老年人长期照护服务供给——国内学者相关研究综述［J］.福建江夏学院学报，2012，2（05）.

［21］魏华林，何玉东.中国长期护理保险市场潜力研究［J］.保险研究，2012（07）.

［22］周海珍.长期护理保险产品设计浅析——对美日德长期护理

保险产品的借鉴［J］.兰州学刊，2012（10）.

［23］彭荣，凌莉.国外老年人口长期护理筹资模式潜在的问题与启示［J］.中国老年学杂志，2012，32（11）.

［24］何玉东.中国长期护理保险供给问题研究［D］.武汉：武汉大学，2012.

［25］申曙光，文曼.老年医疗保障的国际经验与中国道路［J］.中国社会保障，2014（03）.

［26］李慧欣.美国商业长期护理保险的发展及其启示［J］.金融理论与实践，2014（04）.

［27］曹信邦，陈强.中国长期护理保险需求影响因素分析［J］.中国人口科学，2014（04）.

［28］郝君富，李心愉.德国长期护理保险：制度设计、经济影响与启示［J］.人口学刊，2014，36（02）.

［29］郭飚，王丽娟，付雪连，等.社区失能老人健康管理现状调查［J］.护理学杂志，2014，29（07）.

［30］周海珍，杨馥忆.长期护理保险定价模型比较与分析［J］.财经论丛，2014（08）.

［31］孙虹，李彩福，李花.养老护理人员培训现状与研究进展［J］.中国民康医学，2014，26（13）.

［32］胡宏伟，李延宇，张澜.中国老年长期护理服务需求评估与预测［J］.中国人口科学，2015（03）.

［33］李长远.制度变迁视角下我国长期护理保险制度发展瓶颈及破解之道［J］.生产力研究，2015（03）.

［34］张文娟，魏蒙.中国老年人的失能水平到底有多高？——多个数据来源的比较［J］.人口研究，2015，39（03）.

［35］万泉，张毓辉，王秀峰，等.2013年中国卫生总费用核算结果与分析［J］.中国卫生经济，2015，34（03）.

［36］吴海波.城乡居民大病保险制度下政、保合作的理论依据与现

实意义［J］.江西中医药大学学报，2015（04）.

［37］胡宏伟，李佳怿，栾文敬.美国长期护理保险体系：发端、架构、问题与启示［J］.西北大学学报（哲学社会科学版），2015，45（05）.

［38］张文娟，魏蒙.中国老年人的失能水平和时间估计——基于合并数据的分析［J］.人口研究，2015（05）.

［39］曹信邦.中国失能老人公共长期护理保险制度的构建［J］.中国行政管理，2015（07）.

［40］赵娜，陈凯.风险认知对长期护理保险购买意愿影响分析［J］.保险研究，2015（10）.

［41］柳翠，余洋.日本长护险制度研究综述［J］.现代商贸工业，2016，37（01）.

［42］胡晓宁，陈秉正，祝伟.基于家庭微观数据的长期护理保险定价［J］.保险研究，2016（04）.

［43］荆涛，杨舒.建立政策性长期护理保险制度的探讨［J］.中国保险，2016（05）.

［44］雷晓康，冯雅茹.社会长期护理保险筹资渠道：经验借鉴、面临困境及未来选择［J］.西北大学学报（哲学社会科学版），2016，46（05）.

［45］陈建梅，王浩宇."互联网+"时代旅游养老的困境与展望——以大庆市为例［J］.哈尔滨商业大学学报（社会科学版），2016（06）.

［46］米红.医疗改革的成功探索：青岛长期医疗护理保险制度创新与评估［J］.财政监督，2016（06）.

［47］张慧芳，雷咸胜.我国探索长期护理保险的地方实践、经验总结和问题研究［J］.当代经济管理，2016，38（09）.

［48］荆涛，杨舒，谢桃方.政策性长期护理保险定价研究——以北京市为例［J］.保险研究，2016（09）.

［49］戴卫东.商业长期护理保险的全球趋势及其思考［J］.中国医疗保险，2016（10）.

［50］林宝.中国长期护理保险筹资水平的初步估计［J］.财经问题

研究，2016（10）．

［51］孙东雅，姜利琴．美国长期护理保险模式［J］．中国金融，2016（18）．

［52］刘涛，汪超．德国长期护理保险22年：何以建成，何以可存，何以可行？［J］．公共治理评论，2017（01）．

［53］张晏玮，栾娜娜．日本长期护理保险制度发展方向及对我国的启示［J］．社会保障研究，2017（02）．

［54］戴卫东．长期护理保险的"中国方案"［J］．湖南师范大学社会科学学报，2017，46（03）．

［55］钟仁耀．提升长期护理服务质量的主体责任研究［J］．社会保障评论，2017，1（03）．

［56］陈诚诚．老年人长期照护等级评估工具发展综述［J］．中国医疗保险，2017（04）．

［57］郭锋，张毓辉，万泉，等．2015年中国卫生总费用核算结果与分析［J］．中国卫生经济，2017，36（04）．

［58］刘晓雪，钟仁耀．长期护理保险的国际比较及对我国的启示［J］．华东师范大学学报（哲学社会科学版），2017，49（04）．

［59］李玉华．对"健康中国"战略下商业长期护理保险的思考［J］．保险职业学院学报，2017，31（04）．

［60］谭睿．我国长期护理保险制度的实践及思考［J］．卫生经济研究，2017（05）．

［61］韩文倩，张利．长期医疗护理保险问题研究——来自青岛的调查［J］．保险职业学院学报，2017，31（06）．

［62］景跃军，李涵，李元．我国失能老人数量及其结构的定量预测分析［J］．人口学刊，2017（06）．

［63］张琳．我国长期护理保险的供需现状研究［J］．卫生经济研究，2017（06）．

［64］安平平，陈宁，熊波．中国长期护理保险：制度实践、经验启

示与发展走向———基于青岛和南通模式的比较分析［J］.中国卫生政策研究,2017,10(08).

［65］谭睿.长期护理保险筹资:德日韩经验与中国实践［J］.中国卫生政策研究,2017,10(08).

［66］吴海波,雷涵,李亚男,等.筹资、保障与运行:长期护理保险制度试点方案比较［J］.保险理论与实践,2017,21(09).

［67］荆涛,杨舒.长期照护保险制度的国际经验及借鉴［J］.中国医疗保险,2017(10).

［68］王起国,扈锋.我国商业长期护理保险的困境与出路［J］.浙江金融,2017(10).

［69］刘涛,孙正华.基于国际经验的商业长期护理保险路径设计［J］.上海保险,2017(11).

［70］郭淑婷.基于ILO模型的长期护理保险筹资机制研究［J］.老龄科学研究,2017,5(11).

［71］尹钧惠,李志梅.基于BSC的公立医院绩效评价指标体系之构建及应用［J］.财会月刊,2017(22).

［72］赵春江,孙金霞.日本长期护理保险制度改革及启示［J］.人口学刊,2018,40(01).

［73］李林,郭宇畅.日本长护险:制度框架、运行评价及经验借鉴［J］.保定学院学报,2018(01).

［74］刘芳.德国社会长期护理保险制度的运行理念及启示［J］.德国研究,2018,33(01).

［75］李新平.新加坡长期照护保险制度构建及对我国的启示［J］.对外经贸实务,2018(02).

［76］马丹妮.补齐老龄服务业人才短板迫在眉睫［J］.老龄科学研究,2018,6(02).

［77］李长远,张会萍.发达国家长期护理保险典型筹资模式比较及经验借鉴［J］.求实,2018(03).

[78] 徐美玲，李贺平.供需均衡视角下老年人长期照护问题［J］.河北大学学报（哲学社会科学版），2018，43（03）.

[79] 杨明旭，鲁蓓，米红.中国老年人失能率变化趋势及其影响因素研究——基于2000、2006和2010 SSAPUR数据的实证分析［J］.人口与发展，2018，24（04）.

[80] 李玉水，叶小丹.长期护理保险定价模型分析［J］.武汉商学院学报，2018，32（04）.

[81] 罗雪燕，袁泉，李广平，等.长期照护失能等级评估量表的指标权重分析［J］.中国卫生政策研究，2018，11（04）.

[82] 钟玉英，程静.商业保险机构参与长期护理保险经办模式比较——基于北京市海淀区、青岛市的分析［J］.中国卫生政策研究，2018，11（04）.

[83] 郝勇，陈谦谦.长期护理保险的居家照护供给结构研究［J］.华东理工大学学报（社会科学版），2018，33（04）.

[84] 刘慧敏，刘跃，李艾春，等.医养结合背景下失能老人机构照护服务需求指标体系构建［J］.护理管理杂志，2018，18（04）.

[85] 秦建国.德国长期护理保险经验对我国的启示［J］.中国社会保障，2018（04）.

[86] 张继元，王建云，周富玲.社商协作的多层次长期护理保险体系研究———学界探讨、业界探索与国际经验［J］.华东理工大学学报（社会科学版），2018（04）.

[87] 李岩，张毓辉，万泉，等.2016年中国卫生总费用核算结果与分析［J］.中国卫生经济，2018，37（05）.

[88] 夏梦涵，虞仁和，张孟喜，等.老年人能力筛查评估指标体系构建研究［J］.中国全科医学，2018，21（05）.

[89] 王莉.商业长期护理保险市场影响因素及发展分析［J］.卫生经济研究，2018（08）.

[90] 李珍.关于完善老年服务和长期护理制度的思考与建议［J］.

中国卫生政策研究，2018（08）．

［91］荆涛，杨舒．美国长期护理保险制度的经验及借鉴［J］．中国卫生政策研究，2018，11（08）．

［92］曹信邦，张小凤．中国长期护理保险制度的目标定位与实现路径［J］．社会政策研究，2018（03）．

［93］吴海波，邵英杰，周桐．长期护理保险筹资机制比较研究——基于15个试点方案的比较［J］．金融理论与实践，2018（10）．

［94］王新军，王佳宇．基于Markov模型的长期护理保险定价［J］．保险研究，2018（10）．

［95］荆涛，陈秦宇．我国试点城市长期护理保险经验及启示［J］．中国保险，2018（12）．

［96］海龙，尹海燕，张晓囡．中国长期护理保险政策评析与优化［J］．宏观经济研究，2018（12）．

［97］夏雅睿，常峰，路云，等．长期护理保险筹资机制的国际经验与中国实践［J］．卫生经济研究，2018（12）．

［98］万琬婷．长期护理保险制度的国际比较［J］．劳动保障世界，2018（30）．

［99］杨艳艳．我国商业长期护理保险发展问题研究［D］．石家庄：河北经贸大学，2018．

［100］姚红，罗力，蒋曼，等．长期护理保险中社区居家服务的思考［J］．中国卫生资源，2019，22（01）．

［101］李新平，朱铭来．基于转移概率矩阵模型的失能老年人长期照护保险缴费率分析——以天津市为研究对象［J］．人口与发展，2019，25（02）．

［102］蒋曼，罗力，戴瑞明，等．上海市长期护理保险中医疗护理供给现状分析［J］．医学与社会，2019，32（02）．

［103］朱凤梅．长期照护服务供给研究［J］．卫生经济研究，2019，36（02）．

[104] 吴海波，朱文芝，陈天玉.税优健康险"叫好不叫卖"的深层原因及其破解策略［J］.保险职业学院学报，2019，33（03）.

[105] 齐传钧.建立长期护理保险制度需要厘清的几个问题［J］.残疾人研究，2019（03）.

[106] 柏亚妹，钟琴，宋玉磊，等.我国公立医院分级护理实施影响因素的系统评价［J］.中国医院管理，2019（04）.

[107] 崔秀雅，高传胜.长期护理保险制度建设再思考［J］.南京工程学院学报（社会科学版），2019，19（04）.

[108] 郭锋，张毓辉，万泉，等.2017年中国卫生总费用核算结果与分析［J］.中国卫生经济，2019，38（04）.

[109] 毛婷.基于现收现付制的我国长期护理保险费率测算［J］.新疆农垦经济，2019（05）.

[110] 李元，邓琪钰.基于模糊综合评价法的老年长期照护保险制度实施效果分析［J］.人口与经济，2019（06）.

[111] 孙可，孙超，胡慧秀.护理工作场所暴力发生率及对个体睡眠质量的影响［J］.中国医院管理［J］.2019（06）.

[112] 刘丽嫔，陈志喜，张嘉丽.美国长期护理保险的发展经验、制度特点及其对我国的启示［J］.卫生软科学，2019，33（06）.

[113] 朱大伟，于保荣.基于蒙特卡洛模拟的我国老年人长期照护需求测算［J］.山东大学学报（医学版），2019，57（08）.

[114] 陈玫，孟彦辰.长期护理保险制度的构建研究——以日本相关经验为借鉴［J］.卫生软科学，2019，33（09）.

[115] 贾志琴.社会医疗保险公平性研究［J］.中国经贸导刊（中），2019（09）.

[116] 李晓鹤，刁力.人口老龄化背景下老年失能人口动态预测［J］.统计与决策，2019（10）.

[117] 朱文芝，陈天玉，吴海波.长期护理保险失能等级评定标准优化研究［J］.上海保险，2019（10）.

[118] 于保荣，张子薇．长期照护保险的服务体系建设与经办管理研究［J］．卫生经济研究，2019，36（10）．

[119] 李小青，周云，韩丽．长期护理保险服务给付研究［J］．卫生经济研究，2019，36（11）．

[120] 王佳林．长期护理保险制度构建：国际经验及对我国的启示［J］．南方金融，2019（11）．

[121] 吴海波，陈天玉，朱文芝．养护机构护理员供需失衡影响因素研究［J］．卫生经济研究，2019，36（12）．

[122] 杨薇臻，程钰淇，陈德山．日本介护士培养模式对我国养老护理员培养模式的启示［J］．行政与法，2019（12）．

[123] 吴海波，朱文芝，陈天玉．长护险护理服务质量评价指标体系研究［J］．保险职业学院学报，2020，36（01）．

[124] 文太林，张晓亮．长期护理保险财政补贴研究——基于15个试点城市的比较分析［J］．地方财政研究，2020（01）．

[125] 王新军，李雪岩．长期护理保险需求预测与保险机制研究［J］．东岳论丛，2020，41（01）．

[126] 李月娥，明庭兴．长期护理保险筹资机制：实践、困境与对策——基于15个试点城市政策的分析［J］．金融理论与实践，2020（02）．

[127] 陈诚诚，郭佳琪．长期护理费用控制与支付方式研究——以S市长期医疗护理保险试点为例［J］．卫生经济研究，2020，37（02）．

[128] 张文娟，李念．现金或服务：长期照护保险的给付制度分析［J］．中国卫生政策研究，2020，13（02）．

[129] 周桐，范转转，杨倩，吴海波．老龄化背景下的长期护理保险：模式选择与制度优化［J］．江西中医药大学学报，2020（03）．

[130] 苏健．德国长期护理保险改革的成效及启示——以三部《护理加强法》为主线［J］．社会政策研究，2020（04）．

[131] 刘俊萍，尹文强，李玲玉，等．美德日韩4国长期护理保险制度对我国的启示［J］．卫生软科学，2020，34（04）．

[132] 杨玲, 宋靓珺. 基于多维健康指标的老年人口健康状况变动研究——来自 2002~2014 CLHLS 纵向数据的证据 [J]. 西北人口, 2020, 41 (04).

[133] 周延, 孙瑞. 社保模式下实物给付型长期护理保险发展瓶颈及对策 [J]. 西南金融, 2020 (05).

[134] 刘文, 王若颖. 我国试点城市长期护理保险筹资效率研究——基于 14 个试点城市的实证分析 [J]. 西北人口, 2020, 41 (05).

[135] 雷咸胜. 中国老年失能人口规模预测及对策分析 [J]. 当代经济管理, 2020, 42 (05).

[136] 吴阅莹, 罗刚. 我国长期护理保险试点中的问题及对策思考——以四川某市试点工作为例 [J]. 医学与法学, 2020, 12 (05).

[137] 宋全成, 孙敬华. 我国建立老年人长期照护制度可行吗? [J]. 经济与管理评论, 2020, 36 (05).

[138] 张宁, 王佳, 李旷奇. 基于供需平衡的社会型长期护理保险缴费水平研究——以长沙市为例 [J]. 财经理论与实践, 2020, 41 (05).

[139] 翟铁民, 张毓辉, 万泉, 等. 2018 年中国卫生总费用核算结果与分析 [J]. 中国卫生经济, 2020, 39 (06).

[140] 张琳, 汤薇. 基于非齐次 Markov 模型的长期护理保险定价研究 [J]. 保险研究, 2020 (07).

[141] 韩丽, 胡玲. 长期护理保险待遇给付的现实困境及优化路径研究 [J]. 卫生经济研究, 2020, 37 (07).

[142] 吴海波, 朱文芝, 沈玉玲, 等. 机构护理服务供需矛盾研究——基于上饶市长期护理保险试点扩面的调查 [J]. 卫生经济研究, 2020, 36 (09).

[143] 郑伟, 姚奕, 刘子宁, 等. 长期护理保险制度的评估框架及应用: 基于三个案例的分析 [J]. 保险研究, 2020 (10).

[144] 杨松, 王守富, 黄桃, 等. 成都市长期护理保险服务的供需现状与思考 [J]. 卫生经济研究, 2020, 37 (10).

［145］吴海波，张珺茹，沈玉玲.长护险背景下失能人群机构护理等级评定标准研究［J］.上海保险，2020（11）.

［146］荆涛，邢慧霞，万里虹，等.扩大长期护理保险试点对我国城镇职工医保基金可持续性的影响［J］.保险研究，2020（11）.

［147］仇春涓，关惠琳，钱林义，等.长期护理保险的定价研究——基于 XGboost 算法及 BP 组合神经网络模型［J］.保险研究，2020（12）.

［148］殷鹏，齐金蕾，刘韫宁，等.2005~2017 年中国疾病负担研究报告［J］.中国循环杂志，2019，34（12）.

［149］陈玫，孟彦辰.我国农村长期护理保险制度的构建研究［J］.中国全科医学，2020，23（21）.

［150］秦杨杨.我国商业长期护理保险发展问题研究［D］.开封：河南大学，2020.

［151］廖少宏，王广州.中国老年人口失能状况与变动趋势［J］.中国人口科学，2021（01）.

［152］张良文，方亚.2020—2050 年我国城乡老年人失能规模及其照护成本的预测研究［J］.中国卫生统计，2021，38（01）.

［153］杨茹侠，黄春芳，谢红.某试点地区长期照护保险保障对象服务项目选择的现况研究［J］.中国护理管理，2021，21（01）.

［154］汪连杰.失能老年人长期护理的需求规模评估、费用测算与经济效应预测［J］.残疾人研究，2021（01）.

［155］何兰萍，刘竹颖.资源配置视角下长期护理险 15 个城市服务供给模式分析［J］.卫生软科学，2021，35（01）.

［156］李云龙，王晓军.夫妻联合长期护理保险的定价模型与应用［J］.保险研究，2021（02）.

［157］马晶，杨天红.长期护理需求评估体系建设研究——基于地方试点与德国实践［J］.重庆大学学报（社会科学版），2021，27（02）.

［158］于建华.长期护理保险筹资机制的省级层面实证分析［J］.卫生经济研究，2021，38（02）.

[159]张珺茹,沈玉玲,吴海波.基于三圈理论的"互联网+护理服务"政策分析:成效、问题与对策[J].江苏卫生事业管理,2021,32(02).

[160]戴卫东,余洋.中国长期护理保险试点政策"碎片化"与整合路径[J].江西财经大学学报,2021(02).

[161]余舟,杨立雄.从"机构化"到"家庭化"——美国护理院"文化变革运动"的评析与借鉴[J].残疾人研究,2021(04).

[162]汪之羽,张梓楠,刘妍.长期护理保险实施现状与发展模式优化研究[J].现代金融,2021(04).

[163]王丽荣,田珍都.我国长期护理保险制度存在的问题与完善建议[J].社会治理,2021(04).

[164]赵昕.农村老年人长期护理保险服务:可及性、问题与对策[J].内蒙古农业大学学报(社会科学版),2021,23(04).

[165]刘诗麟,王旭.护理依赖鉴定标准在长期护理保险制度中的应用与借鉴——基于ADL的分析[J].中国司法鉴定,2021(05).

[166]陈鹤,刘艳,伍小兰,等.中国老年人失能水平的比较研究——基于四项全国性调查数据[J].南方人口,2021,36(05).

[167]宋占军,李钰.商业长期护理保险的实践探索与未来展望[J].中国保险,2021(08).

[168]朱铭来,申宇鹏.我国长期护理保险试点地区经验评介[J].中国保险,2021(08).

[169]张再云,栾正伟,张和峰.我国长护险筹资机制建设与国际经验借鉴[J].科学发展,2021(08).

[170]罗遐,吴潇.德、日两国长期护理保险制度改革路径及对我国的启示——基于国际比较的视角[J].卫生软科学,2021,35(08).

[171]张再云,栾正伟,张和峰.我国长护险筹资机制建设与国际经验借鉴[J].科学发展,2021(08).

[172]王莲君,韩秀杰,贾秀萍,等.多层次长期护理保险体系构建的思考和建议[J].卫生软科学,2021,35(08).

[173] 闫伟,何梦娇,路云,等.基于CLHLS的我国老年人失能现状及其影响因素研究[J].护理研究,2021,35(10).

[174] 冯文猛.失能等级评估标准公布 老年人长期照护加速解题[J].中国卫生,2021(11).

[175] 汤薇,粟芳.中国长期护理保险不同筹资模式研究[J].财经研究,2021,47(11).

[176] 赵琨,王子苏,苏昕.商业保险公司经办长期护理保险主体间关系与困境研究——基于公共服务链理论[J].中国农村卫生事业管理,2021,41(11).

[177] 邓昊辉,李立亚,汪小庭.上海松江区长护险定点护理站发展情况研究[J].中国医疗保险,2021(12).

[178] 吴海波,沈玉玲,张珺茹.城乡失能人员护理服务模式比较研究[J].护理研究,2021,35(13).

[179] 倪宇欣.新加坡长期护理保险制度体系研究与评价[J].质量与市场,2021(16).

[180] 董丛,石红伟,单潇潇,等.泰安市老年人社区居家养老护理服务需求研究[J].中国集体经济,2021(36).

[181] 沈玉玲,张珺茹,吴海波(通讯).长护险政策对中老年人健康水平的影响[C].陈秉正,迈克尔·鲍尔斯.2020/2021中国保险与风险管理国际年会论文集,2021.

[182] 张晓颖.我国商业长期护理保险购买意愿的影响因素——以沈阳市为例[D].沈阳:辽宁大学,2021.

[183] 马广博,张盼盼.安徽省长期护理保险筹资水平精算研究[J].南京医科大学学报(社会科学版),2022(01).

[184] 付思佳,张良文,阙霜,等.长期护理保险经办管理模式及风险防控研究[J].卫生经济研究,2022,39(01).

[185] 李岩,张毓辉,万泉,等.2020年中国卫生总费用核算结果与分析[J].卫生经济研究,2022,39(01).

[186] 谭英平，牛津.长期护理保险视角下我国老年人口失能率测算——基于广义线性模型与高龄人口死亡率估计模型的比较［J］.价格理论与实践，2022（01）．

[187] 刘欢，胡天天.医疗补偿与健康保障公平视角下的长期护理保险政策效应［J］.老龄科学研究，2022（02）．

[188] 陈奕男.长期护理保险费用控制的机理、类型与策略［J］.卫生经济研究，2022，39（02）．

[189] 王晓峰，冯园园.人口老龄化对医疗卫生服务利用及医疗卫生费用的影响——基于CHARLS面板数据的研究［J］.人口与发展，2022，28（02）．

[190] 董惠玲，吴炳义，于奇.中国老年人口健康预期寿命婚姻状况差异的多状态分析［J］.人口研究，2022，46（02）．

[191] 潘萍，覃秋蓓.中国长期护理保险制度模式选择与发展路径［J］.西南金融，2022（02）．

[192] 朱铭来.商业护理保险发展分析［J］.保险业风险观察，2022（03）．

[193] 刘颂，吴轲.商业保险公司参与长期护理保险服务经办问题研究［J］.保险理论与实践，2022（03）．

[194] 刘颂，吴轲.经办长护险保险公司如何发力？［J］.金融博览(财富)，2022（03）．

[195] 陈奕男.长期护理保险高质量发展的依据、框架与路径［J］.卫生经济研究，2022，39（04）．

[196] 郭玉琳，何丽，谢慧玲.美、英、德、日、中5国不同长期护理保险模式的比较研究［J］.卫生软科学，2022，36（04）．

[197] 吴耀国，沈晓静，刘军荣.1978年以来中国总体收入基尼系数的再估计［J］.乐山师范学院学报，2022（05）．

[198] 刘春雪，李军山.从公平性角度剖析我国长期护理保险问题［J］.中国医疗保险，2022（05）．

[199] 刘思峰，张佳亮，杨英杰，等.一套更具可操作性的老年人

能力评估体系［J］.中国老年学杂志，2022，42（06）.

［200］孟佳娃，胡静波.长期护理保险待遇给付问题研究［J］.人民论坛，2022（07）.

［201］李涛.山西省老年长期护理保险筹资水平研究［D］.太原：山西财经大学，2022.

［202］Mahoney F I, Barthel D W.Functional evaluation: the Barthel Index［J］.Md State Med，1965，14（14）.

［203］Tennant A, Geddes J M, Chamberlain M A. The Barthel Index: an ordinal score or interval level measure［J］.Clin Rehabil，1996;10（04）.

［204］Froewiss K C, Jones H E, Long D L.Principles of Insurance: Life, Health, and Annuities［J］.Journal of Risk & Insurance，1997，64（04）.

［205］Geraedts M, Heller G V, Harrington C A. Germany's Long-Term Care Insurance: Putting A Social Insurance Modelinto Practice［J］. The Milbank Quarterly，2000，78（03）.

［206］Liu K, Manton K G, Aragon C. Changes in Home Care Use by Disabled Elderly Person: 1982~1994［J］. Journals of Gerontology. Series B: Psychological Sciences & Social Sciences，2001（04）.

［207］Lakdawalla D, Philipson T.The Rise in Old-Age Longevity and the Market for Long-Term Care［J］.American Economic Review，2002，92（01）.

［208］Campbell J C, Ikegami N. Japan's Radical Reform of Long-term Care［J］. Social Policy and Administration，2003（01）.

［209］Fujisawa R F, Colombo. The Long-Term Care Workforce: Overview and Strategies to Adapt Supply to a Growing Demand［R］. OECD Health Working Papers, OECD Publishing，2009（44）.

［210］Iwamoto Y, Kohara M, Saito M.On the Consumption Insurance Effects of Long-Term Care Insurance in Japan: Evidence from Micro-Level Household Data［J］.Journal of the Japanese & International Economies，2010，24（01）.

[211] Barbara D R, Blanche L B. Similar and Yet So Different: Cash-for Care in Six European Countries Long-term Care Policies[J].*The Milbank Quartrely*, 2010(03).

[212] Jeffrey R B, Amy F. Insuring Long-Term Care in the United States[J]. *Journal of Economic Perspectives*, 2011(04).

[213] Tennyson S, Yang H K.The role of life experience in long-term care insurance decisions[J].*Journal of Economic Psychology*,2014,42(2).

[214] Rhee J C, Done N, Anderson G F. Considering Long-term Care Insurance for Middle-income Countries: Comparing SouthKorea with Japan and Germany[J].*Health Policy*, 2015(10).

[215] Mark A U, David G S, Richard G F, et al.Demand-Side Factors Associated with the Purchase of Long-Term Care Insurance[J].*Forum for Health Economics and Policy*, 2016, 19(01).

[216] Cummings G, Macgregor T, Davey M, et al. Leadership Styles and Outcome Patterns for the Nursing Workforce and Work Environment: A Systematic Review[J]. *International Journal of Nursing Studies*, 2018(09).

[217] Mayhew Les, Rickayzen Ben, Smith David.Flexible and Affordable Methods of Paying for Long-Term Care Insurance[J].*North American Actuarial Journal*, 2019.

[218] Boyer M, Donder P, Fluet C, et al. Long-term Care Risk Misperceptions[J]. *Geneva Pap Risk Insur Issues Pract*, 2019(44).

[219] Courbage Christophe, Montoliu-Montes Guillem, Wagner Joël. The effect of long-term care public benefits and insurance on informal care from outside the household: empirical evidence from Italy and Spain[J].*The European journal of health economics: HEPAC: health economics in prevention and care*, 2020(21).

三、新闻报道

［1］白剑峰.我国家庭平均规模为3.35人［N］.人民日报，2015-05-14.

［2］曹凯.长期护理险地方试水［N］.财经，2016-04-11.

［3］尹力行.2016年健康险总保费有望接近5000亿元［N］.证券日报，2016-11-10.

［4］刘同昌.关于对失智失能老人长期照料与社会支持的对策建议［N］.人口导报，2016-08-22.

［5］张伟楠.保险业助推养老保障体系建设［N］.中国保险报，2017-08-7.

［6］孙东雅.建立完善中国长期护理保险制度的思考［N］.中国保险报，2017-10-27.

［7］易永英.人社部长期护理保险制度试点成效初显 参保人数已超3800万［N］.证券时报，2017-11-01.

［8］李画.超七成养老机构护理人员不足 如何破解困局？［N］.中国保险报，2018-08-29.

［9］李红梅，王明峰，申少铁.长期护理保险制度已试点5年，参保人数达1.34亿人［N］.人民日报，2021-08-13.

［10］黄瑶.《长期护理失能等级评估标准（试行）》出台 我国长期护理保险制度基础不断夯实［N］.中国社会报，2021-08-19.

［11］洪怀峰."长护险"让养老更有保障［N］.江西日报，2021-10-14.

［12］郭晋晖."十四五"养老床位增至900万张 应对老龄化还有这些量化指标［N］.第一财经，2022-03-18.

［13］佚名.首次突破一万亿！2021年中国吸收外资再创历史新高［N］.潇湘晨报，2022-03-01.

［14］候润芳.社科院报告：农村人口老龄化严峻，60岁及以上人

口比重超20%[N].新京报，2022-05-07（03）.

四、政策文件

[1] 中共中央　国务院关于深化医药卫生体制改革的意见[EB/OL].2009-03-17.https：//baike.baidu.com/item/81/7348485？fr=aladdin.

[2] 国家卫生和计划生育委员会.2014年我国卫生和计划生育事业发展统计公报[EB/OL].2015-11-05. http：//hnca.org.cn/ygzx/a_106279.html.

[3] 人力资源社会保障部办公厅.关于开展长期护理保险制度试点的指导意见[EB/OL].2016-06-27.http：//www.mohrss.gov.cn/gkml/xxgk/201607/t20160705_242951.html.

[4] 中共中央　国务院"健康中国2030"规划纲要[EB/OL].2016-10-25.http：//www.gov.cn/zhengce/2016/10/25/content_5124174.htm.

[5] 上饶市人民政府办公厅.关于印发开展长期护理保险试点工作实施方案[EB/OL].2016-12-01.http：//www.zgsr.gov.cn/doc/2016/12/08/152030.shtml.

[6] 中华人民共和国民政部.2017年社会服务发展统计公报[R].2018-08-07.https：//www.mca.gov.cn/article/sj/tjgb/2017/201708021607.pdf.

[7] 国家卫生健康委员会，国家中医药管理办公室.关于印发老年护理专业护士培训大纲（试行）和老年护理实践指南（试行）的通知[EB/OL].2019-12-05.http：//www.nhc.gov.cn/yzygj/s7652ms/201912/e03af97a7e1c4659961c3e3065e9da9d.shtml.

[8] 国家统计局.中华人民共和国2019年国民经济和社会发展统计公报[EB/OL].2020-02-28.http：//www.gov.cn/xinwen/2020-02/28/content_5484361.htm.

[9] 中共中央　国务院.国家积极应对人口老龄化中长期规划[EB/OL].2019-11-21.http：//www.gov.cn/zhengce/2019-11-21/content_5454347.htm.

［10］国家医疗保障局，财政部.关于扩大长期护理保险制度试点的指导意见［EB/OL］.2020-09-10.http：//www.gov.cn/zhengce/zhengceku/2020-11/05/content_5557630.htm.

［11］广州市医疗保障局.广州市长期护理保险试行办法［EB/OL］.2021-01-01.https：//baike.baidu.com/item/95/56022194.

［12］国家统计局.第七次全国人口普查公报（第五号）［EB/OL］.2021-05-11.http：//www.stats.gov.cn/tjsj/tjgb/rkpcgb/qgrkpcgb/202106/t20210628_1818824.html.

［13］国家医疗保障局办公室，民政部办公厅.长期护理失能等级评估标准（试行）［EB/OL］.2021-08-04.https：//www.mca.gov.cn/article/xw/mtbd/202108/20210800036013.shtml.

［14］中华人民共和国民政部.2020年民政事业发展统计公报［EB/OL］.2021-09-10.https：//images3.mca.gov.cn/www2017/file/202109/1631265147970.pdf.

［15］国家医疗保障局.关于政协十三届全国委员会第四次会议第0857号（社会管理类091号）提案答复的函［EB/OL］.2021-10-13.http：//www.nhsa.gov.cn/art/2021/10/13/art_110_7115.html.

［16］国家卫生健康委员会老龄健康司.2020年度国家老龄事业发展公报［EB/OL］.2021-11-03.https：//www.shantou.gov.cn/stswsj/gkmlpt/content/1/1985/mpost_1985897.html#3521.

［17］国务院.关于印发"十四五"国家老龄事业发展和养老服务体系规划的通知［EB/OL］.2022-02-21.http：//www.gov.cn/zhengce/content/2022-02/21/content_5674844.htm.

［18］国务院."十四五"国家老龄事业发展和养老服务体系规划［EB/OL］.2022-02-22.https：//www.mca.gov.cn/article/xw/mtbd/202202/20220200039833.shtml.

［19］华经产业研究院.2021年全国民政事业支出、民政机构数量、社会救助及儿童收养情况统计分析［EB/OL］.2022-03-29.https：//m.huaon.

com/detail/794281.html.

［20］人力资源和社会保障部.2021年度人力资源和社会保障事业发展统计公报［EB/OL］.2022-06-07.http：//www.mohrss.gov.cn/SYrlzyhshbzb/zwgk/szrs/tjgb/202206/t20220607_452104.html.

［21］国家医疗保障局.2021年全国医疗保障事业发展统计公报［EB/OL］.2022-06-08.http：//www.nhsa.gov.cn/art/2022/6/8/art_7_8276.html.

［22］国家卫生健康委员会.2021年我国卫生健康事业发展统计公报［EB/OL］.2022-07-12.http：//www.gov.cn/xinwen/2022-07/12/content_5700670.htm.

五、研究报告

［1］中国老龄协会.中国人口老龄化发展趋势预测研究报告［EB/OL］.2007-02-23.https：//www.cncaprc.gov.cn/11sy/11224./htlm.

［2］佚名.第四次中国城乡老年人生活状况抽样调查成果［EB/OL］.2016-10-10.http：//jnjd.mca.gov.cn/article/zyjd/xxck/201610/20161000886652.shtml.

［3］中国保险行业协会.2016中国长期护理调研报告［R］.发布稿，2016-12-30.

［4］中国保险行业协会.2017中国长期护理调研报告［R］.发布稿，2017-12-20.

［5］中国保险行业协会，中国社会科学院人口与劳动经济研究所.2018-2019中国长期护理调研报告［R］.发布稿，2020-07-17.

［6］泰康保险集团.我国典型地区养老服务机构从业人员服务能力调研报告［R］.发布稿，2018.08.22.

［7］佚名.世界阿尔茨海默病2018年报告［R］.发布稿.2018-09-23.

［8］广州市人民政府办公厅.广州长期护理保险研究报告［EB/OL］.2020-05-15.https：//baijiahao.baidu.com/s？id=1666725346454055894&wfr=spider&for=pc.

[9] 林宝.积极应对人口老龄化战略研究报告2021[R].发布稿，2021-12-28.

[10] 国家统计局，国务院第七次全国人口普查领导小组办公室.第七次全国人口普查公报[R].发布稿，2021-05-11.

[11] 中国老年学和老年医学学会.新时代积极应对人口老龄化发展报告——中国老龄化社会20年：成就、挑战与展望[R].发布稿，2021-12-18.

[12] 光大证券.释放需求深化供给，广阔市场应有期待——保险行业系列报告五：健康险深度研究[R].行业研究，2022-04-15.

[13] 小雨伞保险经纪公司.2021互联网健康险保障指数[R].发布稿，2022-07-14.

[14] 中国保险行业协会，瑞士再保险瑞再研究院.中国商业护理保险发展机遇——中国城镇地区长期护理服务保障研究[R].发布稿，2022-09-09.

六、其他电子文献

[1] 佚名.三部门发布第四次中国城乡老年人生活状况抽样调查成果[EB/OL].2016-10-09.http：//www.mca.gov.cn/article/zwgk/mzyw/201610/20161000001974.shtml.

[2] 王宇鹏.承办长期护理险：人保健康发挥专业优势 参与社会管理[EB/OL].2017-08-29.http：//health.people.com.cn/n1/2017/0829/c14739-29501746.html.r.

[3] 中国保险行业协会.2017年保险业经营情况表[EB/OL].2018-03-06.http：//www.iachina.cn/art/2018/3/6/art_617_102082.html.

[4] 佚名.2018年中国健康保险行业原保费收入达到5448.1亿元，2015至2018年，增长37.1%[EB/OL].2019-08-31.https：//www.huaon.com/story/462207.

[5] 张尼.全国注册护士总数超过400万 每千人口护士数达3人

[EB/OL].2019-05-08.http：//www.chinanews.com/gn/2019/05-08/8830572.shtml.

[6]宣传司.国家卫生健康委员会2019年5月8日例行新闻发布会文字实录[EB/OL].2019-05-08.http：//www.nhc.gov.cn/xcs/s7847/201905/75ac1db198ae4ecb8aa96c50ea853d0c.shtml.

[7]2019年上半年我国长护险保费收入止跌回升呈现同比正增长[EB/OL].2019-09-03.https：//finance.sina.com.cn/stock/relnews/hk/2019-09-30/doc-iicezzrq9391409.shtml？dv=2&source=cj.

[8]车丽,孙修涵.长期护理保险试点城市参保人数达8854万 我国探索使用失能评估标准作为待遇享受准[EB/OL].2019-11-12.https：//baijiahao.baidu.com/s？id=1649992994993765502&wfr=spider&for=pc.

[9]佚名.猜猜看！2019年中国人均GDP约1.03万美元,那人均可支配收入呢？[EB/OL].2020-01-17.https：//baijiahao.baidu.com/s？id=1655983004463409992&wfr=spider&for=pc.

[10]中国医疗保险.一图纵览,长护险15个首批试点城市政策及成效[EB/OL].2020-05-09.http：//med.china.com.cn/content/pid/176633/tid/1026.

[11]国家医疗保障局对《十三届全国人大三次会议第6268号建议的答复》(医保函〔2020〕51号)[EB/OL].2020-09-22.http：//www.nhsa.gov.cn/art/2020/9/22/art_26_3619.html.

[12]International Labour Organization. World Social Protection Report 2017~2019[EB/OL]. Universal social protection to achieve the Sustainable Development Goals.[EB/OL].2020-09-22.https：//www.social-protection.org/gimi/gess/ShowWiki.action？id=710.

[13]国家卫生健康委员会.护理分级[EB/OL].2021-03-20.http：//www.nhc.gov.cn/wjw/pjl/201412/941e75f5e9514b8ea1b5e2e05954d09e.shtml.

[14]佚名.预见2021:《2021年中国健康保险行业全景图谱》[EB/OL].2021-09-08.https：//www.cn-healthcare.com/articlewm/20210907/

content-1261599.html.

［15］国家统计局.2021年居民收入和消费支出情况［EB/OL］.2022-01-17.http：//www.stats.gov.cn/xxgk/sjfb/zxfb2020/202201/t20220117_1826442.html.

［16］佚名.人口专家：中国正式步入老龄社会 社会发展将产生六大变化［EB/OL］.2022-01-20.https：//baijiahao.baidu.com/s？id=1722438894021098767&wfr=spider&for=pc.

［17］佚名.2021年我国人均GDP突破8万元 超过世界人均GDP水平［EB/OL］.2022-02-28.http：//news.cctv.com/2022/02/28/ARTIvjK914kqS5k0WXe6GsGB220228.shtml.

［18］佚名.我国65岁以上人口达2亿，未来五年养老服务如何提速［EB/OL］.2022-02-24.https：//baijiahao.baidu.com/s？id=172564923345 5606119&wfr=spider&for=pc.

［19］魏玉坤.2020年我国GDP最终核实为1013567亿元［EB/OL］.2021-12-17.http：//www.gov.cn/xinwen/2021-12/17/content_5661661.htm.

［20］佚名.2021年中国利用外资规模、特点及2022年吸引外资的趋势分析：总量保持强劲增长，高质量吸引外资［EB/OL］.2022-03-07.https：//www.chyxx.com/industry/1100592.html.

［21］齐鲁壹点.全国失能老人超4000万，"老人助浴师"成热门新职业［EB/OL］2022-03-18.https：//baijiahao.baidu.com/s？id=1727601193 353011186&wfr=spider&for=pc.

［22］佚名.长护险试点六年：18家险企参与、覆盖1.45亿人，投标管理等多重问题待改善［EB/OL］.2022-07-21.https：//m.thepaper.cn/baijiahao_19118718.

［23］任泽平谈中国人口报告：多地出生人口减少10%-30%［EB/OL］.2021-04-29.https：//baijiahao.baidu.com/s？id=1698327695783128086&wfr=spider&for=pc.

[24] 田晓航，魏冠宇. 我国提出"十四五"养老硬指标：到2025年养老服务床位达900万张[EB/OL].2022-02-23.https：//baijiahao.baidu.com/s?id=1725598457598803300&wfr=spider&for=pc.

[25] 国家统计局. 中华人民共和国2022年国民经济和社会发展统计公报[EB/OL].2023-02-28.https：//www.gov.cn/xinwen/2023-021289content_5743623.htm.

[26] 国家统计局. 中华人民共和国2021年国民经济和社会发展统计公报[N].经济日报，2022-03-1（10）.